Carolin & Michael Kristen

A WAY – Weit Weg

Ein Jahr Weltreise zu zweit

Carolin & Michael Kristen

AWAY
Weit Weg

Ein Jahr Weltreise zu zweit

Bibliografische Information der Deutschen Nationalbibliothek:
Die Deutsche Nationalbibliothek verzeichnet diese Publikation
in der Deutschen Nationalbibliografie; detaillierte bibliografische Daten sind im Internet über dnb.dnb.de abrufbar.

© 2021 Carolin & Michael Kristen
Herstellung und Verlag: BoD – Books on Demand, Norderstedt

ISBN: 978-3-7543-3721-9

Für unsere Eltern - wir lieben euch!

Kurz vorab

- Carolin & Michael -

Wir sind Caro und Micha und wir waren genau ein Jahr lang mit dem Rucksack auf Weltreise. In Lateinamerika, Ozeanien und Asien. Es hat danach mehrere Jahre gedauert, bis wir einordnen konnten, was diese Reise eigentlich für unser Leben bedeutet hat. Dabei geholfen hat uns der Versuch, aus den Einträgen unserer Reisetagebücher eine durchgängige Geschichte zu formen. Daraus ist schließlich dieses Buch entstanden. Es ist kein Ratgeber, sondern eine Erzählung darüber, was man als Paar auf solch einer Reise erleben und auf welche Herausforderungen man dabei treffen kann. Mal erzählt Caro, mal erzählt Micha. Angefangen bei der Idee und der Vorbereitung, bis zu unserer Rückkehr und was danach passierte. Dies war unser Weg. Wir hoffen, dass unsere Geschichte Mut macht, aus Träumen Pläne werden zu lassen, den Rucksack zu packen und sich auf den eigenen Weg zu machen.

Mexiko

Belize

Guatemala

Venezuela

Ecuador

Brasilien

Galapagos-Inseln

Französisch-Polynesien

Bolivien

Osterinsel

Peru

Chile

Argentinien

Nepal

China

Thailand

Indien

Kambodscha

Indonesien

Australien

Neuseeland

Inhalt

Eine verrückte Idee

- Michael -

„1. Januarwoche übernächstes Jahr! :)" war der komplette Inhalt meiner E-Mail an Caro am 3. Mai um 01.31 Uhr morgens.

Betreff: „Entscheidung"

Das sollte es nun sein. Das Abreisedatum, für das wir uns entschieden hatten. Der erste symbolische Schritt zu unserer einjährigen Reise um die Welt. Wir waren jung – Caro 21 und ich, Micha, 27 – und erst zwei Monate ein Paar. Noch unsicher, ob wir diese Reise wirklich antreten würden, hatten wir nun ein Ziel vor Augen.

Angefangen hatte alles drei Wochen zuvor auf einem Starkbierfest in München. An diesem Tag befanden wir uns in guter Gesellschaft mit zwei weiteren reisefreudigen Pärchen. Schnell erfuhren wir, dass sie sich in Venezuela kennengelernt hatten. Für eines der Paare war es allerdings kein Urlaub, sondern eine Station auf dessen Weltreise gewesen.

Eine Weltreise? Caro und ich hatten beide diesen Traum. Schon als wir uns wenige Wochen zuvor kennengelernt hatten, hatten wir darüber gesprochen. Einfach den Rucksack packen und auf und davon!

Doch hatten wir selbst bisher noch niemanden getroffen, der sogar ein ganzes Jahr unterwegs gewesen war. Also stellten wir den beiden Weltenbummlern viele Fragen und lauschten ihren Erzählungen. Irgendwann fragte ich frei heraus: „Wie viel habt ihr denn eigentlich für das ganze Jahr bezahlt?"

Die Antwort überraschte uns. Es war deutlich weniger als wir es uns ausgemalt hatten. Das war doch machbar!

Beide hatten wir schon einige Winkel dieser Welt sehen dürfen. Je mehr wir gereist waren, desto größer wurde die Sehnsucht danach, noch viel mehr zu entdecken. Am liebsten die ganze Welt! Jedoch schien die Realisierung dieser Idee noch in weiter Ferne und stand mehr unter dem Motto „Wenn ich eines Tages im Lotto gewinne …". Es war etwas, das unerreichbar war. Es war eine Träumerei. Etwas, das wir wenn überhaupt machen würden, wenn die Zeit richtig wäre. Irgendwann.

Vielleicht aber doch nicht erst irgendwann. Von diesem Moment an war uns jedenfalls klar, dass es möglich war diesen Traum wahr werden zu lassen. Zusammen! Wir fragten uns nicht, ob das vernünftig war, sondern sahen uns mit strahlenden Augen an und sagten wie aus einem Mund: „Das machen wir!"

Später am Abend, als wir wieder Zuhause waren, redeten wir noch stundenlang über unsere verrückte Idee. Das waren die Stunden, in denen unser Projekt „Weltreise" geboren wurde, dessen Planung ein paar Wochen später mit jener E-Mail begann.

Volle Kraft voraus trotz Gegenwind

- Michael -

Der erste und wichtigste Schritt war getan: die Entscheidung, diese Reise nicht irgendwann zu machen, sondern zu einem festen, greifbaren Abreisedatum.

Über die folgenden Tage und Wochen nahm unser Projekt immer konkretere Formen an. Wir wollten ebenfalls gleich für ein ganzes Jahr los, und zwar in eineinhalb Jahren, wenn Caro mit ihrem Studium fertig sein würde. Das gab uns genug Vorlaufzeit, um uns als Paar besser kennenzulernen, die Reise zu planen und rechtzeitig ein Sabbatjahr zu beantragen. Glücklicherweise gab es diese Möglichkeit bei meinem Arbeitgeber.

Über die grobe Reiseroute waren wir uns schnell einig: Lateinamerika, Ozeanien und Asien. Abhängig von den klimatischen Bedingungen zur jeweiligen Jahreszeit legten wir die Reihenfolge der einzelnen Länder fest, aber ohne genaue Daten. Schließlich wollten wir flexibel sein und nicht wie im Alltag Terminen hinterherlaufen. Eine Ausnahme gab es: Karneval in Rio, ziemlich am Anfang unserer Reise. Den wollten wir unbedingt miterleben. Hierfür schien es ratsam, lange im Voraus eine Unterkunft zu buchen.

Schnell fiel uns auf, dass ein Jahr zu kurz war, um all das zu sehen, was wir sehen wollten. Mit jedem Planungsdurchlauf strichen wir ein weiteres Land von unserer Route. Dafür kalkulierten wir Pufferzeiten ein und, als wir in die Budgetplanung einstiegen, auch eine finanzielle Reserve für Unvorhersehbares. Zu guter Letzt zogen wir sogar noch das Startdatum etwas vor, auf den zweiten Weihnachtsfeiertag vor unserem Weltreisejahr.

Nun sollten wir exakt 365 Tage zur Verfügung haben, bis wir an Heiligabend wieder in Deutschland landen würden.

Unterwegs wollten wir möglichst einfach reisen und schlafen. Am besten so, wie es die Leute vor Ort taten und mit so wenigen Flügen wie möglich auskommen. Auf diese Weise würden wir zum einen Geld sparen und zum anderen hofften wir so Land und Leute authentischer zu erleben. Gleichzeitig war es uns wichtig, die Reise möglichst sicher zu gestalten – wenn wir damals schon gewusst hätten …

Eine andere Frage, die sich uns während der Vorbereitung stellte: wie lange braucht man, um ein Land richtig kennenzulernen? Uns war klar, dass die Zeit natürlich nie dazu reichen würde, um komplett in eine Kultur einzutauchen oder um alles zu sehen. Aber wir wollten in diesem Jahr auch einmal um den Globus reisen und es nicht nur in einem einzigen Land verbringen. Also legten wir für jedes Land eine ungefähre Reisedauer fest.

Caro und ich verbrachten zudem viel Zeit damit, zu verstehen, was wir uns eigentlich von der Weltreise erhofften. Natürlich war der Weg bereits das Ziel, wie es so schön hieß. Völlig ungezwungen über einen so langen Zeitraum zu reisen und jeden Tag vollkommen frei gestalten zu können – wir sehnten uns danach, diese Freiheit zu erleben. Die Herausforderungen auf diesem Weg wollten wir immer zusammen bewältigen. So hofften wir als Team stärker zusammenzuwachsen und als Paar zu reifen. In Lateinamerika würden wir die Möglichkeit haben, unsere Spanischkenntnisse zu verbessern. Wir freuten uns darauf, entlegene Teile der Erde zu entdecken, Wunder der Natur zu bestaunen und zu erleben, wie Menschen anderer Kulturen denken und fühlen. Wir wollten sehen, wie sie leben, was sie antreibt und was sie glücklich macht. Gleichzeitig wollten wir unsere eigenen Denk- und Verhaltensmuster hinterfragen. Hinterfragen, wie wir die Welt sehen und was wir zu wissen glauben.

Die anderthalb Jahre bis zur Abreise hatten wir so einiges zu tun und kämpften mit manchen Widrigkeiten. Es gab noch vieles zu erledigen. Wir kauften Ausrüstungsgegenstände und planten notwendige Impfungen. Caro hielt sich an einen strikten Finanzierungsplan und arbeite eifrig in gleich vier Nebenjobs während des Studiums. Ich kündigte meine Wohnung, organisierte einen Lagerplatz für mein Hab und Gut und paukte Spanisch. Mein Sabbatjahr wurde genehmigt. Irgendwann war es an der Zeit, Familie und Freunde in unsere Pläne einzuweihen. Zuerst gab es kaum Reaktionen, denn bis zur Reise war es ja noch lange hin. Doch je mehr Zeit verrann und je länger wir darauf beharrten, dass es uns ernst mit dieser verrückten Idee war, desto mehr Sorge und auch Widerstand kam auf:

„Warum muss das gleich ein ganzes Jahr sein, reicht euch ein normaler langer Urlaub denn nicht?"

„Ihr könnt doch gar nicht abschätzen, wie es in diesen Dritte-Welt-Ländern zugeht, da hört man ja ständig Dinge …"

Caro wurde mit noch weiteren Gegenargumenten konfrontiert:

„Meinst du etwa, die Arbeitgeber warten auf dich und geben dir nach einem Jahr Urlaub sofort einen Job, wenn du schon alles aus dem Studium wieder vergessen hast?"

„Glaubst du ernsthaft, du kannst ein Jahr auf eine ordentliche Dusche, deine Freunde und ein eigenes Bett verzichten, die ganze Zeit den Rucksack schleppen und nur mit zehn T-Shirts auskommen?"

„Bist du sicher, das klappt, wenn Micha und du euch ein Jahr lang 24 Stunden am Tag seht? Ihr kennt euch doch noch gar nicht lange genug, um das einschätzen zu können!"

Natürlich machten sich unsere Liebsten nur Sorgen um unser Wohlergehen. Doch vor allem Caro litt unter dem Gegenwind. Widerstände und Bedenken auszuräumen wurde also ebenso zu einem wichtigen Bestandteil unserer Vorbereitung. Viele hatten einfach keinen Bezug zu dem Begriff „Weltreise" und sahen deshalb nur die Gefahren, die ein solches Vorhaben mit sich bringen konnte. Deshalb machten wir für die Zweifler eine Präsentation mit unserer geplanten Reiseroute, Informationen zu den Ländern und Sicherheitsmaßnahmen, die wir befolgen würden, um Risiken zu mindern. Es gelang uns zwar nicht alle Bedenken auszuräumen, aber viele konnten wir zerstreuen, da wir auf die meisten „Aber was, wenn ..." Fragen eine Antwort parat hatten.

Die Zeit vor der Reise war aber auch abgesehen davon nicht immer einfach. Für das letzte Jahr ihres Studiums zog Caro nach Berlin. Die Fernbeziehung bekam uns nicht gut. Gegen Ende fühlte sich der Gedanke einer gemeinsamen Weltreise auf einmal unrealistisch an. Wir hatten uns die letzten Monate zu wenig gesehen, deshalb kaum gemeinsame Erlebnisse geteilt und am Telefon aneinander vorbeigeredet. Alles wirkte plötzlich wie eine fixe Idee, die ich mal mit jemandem hatte, den ich nun nicht mehr kannte.

Caro schloss ihr Studium ab und zog von Berlin zurück nach München. Mit viel Tränen, Herzblut und Willenskraft schafften wir es, uns doch wieder zusammenzuraufen und gemeinsam in die heiße Phase der letzten drei Monate vor der geplanten Abreise zu gehen.

Ich räumte meine Wohnung, Caro jobbte rund um die Uhr. Wir besorgten die letzten Kleinigkeiten, kündigten Verträge und richteten einen Blog ein. Noch mal alle Freunde treffen. Weihnachten feierten wir jeder mit seiner Familie.

Nach Weihnachten kam das große Abschiednehmen. Mit gemischten Gefühlen verließen wir unsere Familien und machten uns auf den Weg. Caro aus München und ich aus Essen, um uns in der Mitte zu treffen: Frankfurt. Von dort würden wir tags darauf abfliegen.

Wir hatten die Rucksäcke gepackt und machten uns auf und davon! Jetzt gab es kein Zurück mehr. Endlich.

Chicken or Pasta?

- Carolin -

Wir starrten aus dem Fenster. Draußen vermischte sich der Flughafen mit dem Regen zu einem einheitlichen Grau. Das Flugzeug beschleunigte. Aufgeregt verhakten wir die Hände ineinander. Wir hoben ab. Augenblicke später verschwand Frankfurt hinter dicken Regenwolken.

Als ich am Tag zuvor mit meinem viel zu vollgepackten Rucksack aus dem Zug gestiegen war, hatte mich Micha mit den Worten „Da bist du ja … hatte schon befürchtet, du kommst vielleicht doch nicht" begrüßt. Er hatte ehrlich erleichtert gewirkt.

Natürlich war ich gekommen! Zwar waren es turbulente letzte Monate gewesen und es war keine Zeit geblieben, noch einmal intensiver über alles nachzudenken. Aber ich wusste nach wie vor: das war es, was ich wollte und ich freute mich unheimlich, dass es endlich losging.

Die Nacht vor dem Abflug – unsere erste Nacht in einem Hostel auf dieser Reise – hatten wir kaum geschlafen. In der Früh hatte es noch ein letztes Vollkornbrötchen gegeben.

Nun waren wir in der Luft. Es war ein unbeschreibliches Gefühl.

Diesen Moment hatten wir uns seit unserer Entscheidung vor anderthalb Jahren immer wieder vorgestellt. Alle Hürden lagen hinter uns und vor uns lag Freiheit. Freiheit, nichts zu müssen. Freiheit, uns jeden Tag beliebig entscheiden zu können, wohin wir gehen und wie wir unsere Zeit verbringen würden …

Kurze Zeit später stellte uns die freundliche Stewardess vor unsere erste Wahl: „Chicken or Pasta?"

Die ersten Schritte

- Carolin -

„Tag eins – von ganz vielen", dachte ich, als ich am Morgen des ersten Weltreisetages meine Augen aufschlug. Ich grinste. Ein ganzes Jahr voller Abenteuer lag vor uns. Wie würde es werden?

An diesem ersten Morgen fühlte es sich für mich noch an wie der Beginn eines sehr langen Urlaubs. Ich sollte einige Wochen Zeit brauchen, um wirklich zu realisieren, dass es, anders als bei einem Urlaub, nicht so bald wieder zurück nach Hause gehen würde. Und mit klassischem Urlaub hatte das Leben als Backpacker sowieso wenig zu tun.

Micha, im Stockbett über mir, war auch schon wach und grinste ebenfalls. In bester Reisestimmung stürzten wir uns in die Erkundung unserer ersten Station: Mexiko-Stadt.

Mexiko-Stadt war eine der größten Städte der Welt und galt als gefährliches Pflaster. Um den Zócalo, den historischen zentralen Platz, gab es ein großes Polizeiaufgebot, das streng für Ruhe und Ordnung sorgte. Gleich an diesem ersten Tag sahen wir, wie ein wild um sich schlagender Typ kurzerhand von der Polizei davongetragen wurde, ungeachtet dessen, dass er dabei einen Schuh verlor und die schaulustige Menschenmenge mit ihren Handys alles filmte.

Der Zócalo war für Weihnachten und Silvester reichlich und kitschig bunt geschmückt worden. In der Mitte stand ein riesiger Tannenbaum mit Pepsi-Logos als Weihnachtskugeln.

Um auch bei 25 Grad und strahlendem Sonnenschein winterliche Stimmung zu erzeugen, waren eine Eisfläche zum Schlittschuhlaufen und ein Schneeballschlachtfeld aus echtem Schnee aufgebaut worden. Direkt neben dem Platz befand sich die Kathedrale. In deren Umgebung konnte man sich von ein paar selbsternannten Heilern gegen eine kleine Spende durch Beweihräucherung vor Hexerei, bösen Geistern und Krankheiten schützen lassen.

Außerhalb des Zócalo war die Stadt chaotischer, lauter und dreckiger. Armut war deutlicher sichtbar. Ein Mann, dessen einziges Kleidungsstück ein kurzes, schmuddeliges T-Shirt war, lief unbeirrt mitten durch die Fußgängerzone, geradewegs an den teuren Läden der Einkaufsstraße vorbei.

Neben den eigentlichen Sehenswürdigkeiten fand ich die Metro dort sehr interessant. Da es in Mexiko-Stadt viele Analphabeten gab, hatte jede Station neben ihrem Namen ein Symbol und eine Farbe. Um Belästigungen vorzubeugen, gab es auf dem Bahnsteig einen pinkfarbenen Bereich, in dem ausschließlich Frauen – und männliche Touristen – warten und einsteigen duften.

Wir freundeten uns mit Ravi an, einem Kanadier mit indischen Wurzeln, der als einer der wenigen Leute, die wir auf unserer Reise treffen würden, wesentlich länger unterwegs war, als wir es sein wollten. Die meisten Backpacker waren zwischen drei und sechs Monaten auf Reisen. Bei Ravi sollten es am Ende drei Jahre werden.

Als wir ihn trafen, war er es bereits fast die Hälfte dieser Zeit. Er glühte vor Enthusiasmus und wirkte hellwach. Es war etwas, das ich schon einige Male an Leuten entdeckt hatte, die viel herumgekommen waren: eine Lebendigkeit, etwas Verrücktheit und eine Souveränität, die man wohl nur bekam, wenn man viel erlebt und oft genug die eigene Komfortzone verlassen hatte. Beim Mittagessen erzählte uns Ravi von seinen Reiseerlebnissen und Micha und ich fragten uns, was wir am Ende des Jahres zu erzählen haben würden.

Wir machten einen Abstecher zu der prähistorischen Ruinenstädte Teotihuacán, etwas außerhalb von Mexiko-Stadt. Auf dem Areal befanden sich mehrere graubraune, beeindruckende Pyramiden – die ersten richtigen Pyramiden, die ich bis dahin je gesehen hatte. Micha und ich erkundeten das Gelände und kletterten auf die Sonnen- und die Mondpyramide. Später aßen in einem ungewöhnlichen Restaurant zu Mittag, das sich in einer Grotte neben dem Gelände befand. Eins stand schon mal fest: Mexiko war kein Land für Leute, die auf ihre schlanke Linie achten wollen. Dafür war das Essen einfach zu lecker!

Auf der Rückfahrt mit dem öffentlichen Bus kamen wir in eine Polizeikontrolle, bei der alle Männer aussteigen und sich filzen lassen mussten. Im Bus durchsuchten die Polizisten die Handtaschen der Frauen. Ich beobachtete Micha durch das Fenster, der den ihn abtastenden Mexikaner um einen Kopf überragte. In Gedanken an diverse Warnungen meiner Familie über Mexiko wurde ich ein bisschen nervös. Ob wir plötzlich weiterfahren und die korrupte mexikanische Polizei Micha an Organhändler ausliefern würde? In den folgenden Monaten würde ich lernen, weniger paranoid zu sein.

Dann kam Silvester. Um Mitternacht gingen wir kurz hinaus auf den Zócalo. Während die große Silvesterparty, die wir von so einer riesigen Stadt erwartet hatten, wohl woanders stattfand, läuteten nur unspektakulär die Glocken der Kathedrale. Kein Feuerwerk. Nur vereinzelt hatten einige Leute Wunderkerzen mitgebracht, um das neue Jahr zu begrüßen.

Doch hatte ich mich nie „silvesterlicher" gefühlt, als in diesem Moment. Im neuen Jahr würde alles anders werden. Das sagte ich mir oft zur Jahreswende. Der Unterschied war, dass es dieses Jahr definitiv auch so sein würde, dachte ich euphorisch.

„Happy New World Trip Year!", strahlte Micha und küsste meine Nasenspitze.

Da ist der Wurm drin

- Carolin -

Am nächsten Tag reisten wir nach Oaxaca. An der dortigen Busstation angekommen, wollten wir direkt weiter zu einer Unterkunft, die uns empfohlen worden war. Nicht, dass das besonders schwierig gewesen wäre. Oaxaca war ein überschaubarer Ort und das Hostel war nur zwei Ecken entfernt, wie sich letztendlich herausstellte. Doch eine Angestellte der Busstation, die wir nach dem Weg gefragt hatten, hatte uns zu einem Taxi geraten, da der Weg viel zu weit sei. Komisch, laut Empfehlung sollte es ganz nah sein. Während sie sprach, rollte bereits ein Taxifahrer eilfertig vor. Die beiden waren offensichtlich ein eingespieltes Team. Von spanischen Flüchen begleitet ließen wir sie stehen und versuchten es auf eigene Faust zu Fuß. Zehn Minuten später erreichten wir unser Ziel.

Im Hostel angekommen, waren nur noch in getrennten Schlafräumen Betten für uns frei. Es sollte das einzige Mal im ganzen Jahr bleiben, dass Micha und ich nicht im selben Raum schliefen.

Zur Entschädigung gab es abends eine Mezcal-Verkostung. Mezcal war ein hochprozentiger Schnaps, aus dem Fruchtfleisch verschiedener Algavenarten hergestellt, die hauptsächlich in der Region um Oaxaca angebaut werden. Der wohl bekannteste Mezcal war der Tequila. Während mir nach dem zweiten Shot ganz warm wurde und Micha einen knallroten Kopf bekam, klärte uns der Hostel-Besitzer darüber auf, was es mit dem berühmten Wurm im Tequila auf sich hatte. Erstens sei es eine Raupe und kein Wurm und zweitens handle es sich dabei nur um einen simplen, aber gut funktionierenden Marketing-Gag. Da war also kein Wurm drin!

So erleuchtet liefen wir abends durch das noch weihnachtlich geschmückte Oaxaca, auf dessen Zócalo eine liebevoll gestaltete Krippenszene aufgebaut war. Insgesamt gefiel uns die beschauliche Künstlerstadt wesentlich besser als Mexiko-Stadt und gehört rückblickend zu den schönsten Orten, die wir auf der Reise besuchten.

Dann stand unsere erste Nachtbusfahrt an, die uns nach 15 Stunden an unser nächstes Ziel, Palenque, bringen sollte. Und hier war dann der Wurm drin!

Nachdem wir zuvor unser Gepäck, ähnlich wie an Flughäfen, separat eingecheckt hatten, stiegen wir abends in den Bus. Ein Angestellter des Busunternehmens ging mit einer Videokamera durch die Reihen und filmte jeden Fahrgast in Nahaufnahme. Das kannten wir schon von unserer ersten Busfahrt, fanden es aber immer noch seltsam.

Micha und ich waren gespannt auf die Fahrt, denn wir würden wahrscheinlich noch viele weitere Nächte in Verkehrsmitteln verbringen. Ich war etwas besorgt, weil die Strecke bergig sein sollte und deswegen recht kurvenreich werden würde.

Wir fuhren los und der Busfahrer schaltete den Fernseher ein, auf dem „Die spektakulärsten Bus- und Autounfälle aller Zeiten" lief. Für uns leicht befremdlich, aber die einheimischen Fahrgäste amüsierten sich köstlich! Zeitgleich zum Einbruch der Dunkelheit wurde die Straße kurviger. Ich starrte durch den Mittelgang nach vorne.

„Geht's dir nicht gut?", fragte Micha.

„Hm-hm", presste ich heraus und Micha zückte schnell eine Tüte.

Nein, das kam gar nicht infrage. Ich würde mich nicht schon in den ersten Weltreisetagen vor meinem Freund in eine Tüte übergeben. Es würde bestimmt noch zu genug peinlichen Situationen auf der Reise kommen. Durch schlechtes Essen, durch Krankheit oder weil Privatsphäre auf so einer Reise eben nicht immer möglich sein würde. Aber so weit war ich noch nicht.

Ich kaute auf meiner Zunge herum und atmete hoch konzentriert gegen die aufsteigende Übelkeit an. Es half alles nichts. Ich sprang auf und taumelte – das erste von mehreren Malen – nach hinten zur Toilette, während der Busfahrer sportlich seine Kurven fuhr. Natürlich funktionierten weder Licht noch Spülung.

Ich war niedergeschlagen. Wie sollte ich all die noch kommenden Nachtfahrten überstehen? Ich würde direkt davor einfach nichts mehr essen, sagte ich mir. Aber wie sollte ich das bei Fahrten, die einen Tag oder länger dauern würden, durchhalten? Als es dann nach einem kurzen Halt weiterging, war die Übelkeit zum Glück erst mal verflogen.

Es dauerte nicht lange, bis wir erneut stoppten. Diesmal zum Tanken. Aus Sicherheitsgründen sollten alle Fahrgäste aussteigen. Der Busfahrer wies uns an, vor dem Eingang eines Restaurants zu warten, während er den Bus zur Zapfsäule fuhr. Die anderen Fahrgäste zerstreuten sich schnell. Wir warteten. Der Bus brauchte lange zum Tanken. Sehr lange. Wir hielten Ausschau, aber er war nirgends zu sehen. Auch von den anderen Fahrgästen gab es keine Spur. Wir wurden nervös, denn mittlerweile waren fast 30 Minuten vergangen. Hatten wir den Fahrer falsch verstanden? War der Bus mitten in der Nacht ohne uns weitergefahren? Ein Mann tippte Micha an: „¿Disculpe?" Er sagte, der Bus parke 100 Meter weiter, auf der anderen Seite des

Geländes. Micha guckte etwas verdattert. So, als ob er im wahrsten Sinne des Wortes nur Spanisch verstünde. Ich bedankte mich schnell und zog Micha am Arm mit. Puh! Erleichtert und dankbar für die Rücksichtnahme setzten wir uns auf unsere Plätze. Der Bus fuhr sofort weiter. Mittlerweile war es weit nach Mitternacht und irgendwann schlief ich endlich erschöpft ein.

Es wurde hell. Kurze Zeit später fuhren wir langsam an einer Unfallstelle vorbei. Ein Toter lag mitten auf der Straße. Schockiert wandten wir den Blick ab. Unwillkürlich dachten wir an das makabre Fernsehprogramm, das die ganze Nacht in einer Endlosschleife weitergelaufen war.

Wieder kurze Zeit später gab es einen Knall und ein Ruck ging durch den Bus. Wenige Meter vor dem Ziel waren wir auf ein Taxi aufgefahren. Unsere Windschutzscheibe durchzog nun diagonal ein Sprung. Nach einem Schulterzucken des Busfahrers und einem Schulterzucken des Taxifahrers fuhren wir eine Minute später weiter und in den Busbahnhof ein.

Ruinen im Tieflanddschungel

- Carolin -

Etwas übernächtigt kamen wir morgens gegen acht Uhr in Palenque an, schulterten die Rucksäcke und liefen zu unserer Unterkunft. Es waren ein paar kleine Hütten mit Fenstern ohne Scheiben mitten im Dschungel, die durch Holzstege miteinander verbunden waren. Nachdem wir unser Gepäck abgelegt hatten, machten wir uns zu Fuß auf den Weg zu der etwas außerhalb gelegenen präkolumbischen Ruinenstadt. Während wir die Straße, die durch dichte Vegetation führte, entlangliefen, fiel die Müdigkeit von uns ab. Irgendwann erreichten wir die erste Pyramide. Erst fünf Prozent der ehemaligen Stadt waren bisher freigelegt worden, erfuhren wir. Der Rest war noch versteckt unter dem Tieflanddschungel, der die alten Steine fest in seiner Wurzelumklammerung hielt. Dort gab es noch viele Geheimnisse zu lüften.

Zwar waren die bereits entdeckten Pyramiden fein säuberlich freigelegt worden und der Urwald, der sie früher umwuchert hatte, durch ein Gelände mit gepflegten Wegen und Rasen ersetzt worden. Trotzdem gab es zahlreiche kleinere Flussläufe und Wasserfälle, die die Ausgrabungsstätte durchschnitten. Direkt neben den Pyramiden wuchsen großblättrige Farne und alte Bäume, auf denen Brüllaffen Radau machten und zwischen denen hier und da weitere Pyramiden hervorblitzten. Es war fantastisch!

Als wir am Abend zurück zu den Hütten kamen, gönnten wir uns ein paar leckere Fajitas unter freiem Himmel. Währenddessen sorgten die durch die Bank etwas alternativ angehauchten anderen Backpacker mit Gitarre und Klanghölzchen für die akustische Untermalung der Szenerie.

Neben den Ruinen gab es in der Gegend eindrucksvolle Wasserfälle zu bewundern. Insbesondere die Cataratas de Agua Azul. Über 500 Kaskaden floss dort das Wasser, dessen Farbe zwischen Türkisgrün und Azurblau variieren kann. In der Regenzeit erlebten wir die Fälle leider nicht ganz so farbenfroh.

Um uns etwas zu stärken, leisteten wir uns eine Kokosnuss für zehn Pesos. Das waren ungefähr 50 Cent. Wir hatten uns zum ersten Mal im Handeln versucht und den Preis knallhart von 20 Pesos runtergehandelt! Leider war unsere Kokosnuss dann auch nur halb so groß wie das ursprünglich angedachte Exemplar. Das mussten wir wohl noch üben …

Auf den Spuren der Maya

- Carolin -

Vom „Dschungelcamp" in Palenque holte uns, nach der üblichen halben Stunde Verspätung, frühmorgens ein Minibus ab, der uns nach Flores in Guatemala bringen sollte. Unser erster – im wahrsten Sinne des Wortes – Grenzübergang stand bevor. Denn das Niemandsland zwischen dem Ausreiseposten Mexikos und der Einreisestelle Guatemalas durften wir nach längerem Warten in der prallen Sonne nur zu Fuß und mit dem Gepäck auf dem Rücken überqueren. Auf der anderen Seite stiegen wir wieder in denselben Minibus, der die Grenze schnell und ohne Passagiere durchfahren hatte, ein und fuhren weiter.

Gegen Nachmittag kamen wir schließlich in Flores an. Der Ort war klein, verschlafen und lag auf einer Insel im Petén-Itzá-See, die durch eine Straße mit dem Land verbunden war. Es gab viele hübsche, farbenfrohe Häuschen im Kolonialstil. Unserer Unterkunft war ein schnuckeliges Gästehaus. Dort ernteten wir einen bestürzt-tadelnden Blick der Besitzerin, da wir die Frage, ob wir denn verheiratet seien, verneinten.

Als wir am ersten Abend durch Flores liefen, fanden wir ein Restaurant, dessen riesige Burritos und noch riesigere, schaumige Fruchtshakes so herrlich schmeckten, dass wir später, in magereren Zeiten, oft sehnsuchtsvoll an sie zurückdachten.

Der folgende Tag begann für uns um vier Uhr morgens. Wir fuhren durch den Regenwald, bis wir kurz vor Sonnenaufgang am Ausgangspunkt unserer Tour zu den Tempelruinen von Tikal ankamen. Tikal war eine der bedeutendsten Städte der Maya und die vermutlich bekannteste. Das sollte allerdings das letzte

Mal sein, dass wir eine geführte Gruppentour zu einem Ort mit-
machten, den wir genauso gut ohne Führung besuchen konnten.
Unsere Gruppe war auf dem kurzen Fußweg durch den Urwald
zu den Ruinen ziemlich laut. Weil einige Teilnehmer trödelten,
verpassten wir leider den Sonnenaufgang, den wir eigentlich
von der Spitze einer Pyramide aus beobachten wollten. Etwas
grummelig blieben wir bei der Gruppe, bis die Führung gegen
Mittag zu Ende war. Dann kehrten wir aber nicht mit den anderen zurück nach Flores, sondern erkundeten das weitläufige Gebiet allein.

Etwas abseits, auf schmäleren Pfaden, trafen wir schließlich
erneut auf Brüllaffen und verschiedene exotische Vögel. Wir
nutzten den Rest des Tages, um uns die antike Stadt der Maya
genauer anzusehen. Micha und ich genossen vor allem die Aussicht von einer der Pyramiden auf die Spitzen der anderen, die
in die tropische Vegetation eingebettet waren: das Wipfelmeer
des Regenwalds reichte, soweit das Auge blicken konnte.

Haiattacke

- Carolin -

Nach diesem kurzen, aber schönen Abstecher verließen wir Guatemala wieder, um ebenso kurz nach Belize einzureisen. Wir wollten zum Tauchen zur Insel San Pedro, zu der wir mit einem Wassertaxi übersetzten. Das Meer war leuchtend türkisblau, wie ich es bis dahin nur von Fotos kannte.

Etwas erstaunt bemerkten wir, dass dort Englisch gesprochen wurde und nicht Spanisch. Wir waren naiverweise davon ausgegangen, dass überall in Zentralamerika ausschließlich Spanisch gesprochen wurde. Ups! Das hatten wir bei der Vorbereitung wohl übersehen. Diese Tatsache erklärte jedenfalls auch, warum sich dort jede Menge US-Amerikaner die Sonne auf den Bauch scheinen ließen. San Pedro war bestens auf die Bedürfnisse seiner Gäste eingestellt: beispielsweise gab es, obwohl die Insel so klein war, dass wir in kurzer Zeit überall hinlaufen konnten, elektrische Golfwagen, die einem diese kurzen Fußwege ersparen sollten.

Zudem war San Pedro eine der teuersten Stationen auf der ganzen Reise. Im Supermarkt kostete schon ein Glas Marmelade umgerechnet satte acht Euro. Zum ersten Mal griffen wir deshalb auf Instant-Nudelsuppe zurück. Die gab es wirklich fast überall und wir mussten nur irgendwo heißes Wasser herbekommen, um eine Packung in ein akzeptables Süppchen zu verwandeln. Anfangs waren diese Suppen gar nicht mal übel. Ab dem dritten Mal in Folge wurden wir ihrer jedoch schon überdrüssig. Trotzdem sollten sie uns später noch aus so manch hungriger Lage retten.

Die Unterwasserwelt von Belize entschädigte uns für Touristenmassen und Wucherpreise. Zunächst fuhren wir mit einem kleinen Boot einen Vormittag lang hinaus aufs Meer und gingen dort zweimal schnorcheln. Der erste Ort wurde Shark Ray Alley genannt. Dort tummelten sich, wie der Name schon andeutet, Haie verschiedener Arten und Größen. Im klaren Wasser konnte ich die Tiere deutlich erkennen. Sie glitten ruhig dahin. Die Größten waren zu meinem anfänglichen Entsetzen in etwa so groß wie ich selbst.

Der Bootsmann warf ein paar Fischstücke über Bord. Schlagartig kam Bewegung in das Wasser. Das Futter berührte scheinbar nicht einmal die Wasseroberfläche, so schnell fand es den Weg in eines der gierigen Haifischmäuler.

Die Vorstellung, nun beherzt hinterher zuspringen und darauf zu hoffen, nicht vorschnell auch für ein großes Stück Fisch gehalten zu werden, war eher weniger einladend. Während wir anderen uns noch skeptische Blicke zuwarfen und uns gegenseitig höflichst den Vortritt gewährten, ertönte von der anderen Seite des Bötchens ein gewaltiges Platschen. Micha hatte sich unbemerkt todesmutig als Erster hineingestürzt.

Dann, nachdem die gefürchtete Haiattacke ausgeblieben war, sprangen auch wir anderen hinterher und schwammen mit den Haien und ein paar großen Rochen Seite an Seite. So nah war ich Haien bisher noch nie gewesen. Aber ganz traute ich dem Frieden nicht. Doch wie Micha mir im Vorfeld versichert hatte, blieben die Tiere friedlich.

Das zweite Mal schnorchelten wir an einem Riff, wo wir zudem Schildkröten zu sehen bekamen. Diese Erlebnisse allein waren schon wunderschön. Doch bald sollten wir noch viel mehr unter Wasser erleben.

Am Nachmittag machten wir dann unsere zwei ersten richtigen Tauchgänge auf der Weltreise, in einem Riff nicht weit von San Pedro entfernt. Micha war bereits ein erfahrener Taucher, der überall, wo er hinreiste und es eine Unterwasserwelt zu bestaunen gab, auch getaucht war. Ich hingegen hatte frisch meinem Tauchschein und danach gerade mal einen einzigen Tauchgang auf den Kanaren gemacht.

Vor den anstehenden zwei Tauchgängen war die See außerordentlich rau. Das Boot tanzte und schlingerte auf den Wellen. Mir war schon übel, bevor ich mich rückwärts vom Bootsrand ins Meer fallen ließ. Als wir aber abtauchten, wurde das Wasser mit jedem Meter Tiefe ruhiger. Und ich mit ihm. Wir waren eine Gruppe von sechs Tauchern plus einem Tauchführer. Wir sahen viele Tiere, die man sich als Tauchanfänger zu sehen wünscht: Haie, Schildkröten, gepunktete Adlerrochen und Muränen. Als wir auftauchten, war die See noch stürmischer geworden und wir brauchten einige Versuche, um über die auf und ab schaukelnde und ausschlagende Leiter wieder in das Boot zu gelangen, ohne von ihr k. o. geschlagen zu werden.

Wieder im Boot fragte mich Micha breit grinsend: „Und, hast du die Haiattacke überlebt?"

„Welche Haiattacke?", fragte ich erstaunt und leicht alarmiert zurück.

„Vorhin im Wasser, von mir?"

Er habe erst das Tauchzeichen für „Hai" gemacht – die Hand auf dem Kopf, mit den Fingerspitzen nach oben. Ich hätte daraufhin genickt und dann sei er, die Arme auf- und zuklappend wie ein Haifischmaul, auf mich zu geschwommen, um mich dann auf Bauchhöhe zu „beißen".

„Das war ich nicht!", prustete ich los.

Ich sah mich um. Es gab nur eine andere Frau in unserer Tauchgruppe und sie musterte Micha in diesem Augenblick argwöhnisch von der anderen Seite des Bootes. Unter Wasser mit Maske und Atemgerät sahen wir wohl zum Verwechseln ähnlich aus. Michas Kopf wurde vom Hals aufwärts feuerrot.

Blaues Loch, weißer Sand, rote Füße

- Carolin -

Der nächste Tag war der Tag vor meinem Geburtstag und ich wünschte mir rückwirkend fast, ich hätte mich bei meiner Geburt doch etwas mehr beeilt, denn er war einfach nur paradiesisch.

Wir hatten einen Tagestrip mit drei Tauchgängen im Belize Barrier Reef gebucht. Das war nach dem Great Barrier Reef in Australien das zweitgrößte Korallenriff der Welt.

Mit einer weißen Tauchyacht brachen wir noch vor Sonnenaufgang auf und hüpften zweieinhalb Stunden über die Wellen zu unserem ersten Tauchplatz, dem berühmten Great Blue Hole im Lighthouse Reef. Aus der Vogelperspektive betrachtet ein fast kreisrundes, dunkelblaues Loch mit über 300 Metern Durchmesser. Es war 120 Meter tief und aus einer eingestürzten Tropfsteinhöhle im Meeresboden entstanden. Wir sollten 41 Meter tief hinuntertauchen. Denn dort verbreiterte sich das Loch und wir sollten die verwitterten Stalaktiten der ehemaligen Höhle sehen können.

Ich war aufgeregt, da ich noch nie so tief getaucht war. Kurz vor dem Abtauchen geriet ich dann etwas in Panik. Micha schnappte meine Hand und ließ sie den ganzen Tauchgang nicht mehr los. Es war letztlich alles nur halb so wild. In Begleitung von mehreren Tauchführern mussten wir uns in ruhigem Wasser ja nur langsam senkrecht absinken lassen. Ich beruhigte mich wieder. Wir sanken also, bis es merklich kühler und dunkler wurde und kaum mehr Fische zu sehen waren, dafür aber die Felsüberhänge mit den Stalaktiten. In dieser Tiefe konnten wir nur wenige Minuten bleiben, denn die stark komprimierte Luft in der Pressluftflasche brauchte sich dort schnell auf.

Nach diesem Tauchgang ging es eine knappe Stunde mit dem Boot zum nächsten Tauchort, Halfmoon Kaye. Es erwartete uns, wie auch beim darauffolgenden dritten Tauchgang im nicht weit entfernten „Aquarium", die perfekte Tauchidylle. Korallen, bunte Fischschwärme, Schildkröten, Haie, Rochen und verschiedenste andere Meeresbewohner. Ich war total überwältigt.

Dazwischen gab es Mittagessen auf dem Boot und eine Pause, in der wir auf der unbesiedelten Half Moon Island durch ein Naturschutzgebiet laufen konnten. Das halbmondförmige Inselchen war ein karibischer Traum: weiße Sandstrände fassten einen dichten, saftig grünen Palmenwald ein. Dort nisteten unzählige Vögel, wie beispielsweise die ulkigen Rotfußtölpel. Ihre roten Füße bildeten einen knalligen Kontrast zu den anderen leuchtenden Farben. „Hier würde ich gerne stranden!", dachte ich.

Die ganze Heimfahrt saß ich an der Spitze der Yacht, die durch das türkisblaue Wasser pflügte, ließ mir den Wind um die Nase wehen und summte leise „Paradise" von Coldplay.

20 Pesos

- Carolin -

Meinen Geburtstag verbrachten Micha und ich dann unspektakulär mit der Wiedereinreise nach Mexiko. Mit dem Wassertaxi setzten wir frühmorgens von San Pedro nach Chetumal auf der Yucatán-Halbinsel über und nahmen einen Bus nach Merida. Auf der Fahrt hatten wir unseren ersten Streit der Reise. Ich könnte nicht mehr sagen, worüber. Aber es war einer dieser Streite, die klein anfangen und dann in lange Grundsatzdiskussionen ausarten, zu nichts führen und an deren Ende wir uns immer erst eine Zeit lang beleidigt anschwiegen, um dann mit „Du bist echt … doof!" – "Ja, du auch!" – "Du aber mehr" – "Nein, du am allermeisten" die Wiederversöhnung einzuleiten.

Als wir gegen Abend in Merida ankamen, hatten wir uns also gerade wieder versöhnt. Nachdem Micha und ich das Gepäck in unsere Unterkunft gebracht hatten, suchten wir nach einem Restaurant, das dem Tag mit seinem Essen noch etwas Feierliches verleihen konnte. Wir fanden ein Lokal mit typisch yukatekischer Küche. Diese war, wie wir feststellten, ganz anders als das mexikanische Essen, das wir davor kennengelernt hatten. Es gab besonders gehaltvolle, teilweise süßliche Saucen und viele Gerichte waren in Bananenblätter eingewickelt. Super lecker! Zur Feier des Tages stießen wir mit einem dunkelgrünen Chaya-Cocktail an. Chaya-Blätter sind ein Gemüse, das schon die Maya verwendeten.

Die folgenden Tage in Merida ließen wir es nach den erlebnisreichen letzten Wochen endlich etwas ruhiger angehen. Wir probierten uns von oben bis unten durch die Karte unseres neuen Lieblingsrestaurants. Ohne ein bestimmtes Ziel liefen wir kreuz und quer durch die kolonialzeitlich geprägte Stadt und ließen uns einfach überraschen, was es so zu sehen gab. Dieses sich treiben lassen sollte zu unserer Art werden, neue Orte kennenzulernen.

Vor der Weiterreise machten wir zwei Ausflüge zu den Pyramiden-Ruinenstätten Chichén Itzá und Uxmal. Chichén Itzá, eines der sogenannten „neuen sieben Weltwunder", war schön, aber aufgrund seiner Berühmtheit von Touristen überlaufen. Zahlreiche Verkäufer versuchten uns ständig irgendwelchen Plunder anzudrehen. Als wir am Abend das Gelände verlassen wollten, rief einer der Verkäufer in gebrochenem Englisch: „Panflöte, zehn Pesos."

Micha grinste, zeigte auf eine umherstreifende Katze und antwortete auf Spanisch: „Katze, 20 Pesos."

Der Verkäufer lachte und packte sein Zeug zusammen. In Mexiko waren Humor, Freundlichkeit und vor allem Spanischkenntnisse das, was einem vieles leichter machte. Außerdem schien es von Vorteil zu sein, schnell einfließen zu lassen, dass wir keine richtigen „Gringos" waren. Also kein US-Amerikaner. Das sollte sogar für fast ganz Lateinamerika gelten.

Uxmal fanden wir im Gegensatz zu Chichén Itzá entspannter, denn es war relativ wenig besucht und frei von penetranten Souvenirverkäufern. Dafür schien es ein Eldorado für große Leguane zu sein, von denen eine Menge auf dem Gelände lebten.

Von Merida aus ging es weiter in die Spring Break Hochburg Cancún. Dort sollte einige Tage später unser nächster Flug nach Venezuela starten. Damit würde die erste kurze Etappe „Mittelamerika" unserer Weltreise schon enden.

Goldtopf oder Schlangennest

- Carolin -

„Cancún" kann in der Sprache der Maya angeblich entweder „Goldtopf" oder „Schlangennest" bedeuten. Unsere Unterkunft in Cancún lag in Downtown, also in der eigentlichen Stadt. Wir machten nur eine kurze Stippvisite zu einem der Strände in der Hotelzone. Das war der Bereich, den wir aus Film und Fernsehen kannten.

Dort findet der wahr gewordene (Alb-) Traum des Massentourismus statt: nur Hotels, Kitschläden, Nachtclubs und Fast Food Restaurants. Die weißen, feinsandigen Strände mit ihrem türkisblauen Meer müssen vor dem Bau der Hotelbunker herrlich gewesen sein. Nun waren sie von der Straße aus nur noch durch die Bunkeranlagen hindurch zu erreichen. Elektrosound übertönte das Rauschen der Wellen.

„Also doch eher ein Schlangennest", stellte ich ernüchtert fest. Dort gefiel es uns zum ersten Mal gar nicht – schade. Daher versuchten wir bis zum Abflug möglichst viel außerhalb der Stadt zu unternehmen.

Einen Tag verbrachten wir in den Ruinenstätten von Tulum. Das Besondere an diesem Ort war, dass die Ruinen direkt am Meer lagen. Zusammen mit dem intensiven Blau des Wassers, dem Weiß des Sandes und dem satten Grün der Vegetation gaben sie einen hinreißenden Anblick ab. Ich hatte Tulum früher oft auf Fotos bewundert. Es nun in Realität zu sehen war, wie jedes Mal, wenn wir etwas sehen sollten, das wir nur von Fotos kannten, ein unglaublicher Moment und auch ein „Aha, so sieht das also wirklich aus!" Erlebnis. Tulum war traumhaft schön.

Gerade als wir uns auf den Rückweg machen wollten, knickte Micha plötzlich beim Fotografieren eines umherstreifenden Nasenbären um. Es sah böse aus und knackte unheilvoll. Er humpelte auf mich gestützt ein paar Meter weit, bis er auf einmal ganz weiß im Gesicht wurde und sich auf ein Mäuerchen legen musste. Hatte er sich den Fuß ernsthaft verletzt? War das schon das Ende unserer Reise, noch bevor sie richtig begonnen hatte? Mir schwante Übles.

Nach einer Stunde, vom Schock erholt, konnte Micha dann zum Glück hinkend weiterlaufen. Der Fuß sollte sich mithilfe von vielen Eisbeuteln über die nächsten Tage wieder erholen.

Wir gingen vor unserer Weiterreise noch einmal tauchen. Michas Fuß machte das glücklicherweise mit. Diesmal tauchten wir allerdings in Cenoten. Das waren größere Kalksteinlöcher im Festland, die üblicherweise durch das Einstürzen einer Höhle entstanden waren. Die beiden Cenoten Kulkulkan und Chac Mool waren in den oberen Metern mit Süßwasser gefüllt. Als wir 15 Meter tief waren, durchquerten wir die sogenannte Halokline, einen Übergangsbereich zwischen Süßwasser und dem darunterliegenden Salzwasser. Dort konnten wir nur verschwommen sehen, als ob es Öl und nicht Wasser wäre, durch das wir tauchten. Das Salzwasser war ungefähr zwei Grad wärmer als das Süßwasser darüber, was sich seltsam anfühlte. Denn wir waren es eigentlich gewohnt, dass es kälter wurde, je tiefer wir tauchten. In beiden Wasserschichten war die Sichtweite mit ungefähr 70 Metern fantastisch. Da es keine Strömung gab, wurden keine Kleinteile aufgewirbelt. Auf den Fotos sollte es später so aussehen, als ob wir in der Luft schwebten, so klar war das Wasser. Bei diesen beiden Tauchgängen war ich seltsamerweise ganz ruhig. Und das, obwohl ich als Tauchanfänger dort in eine dunkle Höhle tauchte und der direkte Weg nach oben durch Fels versperrt war.

In unserer Unterkunft in Cancún nahmen wir uns abends die Zeit, mexikanische Gerichte nachzukochen. Einmal würzten wir unser Essen so scharf, dass alle, die in die Küche kamen, hustend wieder hinausliefen.

Schnell hatten wir uns an unser neues Leben, an das Schlafen in Mehrbettzimmern, das Duschen in Gemeinschaftsbädern und die abwechslungsreichen, aufregenden Tage gewöhnt. Diese ersten Weltreisewochen waren einfach und wir genossen sie in vollen Zügen. Gutes Wetter, gutes Essen, gute Laune.

No tengo dinero

- Michael -

48 Stunden dauerte unsere Anreise von Cancún nach Ciudad Bolívar in Venezuela. Da es keinen Direktflug gab, nahmen wir einen Umweg über den Flughafen von Miami. Wir landeten dort spätabends. Unser Anschlussflug sollte bereits früh am folgenden Morgen gehen. Eine kurze Nacht am Flughafen lag vor uns. Oder man könnte auch sagen: eine kurze Nacht im Kühlschrank. Denn dieser Flughafen war ohne zu übertreiben eiskalt.

Die Zeit verging dementsprechend langsam. Caro versuchte ein wenig zwischen unseren Rucksäcken auf dem Boden zu schlafen und ich behielt sie, das Gepäck und die Uhr im Auge. Irgendwann konnten wir endlich zum Schalter gehen, um unser Ticket für den Weiterflug abzuholen.

„Kann ich Ihr Rückflugticket sehen?", fragte die Angestellte der Fluggesellschaft.

Wir tauschten einen kurzen Blick. „Haben wir nicht. Wir sind auf Weltreise und wollen von Venezuela mit dem Bus weiter nach Brasilien."

„Kein Ticket, kein Weiterflug", entgegnete die Dame kühl.

Wir konnten doch unmöglich die ersten sein, die auf die verrückte Idee gekommen waren innerhalb von Lateinamerika mit dem Bus von Land zu Land zu reisen! Eine Weile diskutierten wir hitzig mit der Angestellten – ohne Ergebnis. Irgendwann kam dann ein Supervisor dazu. Nach weiteren Diskussionen war ihm schließlich unser Round the World Ticket Beleg genug dafür, dass wir wohl nicht illegal nach Venezuela einwandern wollten.

Als wir endlich die Tickets für den Weiterflug ausgehändigt bekamen, wurden wir trotzdem noch vor möglichen Schwierigkeiten bei der Einreise in Venezuela gewarnt.

Tatsächlich interessierte sich in Venezuela aber niemand dafür, ob, wann, wo oder wie wir vorhatten, wieder auszureisen. Der Stempel war im Pass.

Unser erster Weg führte zum Geldautomaten. Neben der PIN für die Karte wurden allerdings zusätzlich Ziffern des venezolanischen Personalausweises abgefragt – den wir natürlich nicht hatten. Wie wir später erfuhren, hatte Venezuela sich wegen vermehrter Betrugsfälle dazu entschieden, die Automaten mit dieser zusätzlichen Sicherheitsfunktion auszustatten.

Kein dinero, keine Weiterreise. Irgendwie mussten wir jedoch zum Busbahnhof in der Stadt kommen, um von dort aus weiter nach Ciudad Bolívar zu fahren. Zum Glück hatten wir für den Notfall US-Dollars dabei, die somit schneller als gedacht zum Einsatz kamen. Ein Taxifahrer akzeptierte sie bereitwillig zu einem für ihn vorteilhaften Kurs. Am Busbahnhof angekommen, tat sich dann die nächste Hürde auf.

„No dollares!", sagte der Verkäufer am Ticketschalter abwehrend.

Caracas galt als eine der gefährlichsten Städte der Welt. Wir wagten uns also nur widerstrebend aus dem Gebäude auf die Straße. In einer Bank in der Nähe konnten wir erneut keine Bolívar ohne venezolanische Personalausweisnummer abheben. Wir versuchten es direkt am Bankschalter. Dort konnten uns die Angestellten aber auch nicht weiterhelfen.

Ein junger Venezolaner in Motorradbekleidung, der unser Problem mitgehört hatte, sprach uns an. Er machte uns das Angebot, Geld von seinem Konto abzuheben und es uns zu einem fairen Kurs gegen Dollars einzutauschen. Leider befanden sich die Automaten aber nicht innerhalb der Bank, sondern an der Straße. Die Transaktion müssten wir also in aller Öffentlichkeit durchführen. Wir waren skeptisch, denn wir wussten nicht, woran wir bei unserem Helfer waren: erfuhren wir gerade südamerikanische Hilfsbereitschaft oder würden wir skrupellos ausgeraubt werden? Wohl fühlten wir uns bei der Sache nicht. Schließlich nahmen wir das Angebot trotzdem an. Was blieb uns auch anderes übrig?

Unser Misstrauen stellte sich als unbegründet heraus. Der junge Mann war eine ehrliche Haut. Er gab uns einen wirklich fairen Kurs für unsere Dollars und zusätzlich sogar noch ein paar Tipps für die Weiterreise. Schnell war das Geld getauscht, wir zurück in der Busstation und die Tickets für die Weiterfahrt gekauft. Wieder guter Dinge, schliefen wir abwechselnd mit dem Kopf auf dem Rucksack, bis einige Stunden später der Nachtbus nach Ciudad Bolívar abfuhr.

Frozen Gringos

- Michael -

Wenn der Flughafen in Miami ein Kühlschrank war, so war der Nachtbus das Gefrierfach.

Durch unsere Recherche hatten wir schon damit gerechnet, dass die Busse in Lateinamerika heruntergekühlt sein würden. Allerdings wunderten wir uns doch ein wenig, als die Einheimischen mit dicken Daunendecken und sogar Wollmützen in den Bus stiegen. Draußen hatte es immer noch gute 20 Grad. Wir taten sie als verfrorene Lateinamerikaner ab und fühlten uns mit langen Hosen und Fleecejacken bestens für die Fahrt ausgestattet. Von wegen!

Kaum war der Bus losgefahren, sank die Temperatur rapide. Wir sollten in keinem anderen klimatisierten Verkehrsmittel auf unserer Reise je wieder derart frieren. Kurze Zeit später sahen wir uns dazu gezwungen alles, was wir in unserem Handgepäck finden konnten, auch noch drüberzuziehen: Regenjacke, Mütze und sogar einen Schal und Handschuhe. Es half alles nichts. Es war so kalt, wir konnten deutlich unseren eigenen Atem sehen.

„Ich glaub's nicht – aus dem Deckengebläse kommen winzige Schneeflöckchen!", sagte Caro zähneklappernd.

Ich hielt mir den Handschuh vor die Nase, da das Einatmen der kalten Luft schmerzte. Caro warf die lila Fleecedecke, die sie nach der letzten kalten Nacht in Miami vorsorglich aus dem Flugzeug mitgenommen hatte, über unsere Köpfe. So konnten wir unter diesem Fleecezelt unsere eingefrorenen Gesichter etwas auftauen.

Wir dösten fröstelnd vor uns hin. Irgendwann machten uns die einheimischen Fahrgäste darauf aufmerksam, dass wir aussteigen mussten. Wir waren überrascht, denn dafür war es viel zu früh. Vier Uhr morgens! Der Bus sollte erst mehrere Stunden später ankommen. Woher wussten die Leute überhaupt, wo wir hinwollten? Wir fragten vorsichtshalber den Fahrer, aber es stimmte: wir hatten unser Ziel erreicht. Vermutlich stiegen die wenigen Ausländer, die sich dort hin verirrten üblicherweise alle an diesem Stopp aus. Ohne unsere hilfsbereiten Mitreisenden hätten wir unser Ziel verpasst, denn eine Durchsage oder Schilder gab es nicht.

Also raus aus dem Bus in die stockdunkle Nacht. Da standen wir nun auf dem Busbahnhof von Ciudad Bolívar wie bestellt und nicht abgeholt. Obwohl wir müde waren und gerne weiterwollten, waren wir entschlossen uns an unsere Sicherheitsregeln zu halten. Wir gingen in eine einigermaßen beleuchtete Ecke des Bahnhofs, wo auch schon andere Leute standen. Caro und ich warteten dort, bis es hell wurde. Erst dann machten wir uns auf den Weg zu einer von deutschen Auswanderern betriebenen Posada, um uns von der zweitägigen Anreise zu erholen und unseren Trip zum höchsten Wasserfall der Welt zu planen.

Der Ort des tiefsten Sprunges

- Michael -

Von den Strapazen der Anreise erholt, verbrachten wir einen Tag damit, Ciudad Bolívar näher zu erkunden, bevor wir uns auf den Weg zum Salto Ángel machten. Der Salto Ángel befand sich im Südosten Venezuelas und war mit 979 Metern Fallhöhe der höchste frei fallende Wasserfall der Erde. Er befand sich mitten im Nationalpark Canaima. Weil dieser von hohen Gebirgsketten und dichtem Regenwald umschlossen war, konnte man ausschließlich mit einem kleinen Flugzeug dorthin gelangen.

Wir machten uns also auf zum winzigen Flughafen von Ciudad Bolívar. Bei der Sicherheitskontrolle trafen wir ihn: Rambo! Lange schwarze Haare, breit gebaut, Tarnkleidung, Stirnband und voll ausgerüstet. Er stand wohl schon länger bei der Kontrolle, da er eine Weile brauchte, um sich seiner Ausrüstung komplett zu entledigen. Dazu gehörten unter anderem zwei beeindruckende Messer, eines mit einer ungefähr 15, das andere mit einer 30 Zentimeter langen Klinge. Wir legten unsere Taschenmesser daneben. Sobald alles vom Gepäckscanner durchleuchtet worden war, bekam jeder seine komplette Ausrüstung zurück. Einer von vielen noch kommenden Momenten, in denen wir einfach die Gegebenheiten akzeptierten, ohne weiter über Sinn oder Unsinn nachzudenken.

Kurz darauf saßen wir schon in der winzigen Cessna. Direkt vor uns war der Pilot, an seiner Seite Rambo. Hinter uns saß ein etwas eingeschüchtert wirkender Asiat, der es sich dennoch nicht nehmen ließ, die abenteuerliche Gestalt zu fotografieren. Wie wir später von Rambo erfuhren, war er Brasilianer und hatte angeblich allein und nur mit einem Kompass zu Fuß die Atacama-Wüste durchquert. Für das nun kommende Abenteuer war er wohl etwas overdressed.

Mit ihm an unserer Seite waren wir wohl vor jeder Gefahr sicher. Vor jeder? Ein paar Minuten nach dem Start begann der Pilot, unregelmäßig zu zucken. Dann schrie er mehrere Male ohne erkennbaren Grund „Yeeha!" Da blickte selbst Rambo etwas verstört und hilfesuchend zu uns nach hinten.

So flogen wir erst über eine atemberaubende Seenlandschaft, dann über endlosen Regenwald. Irgendwann tauchten die ersten Tafelberge aus dem Teppich von grünen Baumwipfeln auf. Nach gut eineinhalb Stunden Flug landeten wir sicher auf einer Sandpiste.

Weiter ging es einige Zeit später in einem motorisierten Einbaum. Fünf Stunden saßen wir auf einem nackten Holzbrett, während wir stromaufwärts durch den Regenwald fuhren. Nach einer Stunde war das Sitzen unerträglich geworden. Caro und ich setzten uns kurzerhand auf unsere Rettungswesten, was die Fahrt deutlich angenehmer machte. Davon abgesehen, war die Flussfahrt durch den Dschungel ein sehr schönes Erlebnis. Die Stromschnellen aufwärts zukommen war für unsere Bootsführer nicht einfach. Es gab viele wasserarme Stellen, die mit Muskelkraft und einem Paddel umschifft werden mussten. Am Ende der Fahrt legte sich unser Paddelmann völlig erschöpft quer ins Boot und schlief augenblicklich ein.

Nach dem langen Sitzen kam unseren Körpern die nun noch anstehende einstündige Wanderung durch das dichte Grün durchaus gelegen. Je näher wir dem Salto Ángel kamen, desto mehr drehten sich unsere Gedanken darum, was wir wohl zu sehen bekommen würden. Während der Regenzeit war der

Wasserfall eindrucksvoller, allerdings oft so wolkenverhangen, dass man ihn nicht zu Gesicht bekam. In der Trockenzeit konnte es passieren, dass so wenig Wasser floss, dass der Wasserfall als solcher nicht mehr zu erkennen war und das wenige Wasser auf dem langen Weg nach unten gleich vom Wind weggeweht wurde. Zu Anfang dieser Trockenzeit waren wir nun auf dem Weg dorthin.

Als Erste erreichten wir den Aussichtspunkt. Es war ein richtiger Gänsehaut-Moment, als wir am Ende des Dickichts ankamen und sich vor uns eine gigantische Felswand auftat, von deren Kante weit oben aus sich der höchste Wasserfall der Erde ergoss. Und zwar mit ausreichend Wasser und vor klarem Himmel!

In der indigenen Sprache hieß er Kerepakupai merú, was in etwa „Ort des tiefsten Sprunges" bedeutet. Bis zum Einbruch der Dunkelheit bestaunten wir das Naturspektakel. Mit den letzten Sonnenstrahlen machten wir uns schließlich auf den Weg zurück zum Boot. Wir überquerten im Dunkeln den Fluss, über dem Glühwürmchen tanzten und gelangten zu einem einfachen Camp. Dort verbrachten wir unsere erste Nacht in Hängematten. Dieser Trip zum Nationalpark Canaima war ein Natur-Abenteuer wie Caro und ich es uns vorstellten. Hier, mitten in der Wildnis Südamerikas begann die Reise sich nun wie eine richtige Weltreise anzufühlen.

Auf dem Rückweg am folgenden Tag liefen wir an einer seichten Stelle mit unserem Boot auf Grund. Alle Männer mussten aussteigen, um das dann leichtere Boot von der Sandbank zu schieben. Das am Vortag in der Nähe dieser Stelle gesichtete Krokodil ließ sich zum Glück nicht blicken. Flussabwärts gelangten wir schließlich deutlich zügiger zurück.

Die Lagune von Canaima war ein weiteres Highlight. Der Fluss, über den wir mit dem Boot gekommen waren, teilte sich dort in sieben bezaubernde Wasserfälle. Über schmale, glitschige Pfade gelangten wir hinter zwei dieser Fälle und wurden klatschnass. Wir waren fast wieder trocken, als die Sonne unterging. Vom Ufer aus genossen wir das Farbenspiel des warmen Lichts auf der Lagune.

Am Morgen des folgenden Tages ging es mit der Cessna zurück, wo wir erneut auf Rambo stießen. Er hatte den Trip ohne Feindkontakt überstanden.

Ein weiterer Nachtbus brachte uns nach Santa Elena de Uairén, einem Ort an der venezolanisch-brasilianischen Grenze. Nach etlichen Passkontrollen des Militärs, die auch regelmäßig in der Nacht stattfanden, einer Gepäckdurchsuchung und einer genaueren Durchsuchung meiner Person – ein Soldat hatte meinen Bauchbeutel bemerkt, der in der Nacht verrutscht war und nahm an, ich wäre ein Schmuggler – kamen wir in Santa Elena an.

bflug nach Mexiko-Stadt

Tikal: Maya-Ruinen im Dschungel

hichén Itzá

ulum

Salto Ángel

Grenzgänger

Frühmorgens bestellten wir in Santa Elena ein Taxi, das uns zu einem Busbahnhof kurz hinter der brasilianischen Grenze bringen sollte. Dabei merkten wir zum ersten Mal, dass wir lernen mussten, uns unmissverständlicher auszudrücken.

Der Taxifahrer raste an den Grenzkontrollen vorbei, direkt zum Busbahnhof, und ließ uns dort aussteigen. Auf den Hinweis, dass wir noch die Aus- beziehungsweise Einreisestempel bräuchten, sagte er, dass nur abgesprochen sei, uns zum Bahnhof zu fahren und er sein Geld haben wolle. Da hatte er wohl recht! Da wir sozusagen illegal eingereist waren, mussten wir zurück zur Grenzstation. Für diese vergleichsweise kurze Strecke verlangte der Taxifahrer einen unverschämten Preis. Wir bezahlten den Mann für die Hinfahrt und liefen stattdessen einen Kilometer zurück um offiziell einzureisen. Dort wurde uns geraten, sicherheitshalber auch noch den Ausreisestempel aus Venezuela zu holen. Ein weiterer Kilometer zurück. Nachdem das erledigt war, liefen wir die zwei Kilometer wieder zum Busbahnhof. Die Taxifahrt hätten wir uns damit fast sparen können.

Nach ein paar Stunden Warten ging es mit dem Bus weiter. Die 17 Stunden Fahrt mit dreistündigem Zwischenstopp in Boa Vista waren kaum der Rede wert. Wir passierten eine Vielzahl von Militärkontrollen. Bei einer dieser Kontrollen sammelte ein Soldat im Bus alle Pässe ein und stieg mit ihnen aus. Da gab es keine Diskussion. Wir warteten etwas beunruhigt. Nach 20 Minuten Ungewissheit kam er dann mit den Pässen zurück und wir konnten weiterfahren.

Abenteuer Regenwald

- Carolin -

Der Januar neigte sich bereits dem Ende entgegen, als wir nach Manaus gelangten. Die Stadt lag mitten im Regenwald, am Rio Negro, elf Kilometer vor dessen Mündung in den Amazonas. Sie war ein beliebter Ausgangspunkt für Trips in die Umgebung. Ein solches Abenteuer wollten wir natürlich auch erleben.

Als wir in Manaus ankamen, schlug uns sofort dampfige Hitze entgegen. Es war wie in einem Gewächshaus. Schwitzend liefen wir zu unserem Hostel. In den ersten Tagen erkundeten wir die Stadt, aßen am Teatro Amazonas, dem bekannten Opernhaus von Manaus, zu Abend und machten uns auf die Suche nach einem Anbieter für Regenwaldtouren. Auf eine Empfehlung hin entschieden wir uns für einen kleinen Veranstalter. Der Betrieb einer indigenen Familie, der bei uns den Eindruck erweckte, die authentischsten Touren zu organisieren.

Wir buchten den Trip im winzigen Büro des Großvaters. Die Wände waren dekoriert mit selbst gebauten Jagdwaffen und alten Fotos. Auf einer handgemalten Karte zeigte uns der ältere Herr, wohin unser Trip führen würde. Seine Fingerspitze zeigte mitten ins grüne Nirgendwo. Schon am nächsten Tag sollte es losgehen.

Um halb fünf Uhr morgens wurden wir vor unserer Unterkunft abgeholt. Der Großvater selbst fuhr den voll beladenen Kleinwagen, in dem neben ihm bereits seine Frau saß. Nach einer kurzen Autofahrt zum Busterminal und einer anschließenden vierstündigen Busfahrt hatten wir die Zivilisation lange hinter uns gelassen. Es sollte keine gewöhnliche Tour werden.

Das Gebiet, in das unsere Expedition gehen würde, war abgelegen, kein privates Farmland mit Massenunterkünften für Touristengruppen. Ein weiterer Vorteil war, dass wir einen Führer für uns allein haben sollten.

Unser Führer, Cristóbal, wartete nach der Busfahrt bereits bei einem abfahrbereiten Motorboot auf uns. Er war ein eher ruhiger, drahtiger Mann indigener Abstammung, trug Tarnkleidung und sollte sich die kommenden Tage als unverwüstlich erweisen. Bei diesem Trip wäre Rambo aus Venezuela wohl schon eher auf seine Kosten gekommen.

Nachdem wir einige Zeit mit dem Boot auf verschiedenen Abzweigungen des Rio Negro, dessen Wasser tatsächlich schwarz aussah, in den Regenwald vorgedrungen waren, kamen wir an unserem Basislager an. Es bestand lediglich aus ein paar einfachen Hütten, sogenannten Cabanas, die einer indigenen Familie als Zuhause dienten. Es gab eine Cabana mit Holzwänden für die Familie und zwei an allen Seiten offene Cabanas. Eine davon mit einer Kochstelle, auf der die Mutter das Essen zubereitete und eine mit ein paar Hängematten. Unser Lager für die erste Nacht. Außerdem besaß die Familie einen Hühnerstall und etwas entfernt ein Outdoor-Plumpsklo mit ein paar Palmblättern als Sichtschutz.

Wir erkundeten die Gegend und entdeckten einige uns unbekannte, leckere Früchte, wie die Cupuaçu. Wir schlugen ihre harte Schale, die in Form und Farbe einer übergroßen Kiwi ähnelte, an einem Stein auf. Das säuerlich-aromatische Fruchtfleisch schmeckte fantastisch, ein ganz neues Geschmackserlebnis.

Bis zum Mittagessen nutzten wir die Zeit, um allein mit einem Kanu den unter Wasser stehenden Wald rings um die

Bucht zu erkunden und nach Tieren Ausschau zu halten. Währenddessen wurde der Himmel über uns rasch dunkel.

„Wir müssen umdrehen", sagte ich stirnrunzelnd und zeigte zum Himmel.

Micha nickte.

Als wir wendeten, fielen schon die ersten dicken Tropfen. Wir beschleunigten. Der Himmel öffnete endgültig seine Schleusen. Es war, als hätte jemand den Wasserhahn einer warmen Dusche aufgedreht. Der Regen durchtränkte in Sekunden unsere Kleidung und begann unser Kanu zu fluten. Als wir wenige Minuten später endlich wieder die Bucht erreichten, paddelte nur noch Micha und ich beförderte mit einem Schöpfbecher das Wasser aus dem Boot. Wir rannten zurück zu den Hütten, wo schon unser schmunzelnder Regenwaldführer und das fertige Essen auf uns warteten. Es gab Hühnchen, Reis, süßes Maisbrot und dazu Maniokmehl, das in Brasilien wie Parmesan über das Essen gestreut wurde. Leider hatten wir das Boot nicht fest genug angebunden und es trieb vom Ufer weg auf den Fluss hinaus. Cristóbal schwamm kurzerhand hin, brachte es zurück und setzte sich, nun ebenfalls klatschnass, wieder zu uns, ohne ein Wort über dieses unfreiwillige Bad zu verlieren.

Kurz nach dem Essen ruhten wir uns gezwungenermaßen in den Hängematten aus, während das für diese Jahreszeit typische Mittagsgewitter immer noch über uns wütete. Micha döste zufrieden vor sich hin, als ich etwas leise rascheln hörte, das nicht zu dem Regengeprassel passte. Ich sprang aus meiner Hängematte.

„Was ist denn los?", fragte Micha nichts Böses ahnend. Ich deutete stumm nach oben, auf das mit Stroh gedeckte Dach. Dort befand sich eine dicke Tarantel kopfüber auf Wanderung.

„Oh!", kommentierte Micha und klang dabei wenig begeistert.

Cristóbal erklärte uns, die Spinne sei ungefährlich und machte zunächst keine Anstalten, diese zu entfernen. Dass er zur Untertreibung neigte, wussten wir zu diesem Zeitpunkt noch nicht. Da wir die kommende Nacht ebenfalls unter dem Strohdach zubringen sollten, baten wir ihn dann aber doch darum, die Spinne umzusiedeln. Uns war das Tier nicht geheuer. Etwas zögerlich tat er dies dann auch – und setzte die Tarantel einfach mit einem Stock auf den nächsten Baum zwei Meter weiter, dessen Äste sogar noch auf unser Strohdach hinüber ragten. Ungläubig tauschten wir einen Blick.

Der Regen hörte genauso schnell auf, wie er begonnen hatte. Den Rest des Tages verbrachten wir mit einer ausgedehnten Einbaumtour und Piranha-Fischen. Unsere Angeln bestanden lediglich aus einer Angelschnur mit einem rostigen Haken daran.

„Früher wäre ich wohl Jäger geworden", stellte Micha ernüchtert fest. „Mit meinem Talent hätte ich als Fischer wohl keine Familie durchbringen können. Nicht einmal mich selbst … es sei denn, man kann sich von Ästen und eingeweichter Rinde ernähren!" Denn das war alles, was er zu seiner Frustration fing. Ich hatte da widerwillig mehr Erfolg und angelte zwei kleinere Piranhas und eine Sardine. Das Abendessen rettete natürlich Cristóbal, der routiniert einen Fisch nach dem anderen aus dem Wasser zog. Später erzählte er uns beiläufig, wie er einmal von einer Viper gebissen worden war und nur mit Glück überlebt hatte. Dies war auf einem Angelausflug wie dem unseren passiert, als er sein Boot an einem Baumstumpf im Wasser festmachte. In jenem lebte die besagte Schlange.

„Interessant", murmelte Micha. Denn auf unseren Einbaumfahrten überließ Cristóbal es jedes Mal ihm, das Boot an Baumstümpfen festzubinden.

Queen of the Amazon

- Carolin -

Nachdem wir wieder bei den Cabanas angekommen waren, zauberte die Mutter der Familie mit den gefangenen Fischen erneut ein schmackhaftes Essen für uns. Im Schein einer einzelnen Kerze berichtete Cristóbal von weiteren Erlebnissen im Regenwald.

Einige Wochen zuvor war er mit zwei anderen Deutschen auf einer ähnlichen Tour gewesen. Als sie abends die Hängematten zwischen Bäumen im Dreieck aufgespannt hatten, schaukelte einer seiner Gäste etwas übermütig in seiner Matte. Daraufhin fiel aus der wippenden Baumkrone eine überaus giftige Spinne hinunter und landete genau auf Cristóbals nacktem Bauch. Geistesgegenwärtig bedeckte er mit den Händen sein Gesicht und wartete, bis die tellergroße Spinne schließlich langsam ihren Weg über seinen Körper und sein Gesicht zurück in Richtung Baumwipfel antrat. Gebissen hatte sie ihn nicht, weil er ruhig geblieben war und kaum geatmet hatte.

Außerdem erwähnte er ganz nebenbei, dass sein Vater von einem Jaguar getötet worden war und dass Jaguare nachts manchmal an den Cabanas vorbeiliefen, angelockt von den Hühnern und dem Feuer. Das solle uns aber nicht beunruhigen, denn zur Absicherung besäße die Familie einen Hund, der bei Gefahr anschlüge.

An diesem Abend fuhren wir noch einmal nach Einbruch der Dunkelheit mit dem Einbaum los, um uns auf die Suche nach Kaimanen zu machen. Durch das verräterische Leuchten ihrer Augen sollte man sie im Wasser aufspüren können. Kaimane sind kleine Alligatoren und gehörten damit auch nicht gerade zu den Tieren, die ich unbedingt entdecken wollte. Der Einbaum glitt lautlos auf dem Wasser dahin, das so pechschwarz war wie die übrige Nacht. Ein geräuschvoller Aufprall beendete die Stille. Da wir auf dem offenen Wasser nicht fündig geworden waren, hatte sich Cristóbal dazu entschlossen, tiefer in den überfluteten Wald zu navigieren. Nun steckten wir zwischen zwei Bäumen fest. Wir ruckelten hin und her und versuchten zu dritt, uns von den Bäumen abzustoßen. Die Baumkronen schaukelten unter unseren Bemühungen.

Etwas landete auf mir. Ich schrie auf und schleuderte es von mir. Wahrscheinlich nur ein Ast. Ich kam mir sofort hysterisch vor. Warum musste uns Cristóbal auch diese Geschichten erzählen? Jedenfalls wünschte ich, dass dieser kleine Bootsausflug möglichst schnell vorüber sein würde. Wir verkeilten uns noch ein halbes Dutzend weitere Male zwischen Bäumen, ruckelten uns frei und jedes Mal fielen Dinge in unser Boot, auf uns und neben uns ins Wasser. Kaimane sahen wir keine. Dafür glücklicherweise aber auch keine anderen Tiere.

Nach der erfolglosen Kaimansuche legten wir uns zum Schlafen in die Hängematten. Unserer Tarantel schien es auf ihrem neuen Baum zu gefallen, denn sie ließ sich nicht mehr blicken.

Die Nacht war wildromantisch: Millionen Sterne und ebenso vielfaches Froschgequake. Micha schlief selig ein und wachte bis zum Morgen nicht auf. Ich jedoch döste nur vor mich hin und meine Ohren hielten Nachtwache. Als der Mond schon längst nicht mehr sichtbar und das Quaken der Frösche verklungen waren, hörte ich den Hund winseln. Leise.

Ich war schlagartig hellwach. War das schon eine Jaguarwarnung? Was, wenn niemand das Winseln hörte, weil alle tief und fest schliefen? Beim zweiten Winseln schalteten Cristóbal und der Vater der Familie fast gleichzeitig ihre Taschenlampen ein und gingen gemeinsam los, um das Gelände abzusuchen. Anscheinend war ich nicht die Einzige mit wachen Ohren. Es blieb aber ruhig, nur ab und zu hörte ich aus der Bucht ein Planschen und Spritzen. Schließlich legten sich die beiden Männer wieder schlafen.

Micha war im Gegensatz zu mir putzmunter, als der nächste Tag anbrach. Er blickte mich ungläubig an, als ich ihm von den Geschehnissen der letzten Nacht berichtete. Er fragte bei Cristóbal nach. Der hatte bis dahin kein Wort darüber verloren. Der Hund habe nur auf rosa Flussdelfine reagiert. Ah ja! Rosa Delfine? Das klang wie ein Witz. Einige Monate später sollten wir eines Besseren belehrt werden.

Zum Sonnenaufgang paddelten wir erneut mit dem Einbaum hinaus, um die Natur erwachen zu sehen und Vögel zu beobachten. Es war wunderschön, wie nach und nach der Nebel verschwand und den Blick über das Wasser auf das üppige Grün freigab. Mit jeder Minute hörten wir mehr Tiere in ein lautes Konzert voller verschiedener Klänge einstimmen.

Nach dem Frühstück drangen wir dann tiefer in den Regenwald vor, wo wir auch die folgende Nacht verbringen würden. Mit der Machete bewaffnet, bahnte uns Cristóbal den Weg durch die dichte Vegetation. Es war äußerst schwül. Trotzdem machte der Trip sehr viel Spaß. Cristóbal gab uns während der Wanderung eine Einführung in Überlebenstechniken für den Regenwald. Zum Beispiel konnte man einfach trinkbares Wasser in Lianen finden. Er ließ uns exotische Früchte probieren und zeigte uns verschiedene Hölzer und Pflanzenarten, wie Brasilholz und Kautschukbäume. Der Regenwald bietet für jeden

Zweck etwas: Ameisensäure als wohlriechenden Insekten-schutz, einige Pflanzen als Tee oder natürliches Malariamittel, wiederum andere als Betäubungsmittel.

Irgendwann stoppte Cristóbal und zeigte auf ein Loch im Boden.

„Wollt ihr eine Vogelspinne sehen?", fragte er.

„Klar!", sagte Micha wie aus der Pistole geschossen. Er sah mich fragend an. Ich zögerte kurz. Dann nickte ich. Unser Führer zupfte einen dünnen Halm aus dem Boden und hielt ihn vorsichtig in das Erdloch. Zunächst passierte nichts. Dann bewegte sich etwas. In der Dunkelheit der Vertiefung sahen wir erst ein braunes, fingerdickes Bein. Dann ein zweites und dann war sie draußen. Deutlich größer als die Tarantel und so braun, dass wir sie auf dem von Blättern bedeckten Boden schon aus diesem einen Meter Entfernung nicht mehr klar ausmachen konnten. Alle Details, wie die Augen, die Mundwerkzeuge und die Körpersegmente, waren um ein Vielfaches größer als bei den Spinnen, die ich bisher gesehen hatte. Ich wünschte mir fast die pelzige Tarantel zurück. Während wir das Tier mit der Kamera festhielten, erzählte uns Cristóbal, dass Vogelspinnen deswegen so hießen, weil sie sich unter anderem von kleinen Vögeln ernährten. Sie bauten keine Netze, sondern jagten bevorzugt nachts. Die Mehrheit der Vogelspinnen lebe in Erdlöchern.

„In solchen Löchern?", hakte ich nach.

Er nickte.

„Ist das da dann auch ein Vogelspinnenloch?", fragte ich und zeigte auf den Boden neben uns.

Er nickte wieder.

„Und die da alle?" Ich machte eine ausholende Handbewegung.

Erneutes Nicken.

Ich riss die Augen auf.

„Der Waldboden ist voll davon!"

„Ja", bestätigte unser Führer sachlich.

Das war ein Albtraum. Wir würden in der nächsten Nacht im Wald schlafen, dort, wo all diese Löcher waren und wo unzählige dieser giftigen Riesenspinnen auf Beutezug gehen würden. Ich schluckte und schwieg.

Nach ein paar Minuten gingen wir weiter und entdeckten einen Tukan mit einem hellblauen Schnabel. Ich freute mich. Endlich ein hübsches und harmloses Geschöpf. Unser Führer nutzte den entspannten Moment und bastelte aus Palmblättern eine Krone. Mit ihr krönte er mich zur „Queen of the Amazon". Micha kicherte und machte ein Foto. Als ich danach noch ein Armband aus Brasilholzfasern bekam und er wieder leer ausging, schlussfolgerte er in Männerlogik: „Ich glaube, er mag dich. Gleich lässt er mich hier zurück und schwingt sich an einer Liane mit dir davon."

Ich schnaubte und schüttelte den Kopf.

Fressen und gefressen werden

- Carolin -

Micha und ich merkten auf der Wanderung durch den Regenwald recht schnell, dass wir uns nicht auf einem harmlosen Spaziergang befanden. Es dauerte nicht lange, da wurde unser Führer zum ersten Mal attackiert. Beim Klettern über einen umgefallenen Baumstamm setzte sein Fuß zu nah neben einem weiteren Loch im Boden auf. Dass er bereits in den Schuh gebissen worden war, bemerkte er erst später. Eine gereizte Vogelspinne bäumte sich auf und preschte mehrere Male vorwärts in Richtung seiner Füße, um erneut zuzubeißen. Obwohl Cristóbal keine Miene verzog, wirkte er überrascht. Das war ihm noch nie passiert. Wenig später ließ die Spinne von ihm ab und verzog sich wieder in ihr Loch. Die Folgen des Angriffs waren zum Glück nur zwei winzige Löcher in Cristóbals Stiefel. Wir waren froh, dass wir feste Wanderschuhe trugen.

Es ging weiter durch den Regenwald. Cristóbal schlug mit seiner Machete einen Pfad in das Dickicht. Plötzlich machte er einen gewaltigen Satz nach vorn. Danach blitzschnelle Zickzacksprünge – wie ein gejagter Hase. Seinen Bewegungen folgte, ebenfalls springend, eine Schlange. Aus dem weit geöffneten Maul ragten zwei Giftzähne, die sie versuchte in eines seiner Beine zu schlagen. Nach mehreren Fehlschlägen verharrte das Tier mit aufgerichtetem Kopf mitten auf dem Pfad zwischen uns und Cristóbal.

Dieser ließ sich seinen eigenen Schreck erneut nicht im Geringsten anmerken. Micha und ich waren erstarrt stehen geblieben. Unser Führer deutete auf das in Tarnfarben gemusterte

Reptil, das knapp eineinhalb Meter maß: „Das ist eine Viper. Sie ist sehr giftig."

Das hatten wir also von unserer authentischen Amazonas Regenwald Tour! Ich war fertig mit den Nerven.

Cristóbal sagte, ich solle einen Bogen durch das Unterholz um die Schlange herum schlagen und hinter ihm zurück auf den „Weg" kommen. Aber was, wenn sich die Schlange dazu entschließen würde, in meine Richtung zu schlängeln? Der Wald war dort so dicht, an Weglaufen war nicht zu denken. Im Unterholz konnte ich außerdem nicht sehen, wohin ich trat. Die Vogelspinnen im Boden gab es ja auch noch. Weil ich keine bessere Idee hatte, befolgte ich Cristóbals Anweisung, die Schlange immer im Blick. Adrenalin pulsierte durch meinen Körper, der auf Flucht eingestellt war.

Ich atmete erst wieder aus, als ich den Weg hinter Cristóbal erreichte. Die Viper hatte sich allerdings etwas bewegt, unschlüssig, was sie als Nächstes tun sollte. Keine Chance für Micha, sich ebenfalls vorbei zu schleichen. Unser Führer griff nach einem armdicken Ast. Er näherte sich der Schlange und hob sie damit auf. Dann holte er aus und schleuderte sie zur Seite.

Keine gute Idee! Denn wie bereits erwähnt, standen die Bäume dort besonders eng beieinander. Die fauchende Viper klatschte einen Meter weiter gegen einen Baumstamm und schoss zurück auf den Weg, irritiert und wütend über ihre unsanfte Landung. Sie bäumte sich erneut auf. Dann schlängelte sie mit aufgerichtetem Kopf in beängstigendem Tempo ins Unterholz davon. Es sah fast aus, als würde sie fahren, so ungehindert und schnell bewegte sie sich fort. Genau dort entlang, wo ich zuvor meinen Bogen gemacht hatte. Schließlich war sie verschwunden.

Micha schloss endlich wieder zu uns auf. Das hätte genauso gut anders ausgehen können. Die Giftschlange hätte in der Wurfbewegung vom Ast gleiten und in Michas Richtung fliegen können. War doch etwas dran an Michas Männerlogik? Ich drehte wohl langsam durch. Das waren zu viele Adrenalinschübe in so kurzer Zeit.

Ohne weitere Zwischenfälle erreichten wir unser Nachtlager, eine Waldlichtung. An den sie einrahmenden Bäumen befestigten wir unsere Hängematten. Wir sammelten Holz und bereiteten alles für unser Abendessen vor. Die Machete diente hierbei als Allzweckwerkzeug. Sie half uns, einen Weg durch den dicht bewachsenen Regenwald zu schlagen, mit ihr zerkleinerten wir unser Brennholz, schnitten unser Essen und damit reinigte sich unser Führer auch die Fußnägel. MacGyver wäre begeistert gewesen!

Während der Holzhaufen zu rauchen begann, wusch Cristóbal das mitgebrachte, bereits ausgenommene, rohe Hühnchen in dem gelbbraunen Flüsschen neben der Lichtung. Er spießte es auf einen Stock und hängte es über das größer werdende Feuer. Dazu kochte er Reis. Als das Essen fertig war, drückte er uns zwei riesige Blätter in die Hand, die wir als Teller verwendeten. Wir aßen mit den Fingern. Das Hühnchen schmeckte lecker würzig, ohne je gewürzt worden zu sein. Nach dem Essen saßen wir noch eine Weile satt und zufrieden da, bis das Feuer heruntergebrannt war. Zwischen den Bäumen wurde es währenddessen rasch dunkel.

Damit wir am Morgen keine unangenehme Überraschung in Gestalt krabbelnder Übernachtungsgäste in unseren Schuhen erlebten, ließen wir sie in der Hängematte an. Cristóbal natürlich nicht. Links von mir hing Micha. Rechts war nur dunkler

Dschungel. In der Schwärze leuchtete ab und zu etwas auf. Es waren flüchtige Erscheinungen. Fast wie die Blitze, die man sieht, wenn man sich kräftig die Augen reibt. Doch diese waren echt. Es waren riesige, bläulich lumineszierende Schmetterlinge. Ich war entzückt.

Der Himmel war voller funkelnder Sterne. Trotzdem war es so dunkel, dass ich die Umgebung nur erahnen konnte. Ich lag in meiner Hängematte und lauschte. Es war alles andere als ruhig. Alle paar Minuten fiel etwas von einem der umstehenden Bäume. Kröten quakten so, dass es sich wie das hohe Gelächter einer älteren Dame anhörte: Quak-quak-ha-ha-haaa! Ich grinste still.

Da ertönte auf einmal ein Fauchen und Brüllen. Kampfgeräusche.

„Jaguarkampf", kommentierte Cristóbal von der anderen Seite unseres Camps her. Sie klangen erschreckend nah.

Weg war meine Müdigkeit und meine Ohren so wach wie noch nie. Ein wenig später hörte ich zu meiner Rechten etwas im Wald. Ich schaltete die Taschenlampe ein, die ich umklammerte und leuchtete in die Richtung. Nichts. Eine Weile nachdem ich das Licht ausgemacht hatte, hörte ich das Geräusch wieder und knipste erneut das Licht an. So ging das noch mehrere Male.

„Jetzt lass es mal gut sein und hör auf, dauernd Licht zu machen. Uns wurde doch gesagt, damit lockt man die Tiere nachts nur an. Ich höre hier überhaupt nichts. Und du auch nicht, dazu sind die anderen Geräusche viel zu laut. Versuch einfach zu schlafen!", seufzte Micha irgendwann genervt.

Er hatte recht und ich ließ das Licht aus. Trotzdem: Ich hörte es doch! Immer wenn ich die Taschenlampe eingeschaltet hatte, hielt es inne. War das Licht aus, wartete es ein paar Momente, dann bewegte es sich weiter.

Je länger ich lauschte, desto deutlicher wurde es. Es schlich. Es hatte vier Beine. Es war berechnend. Es ließ sich nicht abschrecken. Kein Flucht- oder Beutetier, sondern ein Jäger. Wenn es auf uns lauerte, sicher auch kein allzu kleines Tier. Ein Jaguar?

Ich hatte Todesangst, fühlte mich ausgeliefert, rechnete damit, jeden Moment in Fetzen gerissen zu werden. Eine Träne lief mir aus dem Augenwinkel, während ich flach atmete. Irgendwann war es da, das konnte ich hören. Dann hörte ich es nicht mehr.

Ich schlief die ganze Nacht nicht. Bis nach endlosen Stunden die ersten Schemen wieder sichtbar wurden, lag ich steif wie ein Brett in meiner Hängematte, die Augen weit aufgerissen. Es begann zu dämmern. Als ich mir sicher war, dass die Nacht bald endlich zu Ende sein würde, fiel etwas Spannung von mir ab und ich döste kurz ein. Wenig später weckte uns unser Führer. Micha musterte mich.

„Alles okay?"

„Ich habe nicht geschlafen wegen dieses Geräusches", sagte ich mit rauer Stimme.

„Habe ich mir schon gedacht. Ich habe zwar nichts gehört, aber ich habe zwei Augen gesehen. Da, wo du immer hin geleuchtet hast", gestand er.

„Was?", japste ich.

„Ja, die waren etwa so weit auseinander", er zeigte mit den Händen einen Abstand von etwa zehn Zentimetern. „Ich wollte, dass du ruhig bleibst, deswegen habe ich nichts gesagt. Ich wollte, dass du nicht mehr leuchtest. Die sind unter uns durch."

„Unter uns durchgelaufen?", fragte ich entsetzt. „Ich wusste es!"

Micha vermutete, dass es ein Affe gewesen war. Ich bezweifelte das. Cristóbal hatte angeblich nichts mitbekommen.

Es blieb ein Rätsel.

Vor dem Frühstück wanderten wir wieder ein wenig durch den Regenwald und hielten nach Tieren Ausschau. Wir sahen ein paar Affen und schreckten ein Buschhuhn auf, das in Panik und ohne Rücksicht auf Verluste in das Unterholz davonstürzte. Das Schönste, das wir entdeckten, war ein riesiger, tiefblau schimmernder Schmetterling, der uns eine ganze Zeit lang umflatterte.

Wir frühstückten Früchte, packten unsere wenigen Sachen zusammen und machten uns auf den Rückweg. Diesmal gab es keine Zwischenfälle.

Zurück bei den Cabanas, stürzten wir uns ohne zu zögern in die Bucht.

Das Badewasser war zwar braun-schwarz und warm, aber nach fast drei Tagen Schwüle, Hitze, Anstrengung, Regen und Lagerfeuer in denselben Klamotten hatten wir das Bad bitter nötig. Danach waren wir sicher nicht sauberer, fühlten uns aber besser.

Vor unserem Aufbruch zurück nach Manaus wurden wir zum Abschied noch glückliche Zeugen einer Tukan-Parade. Wie auf Kommando überquerten nacheinander neun Tukane unsere Bucht von einem Baum am einen Ufer zu einem anderen Baum am gegenüberliegenden Ufer. Ein wirklich amüsantes Erlebnis, die putzigen Vögel dabei zu beobachten, wie sie über den Fluss flogen und wegen ihrer schweren Schnäbel nach und nach immer mehr an Flughöhe verloren.

Abschließend versuchte Micha sich noch einmal im Fischen von Piranhas. Diesmal empfahl Cristóbal eine Stelle am Ufer, keine 15 Meter entfernt von der zuvor von ihm empfohlenen Badestelle. Der Ast, den Micha diesmal fing, war noch größer als die anderen davor.

Stromabwärts auf dem Amazonas

- Carolin -

Ich war noch nie ein Fan großer Städte. Doch als wir Manaus endlich erreichten, war ich zugegebenermaßen ziemlich froh, wieder in der Zivilisation zu sein. Nach einer lauwarmen Dusche und einer angenehm klimatisierten Nacht, hatten wir uns von unserem Abenteuer erholt und waren schon begierig auf das Nächste.

Um aus dem Zentrum des südamerikanischen Kontinents an die brasilianische Küste zu gelangen, wollten wir den natürlichen Weg nehmen: den Amazonas. Die 1.600 Kilometer lange Wasserstraße wurde regelmäßig von Passagierbooten befahren. Nur leider nicht ganz so regelmäßig, wie erhofft. Wir hatten zwar noch zwei Puffertage, die wir auf dem Weg nach Rio und bis zum Beginn des Karnevals verbrauchen konnten, allerdings hörten wir von mehreren Seiten, dass in den nächsten vier Tagen kein Boot fahren würde. Auf Reisen kommt es eben oft anders, als geplant.

In unserer Unterkunft bekamen wir unvorhergesehener Weise einen Tipp. An diesem Tag solle doch noch ein Boot fahren, und zwar schon bald. Der Hinweis wirkte glaubwürdig und so schnappten wir unser Gepäck und sprinteten los, durch die dampfige Hitze des brasilianischen Sommers, die eineinhalb Kilometer hinunter zum Hafen. Dort liefen wir schweißgebadet und außer Atem auf und ab, fanden aber nicht heraus, welches Boot es war und wo es ablegen sollte. Man sagte uns, das Boot sei bereits weg und wir sollten es nebenan am Fischmarkt versuchen. Da entdeckte ich im Gedränge zufälligerweise einen

Kerl, den uns einige Tage zuvor ein anderer Reisender vorgestellt hatte. Er vermittelte Tickets für alle Arten von Booten, wirkte aber etwas zwielichtig. Trotzdem sprachen wir ihn an. Er erkannte uns wieder und bestätigte, dass tatsächlich ein Boot abfahrbereit sei. Er brachte uns hin und half uns sogar dabei, an Bord unsere Hängematten aufzuhängen, die wir für diesen Reiseabschnitt kurz zuvor in Manaus besorgt hatten. Schon wenige Minuten später legte das Boot ab und wir fuhren, total verschwitzt und eingequetscht zwischen jeder Menge Brasilianern los.

Kaum hatten wir die Stadt verlassen, konnten wir das Zusammenfließen des schwarzteefarbenen Rio Negro und des milchkaffeebraunen Amazonas beobachten. Eine Zeit lang vermischten sich die beiden Flüsse nicht, sondern flossen nebeneinander her, bis ihr Wasser schließlich zu einem einheitlichen Braun wurde.

Die erste Hälfte der Fahrt war es recht eng an Bord. Es gab keine Kabinen, sondern jeder hängte seine Hängematte neben der eines anderen auf und dann lagen alle sozusagen auf Tuchfühlung.

Das Gepäck wurde einfach zu mehreren Haufen gestapelt. Beim ersten sintflutartigen Regenschauer merkten wir auch, warum. Unter den Haufen befanden sich Holzpaletten, die das Gepäck vor einer Überschwemmung an Deck schützten.

Wir saßen in unseren Hängematten mit den großen Rucksäcken auf dem Schoß, denn auf den Paletten gab es keinen Platz mehr. Die Tagesrucksäcke hängten wir unter neugierigen Blicken an den Metallstangen über uns auf. Wir genossen die Fahrt und betrachteten den ganzen Tag das vorbeiziehende Regenwaldufer, an dem ab und zu einzelne Hütten auftauchten. Die

Leute, die dort wohnten, fuhren manchmal mit ihrem Motorboot zu unserem Schiff hinüber und kauften während der Fahrt Lebensmittel, Sprit und andere Dinge.

Nach zwei Tagen gingen in Santarem, das ungefähr in der Mitte der Strecke lag, die meisten Passagiere von Bord und wir hatten angenehm viel Platz. In diesem Hafen lagen wir fast einen ganzen Tag lang, bis es nachts endlich weiterging. Die darauffolgenden beiden Nächte waren stürmisch. Nicht mehr geschützt durch die vielen Menschen um mich herum, wachte ich in einer Nacht auf, weil ein überraschend kühler Wind über das Deck fegte und ich fror. In der anderen Nacht, weil ich beinahe aus der wild hin- und her schaukelnden Hängematte gefallen wäre. Micha schlief tief eingehüllt in seine Hängematte wie eine Raupe, die sich gerade verpuppt hatte.

Das Essen der Bordküche bestand hauptsächlich aus Reis, Bohnen und undefinierbarem Fleisch. Neben dem morgendlichen Kaffee gab es mittags und abends immer die gleichen Gerichte. Sie schmeckten aber nicht schlecht und wir verdarben uns wider Erwarten auch nicht den Magen an ihnen. Am dritten Tag konnten wir das Essen trotzdem schon nicht mehr sehen und griffen auf die altbewährten Instant-Nudelsuppen zurück, die es auch an Bord zu kaufen gab.

Schließlich verbreiterte sich der Fluss am Morgen des vierten Tages und wir sahen in der Ferne die Hafenstadt Belém. Über dem Hafen kreisten schwarze, etwas gruselig anmutende Geier mit runzeligem Hals. Der Boden schien noch zu schaukeln, als wir uns auf den Weg zu unserer Unterkunft machten. Erst verirrten wir uns, da wir an einem anderen Hafen angekommen waren als ursprünglich geplant. Ein junger brasilianischer Ladenbesitzer eilte zu uns herüber und half uns in gebrochenem

Englisch und mit Händen und Füßen, den richtigen Weg zu finden. Am Ende umarmte er uns, weil er sich freute, endlich mal wieder mit jemandem Englisch gesprochen zu haben. Während unserer Zeit in Brasilien und auch sonst in Lateinamerika erlebten wir die Menschen immer wieder als überaus herzlich, liebenswürdig und hilfsbereit.

Bunt und lecker

- Carolin -

Unser nächster Stopp sollte Salvador da Bahia sein, der letzte vor Rio de Janeiro. In Salvador waren zu dieser Zeit gerade die Vorbereitungen für den Karneval in vollem Gange, der sich deutlich von dem in Rio unterschied. Genau zu diesem Zeitpunkt gab es eine Krise in Salvador, wegen der uns unsere Familien besorgte E-Mails schrieben. Die Polizei streikte und hatte das Parlamentsgebäude besetzt. Um die Stadt nicht außer Rand und Band geraten zu lassen, hatte das Militär ihre Aufgaben übernommen. Micha und ich hatten daher Bedenken und erkundigten uns vor der Abreise, ob es sicher sei, nach Salvador zu fahren. Wir wurden dazu ermutigt, unsere Reise wie geplant fortzusetzen. Es stellte sich als die richtige Entscheidung heraus. Zum einen wäre es schade gewesen, diese tolle Stadt nicht besucht zu haben, zum anderen sollte die Präsenz der Sicherheitskräfte im Stadtkern und an den touristisch interessanten Orten nochmal stärker sein, als ohnehin zur Karnevalszeit üblich.

Die Anreise von Belém nach Salvador dauerte 36 Stunden. Es sollte die längste Busfahrt auf unserer Weltreise werden. Sie ging dafür aber erstaunlich schnell vorbei. Es war drei Uhr nachts, als wir nach zwei Nächten im Bus und mit total platt gesessenen Hinterteilen am Busbahnhof in Salvador ankamen. Zum Glück standen an dem verlassenen Bahnhof noch ein paar vereinzelte, lizenzierte Taxis herum. Unser Taxifahrer raste in halsbrecherischem Tempo über die gespenstisch leeren Straßen, über rote Ampeln, mit quietschenden Reifen um enge Kurven. Eine Zeit lang schien uns ein vermummter Motorradfahrer zu folgen, verschwand dann aber irgendwann wieder. Schließlich kamen wir bei der Unterkunft an und unser Kamikaze-Taxifahrer wartete sogar, bis wir vom Nachtdienst hineingeleitet wurden.

Als wir am nächsten Tag aufwachten, erwartete uns blauer Himmel und strahlender Sonnenschein, der die knallbunten Häuser des Pelourinho, des ausgesprochen hübschen, historischen Kerns der Stadt, leuchten ließ.

Das Frühstück in der Unterkunft war ein Traum aus frischen Früchten und Säften. Jeden Nachmittag gab es eine Stunde lang kostenlose Caipirinhas. Wir erfuhren, dass der Polizeistreik während der beiden Tage, die wir im Bus verbracht hatten, bereits beendet worden war. Als Micha und ich durch die Altstadt schlenderten, waren sowohl Polizi, als auch Militär vor Ort und wir fühlten uns sicher.

Während der Tage in Salvador erlebten wir die Vorbereitungen für den Karneval mit. In den Straßen wurde rund um die Uhr getrommelt und getanzt. Man spürte den starken afrikanischen Einfluss in der Stadt. Alles war sehr farbenfroh und neben dem typisch brasilianischen Essen gab es auch afrikanische Gerichte. Jedes einzelne war unglaublich lecker. Wir probierten uns durch alle Straßensnacks, von Acarajé bis Açai. Letzteres wurde als Sorbet mit Müsli und Bananen angeboten. Ein Traum! Es gab zudem verschiedene Kekse voller Zucker und Popcorn in allen Geschmacksrichtungen. Genüsslich kauend liefen wir durch die bunten Straßen.

Mittags beschloss ich, dass genug Zeit vergangen war. Ich blieb stehen und stampfte empört mit dem Fuß auf.

„He, was ist denn jetzt wieder los mit dir?", fragte Micha mit einer hochgezogenen Augenbraue.

„Du hast es vergessen", beschwerte ich mich und schnippte ein Popcorn in seine Richtung. „Was heute für ein Tag ist!"

„Was für ein Tag denn?", fragte er.

Ich sah, dass er absolut nicht wusste, wovon ich sprach. „Na, da denkt mal drüber nach", gab ich kühl zurück.

Es dauerte ungefähr eine Minute, da fing er mich mit seinen Armen ein und verkündete triumphierend: „Jetzt weiß ich es!" Er drückte mir einen stacheligen Bart-Kuss auf. „Happy Zweijähriges!"

Da waren wir also, nach nur zwei Jahren Beziehung, auf unserer Weltreise. Unglaublich! Am Abend feierten wir den Tag gebührend im hübschen Innenhof-Garten eines kleinen Restaurants, das uns als Geheimtipp empfohlen worden war. Das Fleisch dort war so köstlich und butterzart, dass wir später auf der Reise auch an dieses Essen in Salvador da Bahia noch oft sehnsuchtsvoll zurückdenken sollten.

Samba-Fieber

- Michael -

In Brasilien ging es oft gemütlich zu. Besonders gemütlich genau dann, wenn man seinen Bus nicht verpassen durfte, da der nächste erst zwei Tage später fahren würde. Leider erschien das von uns für vier Uhr nachts vorbestellte, mehrfach rückbestätigte Taxi nicht zur vereinbarten Zeit, um uns abzuholen. Vorsorglich hatten wir zum Glück viel Puffer für die kurze Strecke zum Busbahnhof eingeplant. Doch anscheinend nicht genug, denn das neu gerufene Taxi ließ auch auf sich warten. Obwohl wir schon viel zu spät dran waren, hatte unser Fahrer es nicht besonders eilig.

Endlich angekommen, mussten wir noch wegen einer Frau vor uns in der Schlange des Ticketschalters geduldig warten, die partout nicht einsehen wollte, dass es keine Tickets mehr für ihren Bus gab. Dann brauchte die Verkäuferin am Schalter mehrere Minuten, um mithilfe ihres Taschenrechners 10 minus 7,5 auszurechnen. Kein Witz!

Endlich konnten wir die vorbestellten Tickets bezahlen. Mit diesen in der Hand, rannten wir voll bepackt zu unserem Bus, der eine Minute später losfuhr.

Die einunddreißigstündige Fahrt nach Rio war ein weiterer Geduldstest. Eine mit ihrem Kind überforderte Mutter, die in der Sitzreihe neben uns saß, zerrte es ständig hin und her, bis es jedes Mal ohrenbetäubend zu kreischen anfing. Aber selbst ohne Zerren brachte es öfters sein Missfallen mit Geschrei und Tränen zum Ausdruck, weil es mal dies, mal jenes wollte – oder nicht wollte. Die Mutter wusste sich dann allerdings geschickt aus der

Affäre zu ziehen, indem sie ihren MP3-Player auf volle Lautstärke drehte und stundenlang in schiefster Tonlage vor sich hin sang. Auch mitten in der Nacht. Als das Kind merkte, dass es mit dem Geschrei nicht weiterkam, schrie es einfach noch viel lauter. Wir hatten sogar zweimal die Befürchtung, dass es kurz davor war, das Zeitliche zu segnen.

Auf jeden Fall machte das die Busfahrt gefühlt noch länger, als sie es ohnehin schon war. Da wir nicht die Einzigen waren, denen das Theater auf die Nerven ging – auch die geduldigen Lateinamerikaner haben eine Toleranzgrenze – machten wir uns gemeinsam mit den anderen Passagieren etwas über die Situation lustig. So kamen wir mit unseren Mitreisenden ins Gespräch. Leider war Portugiesisch nicht in unserem Sprachrepertoire enthalten, sodass wir uns nur mit Spanischbrocken und mit Händen und Füßen verständigen konnten. Aber es funktionierte. Wir teilten allerhand Essen mit unseren Mitreisenden, wie Sandwiches und Kekse und so ging auch diese Fahrt irgendwann vorüber.

Caro und ich hatten es rechtzeitig zum Carnaval do Rio geschafft! Bevor es mit den Feierlichkeiten so richtig losging, besichtigten wir natürlich all die Highlights, die Rio zu bieten hatte. Mit einer Seilbahn ging es auf den Pão de Açúcar, den Zuckerhut. Danach schlenderten wir die berühmte Copacabana und den Strand von Ipanema entlang. In dem wunderschönen botanischen Garten entdeckten wir mitten in der Stadt jede Menge Tukane.

Zum Cristo Redentor fuhren wir an einem Abend mit einem Taxi hinauf, auch wenn die Statue nicht weit von unserer Unterkunft entfernt war. Gerade auf dieser kurvigen Strecke durch den Wald war es keine gute Idee, zu Fuß unterwegs zu sein. Erst kurz zuvor waren dort zwei Touristen ausgeraubt und erstochen worden.

Der Ausblick auf Rio von der Christusstatue aus war genauso überwältigend wie der vom Zuckerhut. Die zwischen Hügeln und Buchten eingebettete Stadt war in goldenes Licht getaucht. Leise drangen die Sambaklänge der Karnevalstraßenfeste, die den ganzen Tag überall in Rio stattfanden, zu uns herauf. Rio war intensiv, bunt, einzigartig.

Eine Lehrerin nahm uns auf dem Rückweg in ihrem Auto mit und ließ uns im Viertel Lapa aussteigen. Dort aßen wir etwas und tauchten in die Straßenfeste ein, wo selbst gebastelte Karnevalswagen einen Vorgeschmack auf das große Spektakel im Sambódromo gaben. Um uns wenigstens ein bisschen an die schillernden Brasilianer anzupassen, kaufte ich mir eine knallbunte Perücke und Caro sich ein winziges blaues Hütchen. In unserer Unterkunft bewunderten wir das Kostüm eines anderen Reisenden, der an einem der Tage im Sambódromo selbst mitgelaufen war und nun Flügel, ein umschnallbares Pferd und einen riesigen Hut als Souvenir hatte. Doch das sollte noch gar nichts sein im Vergleich zu den Kostümen, die wir dann schließlich bei der Karnevalsparade im Sambódromo sehen würden. Denn die Parade war weit mehr als das berühmte Sahnehäubchen. Sie war einer der großen Höhepunkte auf unserer Reise und machte die Stadt für uns unvergesslich.

Bei den Umzügen traten die verschiedenen Sambaschulen Rios gegeneinander an. Jede hatte ein Thema und ein eigenes Sambalied. In vier aufeinanderfolgenden Nächten boten jeweils bis zu sechs Sambaschulen in der 700 Meter langen Arena ihr Programm dar. Zudem war es auch ein Wettkampf zwischen den Schulen. Wir hatten Tickets für eine der Nächte und sollten das Glück haben dabei den Auftritt des späteren Siegers, Tijuca, mitzuerleben.

Um neun Uhr abends ging es los. Die Stimmung im Sambódromo war von Anfang an aufgeheizt, niemanden hielt es mehr auf den Plätzen. Alle fieberten dem Auftritt der ersten der sechs Sambaschulen entgegen.

Dann war es so weit. Die Stimmung explodierte. Wir konnten nicht sagen, ob die Musik oder der Jubel und Gesang der 88.500 Zuschauer lauter war.

Die Darbietungen der Schulen waren leidenschaftlich, amüsant und verspielt zugleich. Jede Sambaschule hatte 90 Minuten Zeit für ihren Auftritt. Wie viel Mühe es jede Schule gekostet haben musste, die fantasievollen Wagen und die vielen Kostüme für bis zu 6.000 Tänzerinnen und Tänzer herzustellen! Zwischendrin gab es immer wieder Tanzsondereinlagen der Passistas, Tänzer in besonders pompösen Kostümen, auf die die Juroren speziell achteten. Diese galt es in verschiedenen Kategorien, wie zum Beispiel Kostüme, Harmonie und Originalität, zu überzeugen. Zwischen den Darbietungen der einzelnen Schulen war jeweils eine kurze Pause, was aber nicht bedeutete, dass die Menge aufhörte, zu toben. Absolutes Gänsehautgefühl!

Gegen sechs Uhr morgens war Schluss. Im Morgengrauen machten wir uns völlig erschöpft und mit von Reizen überfluteten Sinnen, aber auch regelrecht high von der unvergesslichen Stimmung, auf den Rückweg zu unserer Unterkunft.

Nach zwei Stunden Schlaf standen wir gerädert auf und bemerkten beim Frühstück, dass wir uns vertan hatten. Unser Bus ins Pantanal sollte anderthalb Stunden früher als gedacht abfahren. Schnell hatten wir gefrühstückt, alles zusammengepackt und uns verabschiedet. Dann liefen wir zur Straße, um auf den

Linienbus zum Busbahnhof zu warten. Wir hatten ihn wohl verpasst oder er war ausgefallen, jedenfalls kam ziemlich lange keiner. Irgendwann hielt ein Typ in Uniform eines Touranbieters mit seinem Jeep vor uns: „Wo wollt ihr denn hin? Kann ich euch mitnehmen?"

Von diesem Unternehmen hatten wir schon einige Jeeps mit Touristen gesehen. Wir wägten ab. Es war nicht die vernünftigste Entscheidung, in ein fremdes Auto beziehungsweise auf eine fremde Ladefläche zu steigen. Aber da wir den Weg kannten und der Fahrer vertrauenswürdig wirkte, kletterten wir kurzerhand hinten auf den Jeep. Doch dann schauten wir erst Mal blöd aus der Wäsche, als der ausgesprochen freundliche Fahrer eine ganz andere Strecke nahm, und zwar durch eine befriedete Favela. Dennoch hatte unsere Menschenkenntnis uns nicht im Stich gelassen. Letzten Endes war es der schnellere Weg und wir erhielten dadurch sogar noch ein paar interessante Einblicke in eine andere Seite Rios. Rechtzeitig erreichten wir unseren Bus.

Häufig kamen wir auf unserer Reise in ähnliche Situationen. Wären wir jedem Risiko aus dem Weg gegangen, hätten wir viele interessante Menschen nicht kennengelernt. Vielleicht hatten wir auch einfach nur kein Pech. Aber gerade in Brasilien machten wir ausschließlich positive Erfahrungen.

Barfuß zwischen Kaimanen und Piranhas

- Michael -

Die rötliche Sandpiste, über die unser Jeep bretterte, verlief immer geradeaus. Caro und ich saßen zusammen mit einer Handvoll Israelis und einem Amerikaner auf der ruckelnden Ladefläche und betrachteten die vorbeiziehende Landschaft. Wir waren bereits ein paar Stunden unterwegs. Hausschweine und langohrige Kühe am Wegesrand wichen langsam einer immer sumpfiger werdenden Natur, dem Pantanal.

Sobald wir anhielten, um kurz auszusteigen, holte uns die schwüle Hitze innerhalb eines Augenblicks ein. Mit unserem Fahrer schlugen wir uns ins Dickicht neben der Sandpiste, um Tiere aus der Nähe zu beobachten. Jedem von uns folgte dabei eine Wolke Moskitos. Affen turnten durch die Baumkronen, Vögel flatterten davon. Auf einem Ast entdeckte ich ein Paar der bedrohten Hyazinth-Aras. Ihr Gefieder war kobaltblau und sie musterten uns aus gelb umrandeten Augen freundlich von oben.

Der Trip begann vielversprechend. Noch vor wenigen Wochen hatten wir im Amazonas Regenwald vergeblich nach Kaimanen Ausschau gehalten, diesmal mussten wir nicht lange suchen. Fast in jedem Gewässer blubberte es verdächtig. Der Sumpf war ein Paradies für die Alligatoren. Sie lagen in großer Anzahl an den Ufern und tankten Sonne, das Maul weit geöffnet. Kleine Vögel pickten Essensreste aus ihren Zahnreihen. „Capybaras gehören zu den liebsten Beutetieren der Kaimane", sagte der Fahrer, während wir eine kleine Familie der knuffigen Wasserschweine dabei beobachteten, wie sie sich an den trägen Raubtieren vorbeischlichen.

Es war schon fast dunkel, als wir schließlich mit einem Motorboot einen Fluss überquerten und unser Quartier für die nächsten Tage erreichten. Diesmal keine Hängematten! Wir brachen mit demselben Boot direkt wieder auf, um die Kaimane bei Nacht im Wasser zu beobachten. Der junge Kerl, der uns als Führer zugeteilt war, hatte wohl keine Lust auf diese Aktivität. Er raste mit lautem Motorgetöse über den Fluss, wo die reflektierenden Augenpaare der Alligatoren vor uns abtauchten.

Am nächsten Morgen ging es zum altbekannten Piranha-Fischen. Allerdings hatten wir diesmal eine Angelrute und die Gewässer waren mehr als voll von den räuberischen Fischen, die doppelt so groß waren, wie die des Rio Negro. Kaum war der Köder ausgeworfen, schon war ein deutliches Ziehen an der Rute zu spüren.

Wir standen bis zu den Knien im Wasser und verscheuchten den einen oder anderen Flussbewohner, der uns probehalber etwas zu forsch am Zeh knabberte. Dieses Mal hatte ich mehr Anglerglück und fing Piranhas am laufenden Band.

Wir fuhren in den folgenden Tagen öfter mit unserem unmotivierten Führer im Boot hinaus. Über das Netz aus Flüssen gelangten wir in abgelegenere Teile des Sumpflandes, um nach Tieren Ausschau zu halten. Wenn wir zum Anlegen auf ein schlammiges Ufer zufuhren, brachten die sich dort unter den Wasserpflanzen versteckenden Kaimane platschend in Sicherheit. Caro sprang dann jedes Mal, ohne zu zögern, barfuß aus dem Boot in den Sumpf. Und das, obwohl winzige Ameisen gleich zu Beginn ihre Füße attackiert und dicke Blasen hinterlassen hatten. Mittlerweile war sie ziemlich abgehärtet.

Wir bewegten uns durch den knietiefen Schlamm, in dem wir mit jeder Art von Schuhen stecken geblieben wären. Die beiden israelischen Mädels aus unserer Gruppe waren alles andere als begeistert. Sie schrien immer wieder panisch auf.

„Diese Weiber. Machen mit ihrem Gekreische immer alles kaputt. Mit denen kann man nicht auf die Pirsch gehen", sagte der Führer genervt zu mir, während er Caro erwartungsvoll dabei beobachtete, wie sie sich durch eine besonders tiefe Stelle im Sumpf kämpfte. Grimmig dreinblickend, aber ohne sich zu beklagen, hatte sie gerade zu uns aufgeschlossen, als seine These leider doch noch bestätigt wurde. Eine der Israelinnen, die den Rat ignoriert und ihre Flipflops angelassen hatte, blieb stecken, verlor mit den Armen rudernd das Gleichgewicht und fiel mit einem lauten Aufschrei rückwärts in den Schlamm. Da konnte selbst der miesepetrige Führer nicht anders, als in unser aller Gelächter mit einzustimmen.

Wir entdeckten allerhand Vögel auf unseren Exkursionen: Reiher, Kormorane, Adler, Kolibris, Eisvögel und die Jabirus, für die das Pantanal bekannt war. Es sah ulkig aus, die riesigen Storchenvögel bei ihrem staksigen Schreiten durch den Sumpf zu beobachten. Wir wateten gerade durch Schilfgras, auf der bislang erfolglosen Suche nach Anakondas. Eine Sumpfhirschkuh mit einem Vögelchen auf dem Rücken näherte sich, um uns neugierig zu beäugen.

„Die Männer sind immer schöner als die Frauen, auch im Tierreich", war der einzige Kommentar des Führers zu jeder neuen Tierart, der wir begegneten.

Am letzten Tag machten wir in einem etwas trockeneren Landstrich des Sumpfes einen Ausritt. Mein Pferd fiel öfters mal zurück, weil es sich auf dem Weg wie ein Staubsauger alles Essbare einverleibte. Ich tätschelte es: „Ist schon gut, ich verstehe dich, ich habe auch immer Hunger." Dann trafen wir auf eine seltene Art von Kaimanen, den der Führer Paraguay-Kaiman nannte. Ich hatte zunächst die Hoffnung, dass wir endlich eine Anakonda erspäht hatten. Vom Pferderücken aus konnten wir das knapp einen Meter große Tier aus der Nähe betrachten. Es sah aus wie ein kleiner Kaiman. Bloß der Kopf war der einer Schlange ähnlich. Eine gespaltene Zunge kam hin und wieder zum Vorschein.

Am Ende hatten wir von allen Tieren wohl am meisten Moskitos zu Gesicht bekommen. Jeder von uns trug an die 60 juckende Stiche am Körper. Mein Rücken, den ich nicht mit Moskito-Spray eingesprüht hatte, war total zerstochen worden, sogar durch das T-Shirt hindurch. Ein seltsamer Stich an Caros rechtem Knöchel sollte fast ein ganzes Jahr lang nicht verheilen.

Der Führer ging uns mittlerweile gehörig auf den Keks mit seiner Sprücheklopferei und seiner Lustlosigkeit und wir waren froh, als wir ihn endlich hinter uns lassen konnten. Die Rückfahrt verlief ereignislos, bis kurz vor dem Ziel plötzlich ein lauter Knall ertönte. Der Reifen war geplatzt. Doch unser Fahrer, ein routinierter, älterer Herr, wechselte ihn im Handumdrehen, sodass wir wieder einmal gerade noch unseren Anschlussbus erreichten.

Abenteuer im Amazonas

Nacht im Regenwald

Karnevalsparade im Sambódromo

Reise auf dem Amazonas

Cristo Redentor

Teufelsschlund

- Michael -

Unsere letzte Station in Brasilien war Foz do Iguaçu, das an der brasilianisch-argentinischen Grenze lag und Ausgangspunkt für die Besichtigung der spektakulären Iguazú-Wasserfälle war. Ich hatte bereits die Niagarafälle und die Victoriafälle gesehen, aber für mich stand schnell fest, dass diese beiden nicht an das grandiose Schauspiel ihrer südamerikanischen Verwandten herankamen.

Nachdem wir uns an umherstreifenden Nasenbären und Touristen vorbei gekämpft und bereits ein paar kleinere Wasserfälle passiert hatten, standen wir nun vor dem Garganta del Diabolo. Der Name gab perfekt die Dramatik des Teufelsschlunds wider, der sich vor uns auftat. Die Wassermassen vieler einzelner Wasserfälle verschmolzen und stürzen in einer U-förmigen, 150 Meter breiten Schlucht in die brodelnde Tiefe. Über dem Tosen spannte sich ein wunderschöner Regenbogen.

Die Spritzer der Fälle und die kühle Luft in der Nähe des donnernden Wassers waren bei der schwülen Hitze sehr angenehm. Mit Gänsehaut und feuchten Augen standen wir da und genossen den Moment. Ein weiterer Höhepunkt unserer Reise, dessen Eindruck sich kaum in Worte fassen ließ. Welche Wunder die Natur hervorbrachte! Wir konnten uns kaum losreißen.

Begeistert, wie wir waren, wollten wir uns die Iguazú-Wasserfälle natürlich auch von der anderen Seite aus ansehen. Dafür überquerten Caro und ich zunächst die Grenze nach Argentinien und schlugen unser Lager in Puerto Iguazú auf. In der Unterkunft wollte ich noch schnell unsere Fotos über das Internet sichern und schloss dazu unser Netbook an eine Steckdose an. Plötzlich ging das Netzteil in Rauch auf. Und zwar im wahrsten Sinne des Wortes! Ich zog sofort den Stecker, aber da war nichts mehr zu retten. Da es in Puerto Iguazú keinen Ersatz für unser Netzteil gab, hofften wir das Problem bei unserem nächsten Stopp in Buenos Aires zu lösen.

Früh am nächsten Morgen liefen wir wieder zu den Wasser-fällen. Auf der argentinischen Seite war alles etwas entspannter, die Touristendichte war nicht ganz so groß, dafür gab es aber umso mehr freche Nasenbären. Wir liefen über langgezogene Wege durchs Grün und genossen eine bildschöne Aussicht nach der anderen. Oft waren wir dabei sogar allein. Den Garganta del Diabolo konnten wir von dieser Seite aus von oben bestaunen, was nicht weniger beeindruckend, wenn auch etwas nasser war. Auch dieser wunderbare Tag ging viel zu schnell vorbei. Doch Argentinien sollte noch viele weitere schöne Tage für uns parat halten.

Tango Argentino

- Carolin -

Fast immer, wenn Micha und ich im Ausland einen Argentinier trafen und fragten, aus welcher Stadt er komme, war die Antwort „Buenos Aires". Buenos Aires war nicht nur die Hauptstadt und das politische, kulturelle, industrielle und kommerzielle Zentrum Argentiniens, sondern – typisch für Lateinamerika – auch eine Millionenstadt, in der ungefähr ein Drittel aller Einwohner des Landes lebte.

Der Februar neigte sich dem Ende zu, als wir in Buenos Aires ankamen.

Die Busfahrt von den Iguazú-Wasserfällen dorthin war die bisher komfortabelste unserer Reise gewesen: es gab große, bequeme Sitze, in denen wir über gut ausgebaute, gerade Straßen dahinrollend friedlich geschlafen hatten. Ein Steward hatte wie im Flugzeug, Essen, Getränke und Kleinigkeiten für zwischendurch verteilt.

In Buenos Aires brachen wir direkt auf, um die Stadt zu erkunden. Mit der Subte, der U-Bahn, fuhren wir unter anderem zum berühmten Friedhof La Recoleta. Er war letzte Ruhestätte für zahlreiche wohlhabende und prominente Persönlichkeiten aus Buenos Aires. Allen voran Eva Duarte de Perón oder auch Evita genannt, die aufgrund ihres Engagements für die arme Bevölkerung eine der beliebtesten Figuren der argentinischen Geschichte geworden war. Die Gräber dort waren aufwendig verzierte und mit Statuen geschmückte Grüfte. So prunkvoll wie er war, erinnerte mich La Recoleta an den Friedhof Père Lachaise in Paris.

In den folgenden Tagen streikte die Subte und wir wichen auf die überfüllten Stadtbusse aus, um in die Innenstadt zu gelangen. In den Bussen mussten wir passend mit Kleingeld zahlen, woran es allerdings in ganz Argentinien mangelte. Beispielsweise bekamen wir an Supermarktkassen statt der dringend benötigten Monedas als Wechselgeld nur ein paar Bonbons und ein entschuldigendes Lächeln zurück. An einem Laden stand außen ein handgeschriebenes Schild, dass es dort keine Monedas gebe, in Gottes Namen!

Buenos Aires zeigte sich außerordentlich facettenreich. Wir liefen durch moderne Büroviertel, die elegante Einkaufsstraße Calle Florida und statteten der Floralis Genérica einen Besuch ab. Das war eine überdimensionale Metallblume, die sich morgens öffnete, abends wieder schloss und nachts leuchtete. Wir sahen uns das Zentrum der Stadt, den Plaza de Mayo mit Rathaus und Kathedrale, den Obelisken, das Parlamentsgebäude und den aus bunten Wellblechhäusern bestehenden Caminito an. Wir probierten argentinisches Steak und verschiedene Straßensnacks, wie Biftek Chorizo auf der Promenade, hinter der sich das sumpfige Naturschutzgebiet Costanera Sur bis zum Meer erstreckte. Dort sahen wir am Rande dieser riesigen Stadt unerwartet Kolibris und versuchten über eine halbe Stunde lang die flinken Tierchen zu fotografieren.

In vielen der winzigen Cafés und Restaurants gab es den bei den Argentiniern beliebten Mate, den wir natürlich auch probierten. Das war ein Aufguss aus Mateblättern, der oft eisgekühlt getrunken und typischerweise in einem Gefäß mit einem metallenen Trinkhalm serviert wurde. Überall in Argentinien sahen wir Leute mit einem solchen Gefäß in der Hand. Mate-Tee war dort so beliebt, wie bei uns der Kaffee.

Einen Abend verbrachten wir mit Dinner und Weinprobe und damit, uns eine klassische Tango Show anzusehen, bei der kraftvoll gesungen und leidenschaftlich getanzt wurde.

Wir fühlten uns in Buenos Aires weniger als Fremde, zum einen wegen des europäischen Charakters der Stadt, zum anderen fielen wir mit unserer hellen Haut zum ersten Mal auf der Reise nicht sonderlich auf.

Bisher hatte man uns in den anderen Ländern die Argentinier als etwas zu stolz auf ihre europäischen Wurzeln, als fast schon arrogant und abgehoben beschrieben. Selbst sagen die Einheimischen über sich: „Ein Argentinier ist ein Italiener, der Spanisch spricht, Engländer sein will und sich wie ein Franzose benimmt." Wir hingegen erlebten die Argentinier als weltoffen, überaus zuvorkommend und stets hilfsbereit.

Zum Beispiel auf unserer Mission, einen Ersatz für unser abgerauchtes Netzteil zu besorgen. Diese beinhaltete einige Stunden Suchen und Herumfragen nach einem Computerladen. Dort angekommen, fanden wir natürlich nicht das Passende, aber die Mitarbeiter wollten uns unbedingt helfen. Letztendlich bestellte einer von ihnen den Ersatz über seinen privaten MercadoLibre-Account – der argentinischen Version von Ebay. Ein paar Tage später hielten wir das schwere, hässliche und monströs große Netzteil in den Händen und waren glücklich, weil es funktionierte. Wir bedankten uns mit einem Törtchen, das wir in einer Konditorei um die Ecke gekauft hatten.

Große Füße

- Carolin -

Unsere Reise führte uns immer weiter Richtung Süden, nach Patagonien, wo die Landschaft von öder Schönheit war. Steppenartige Ebenen prägten das Landschaftsbild, die Pampas. Der Name „Patagonien" ging auf den Entdecker Ferdinand Magellan zurück und war vermutlich abgeleitet vom spanischen Wort „patones". Das bedeutete „große Füße" und wies auf die hochgewachsene Statur der Ureinwohner hin, die ihm in der Gegend wohl begegnet waren.

In Puerto Madryn, einem Ort am Meer nahe der Halbinsel Valdés, machten wir für ein paar Tage halt, um einen Ausflug in das Naturreservat dort zu unternehmen. Die kleine Halbinsel bestand größtenteils aus karger Landschaft mit ein paar Salzseen. An ihrer Küste konnte man manchmal Killerwale beobachten. Teilweise sogar, wie sie aus dem Wasser an Land glitten, um Jagd auf Seelöwenbabys zu machen. Wir waren dafür genau zur richtigen Jahreszeit vor Ort, aber leider – oder aber zum Glück – passierte das an jenem Tag nicht. An unterschiedlichen Strandabschnitten sahen wir Herden dicker See-Elefanten, Robben und Magellan-Pinguine. Pinguine waren Michas erklärte Lieblingstiere und wir verbrachten längere Zeit damit, die putzigen Frackträger beim Herumwatscheln zu beobachten. Bei der Fahrt quer über die Halbinsel entdeckten wir zu unserer Begeisterung ein Gürteltier und sahen zum ersten Mal flauschige Guanakos, die wild lebende Form der Lamas.

Weiter ging es nach El Calafate. Mittlerweile waren wir so richtig im Reisefluss. Wir saßen in der vordersten Reihe im

Oberdeck des Busses und hatten damit eine fantastische Aussicht auf diese besondere Landschaft, durch welche die ewig geradeaus führende Straße immer weiter in Richtung Süden verlief. Die Gegend war einsam, unberührt, rau und wurde, als die Sonne langsam unterging, immer hügeliger.

Als wir am nächsten Morgen aufwachten, waren wir von hohen Bergen umgeben und bereits kurz vor El Calafate. Der Himmel war strahlend blau und die vielen mit Eis und Schnee bedeckten Gipfel glitzerten.

El Calafate lag an dem Gletschersee Lago Argentino und erinnerte mit seinen Holzhäusern ein wenig an einen Wintersportort in der Schweiz. In unserer Unterkunft stand an diesem Abend ein Asado, ein gemütlicher Grillabend mit Rotwein, Salat und Käse, sowie vielen interessanten Reisegeschichten der anderen Backpacker, auf dem Programm. Es war ein wundervoller Abend. Als wir schlafen gingen, war ich angenehm satt und erfüllt von Glück, mitten im Wahrwerden meines Traums zu sein. Wir waren auf Weltreise und das war immer noch erst der Anfang!

Micha und ich machten einen Tagestrip zum Los Glaciares, einem der bekanntesten Nationalparks Patagoniens. Unser Ziel war der 80 Kilometer von El Calafate entfernte Perito-Moreno-Gletscher. Dieser Gletscher war einer der wenigen der Welt, der noch nicht zurückging, sondern dessen Masse immer in etwa gleich blieb.

Über Holzstege gelangten wir zu einem ruhigen Aussichtspunkt. Als wir dann den Gletscher direkt vor uns hatten, waren wir erst sprachlos und dann hellauf begeistert. Der Perito-Moreno-Gletscher war riesig! Sein Eis war klar, scharfkantig zerklüftet und leuchtete intensiv bläulich. Alle paar Minuten brach ein beträchtliches Stück Eis ab und fiel unter gewaltigem Krachen und Donnern in das Wasser vor uns.

Ein Boot brachte uns an das andere Ufer, von dem aus unsere Trekkingtour über den Gletscher startete. Mit Steigeisen an den Füßen stapften wir durch die Eislandschaft. Wir hatten Glück und einen der dort so wenigen Tage mit gutem Wetter erwischt. Auch den Perito-Moreno-Gletscher erklärten wir zu einem der großen Höhepunkte auf unserer Weltreise.

Das Eis funkelte im Sonnenlicht und knirschte unter unseren Schritten. Überall gab es fantasievolle Eisformationen, Flüsschen und tiefblau leuchtende Spalten. Sogar winzige Wasserfälle, die in kleine Seen auf dem Eis plätscherten. Es wirkte so, als ob ein Landschaftsarchitekt mit einem Eisskulptur-Schnitzer zusammengearbeitet hätte, um ein abstraktes Eisparadies zu kreieren.

Am Ende der Tour bekamen wir ein Glas Whisky mit einem Stück mehrere Jahrhunderte altem Gletschereis darin – wohl eine der wenigen Gelegenheiten, bei denen das Eis im Glas älter war, als der Whisky.

W wie Wandern

- Michael -

Wir überquerten zum ersten von vielen Malen die Grenze Chiles und erreichten den südlichsten Punkt unserer Route, Puerto Natales. Durch Argentinien reisten wir zunächst nur entlang der Küste Richtung Süden, da sich die warme Jahreszeit im Süden Südamerikas dem Ende näherte. Für unsere Wanderungen durch die Natur Patagoniens wollten wir Regen und allzu starke Kälte weitestgehend vermeiden. Nun ja, der Plan sollte nicht ganz aufgehen.

Puerto Natales war ein Städtchen fast am Ende der Welt, das hauptsächlich vom Tourismus lebte. Die meisten Reisenden nutzten es als Ausgangspunkt für Wanderungen in den Nationalpark Torres del Paine, genau wie wir. Caro und ich quartierten uns in ein kleines Gästehaus ein, das einer besonders netten chilenischen Familie gehörte. Es verfügte über eine Küche mit Kohleofen und strahlte eine freundliche, gemütliche Atmosphäre aus.

Wir schlenderten durch den Ort und waren damit beschäftigt, die Campingausrüstung, also Gaskocher, Zelt und Schlafsäcke, die Verpflegung und Informationen für die mehrtägige Wanderung zusammenzutragen. Dafür packten wir unsere Rucksäcke neu und ließen unsere anderen Habseligkeiten bei der Familie. Außerdem bereiteten wir Essensrationen vor. Zum Frühstück Haferflocken mit Milchpulver, das wir mit Wasser mischen würden, zum Abendessen Würstchen und Kartoffelpüree oder Suppe. Für zwischendurch Kekse, Äpfel und Eier, die wir auf dem alten Ofen der Familie hart kochten.

Nachdem wir alles organisiert hatten, waren wir bereit für die viertägige „W"-Wanderung, benannt nach dem Aussehen der Route auf der Landkarte.

Der erste Tag. Wie schon angedeutet, ging unser Plan bezüglich des Wetters nicht ganz auf. Zum Start der Wanderung war es bereits relativ kühl und der Himmel war grau. Zum Glück regnete es nicht. Noch nicht. Dick eingepackt in Regenkleidung liefen wir los. Die Rucksäcke waren wegen der Daunenschlafsäcke schwer und die Stimmung war angesichts des Wetters alles andere als gut.

Die Strecke war anstrengend. In der Regenkleidung fingen wir schnell an zu schwitzen. Wenn wir stehen blieben, kühlten wir genauso schnell ab und froren. Auf dem Weg zu unserem ersten Etappenziel, dem Grey-Gletscher, begann es auf ungefähr halber Strecke immer mal wieder an etwas zu nieseln, hörte aber kurze Zeit später wieder auf. Wir hofften, dass der Regen nicht stärker werden würde. Aber das wurde er.

„He, musst du so rennen?", schimpfte Caro ein paar Meter hinter mir.

„Wir müssen es vor Einbruch der Dunkelheit zum Camp schaffen", entgegnete ich sachlich.

Es begann erneut zu nieseln und wir fingen an uns zu zanken, bis der Streit fertig eskaliert und uns bei all dem Auf und Ab die Puste ausgegangen war. Zwei Stunden lang schwiegen wir und wanderten weiter.

Kurz bevor die Dunkelheit hereinbrach, kamen wir beim ersten Camp, einer einfachen Lichtung, an. Immer noch stumm bauten wir unser Zelt auf. Weil das auf die Art wenig Spaß machte, versöhnten wir uns kurzerhand wieder. Warum hatten wir uns noch gleich in die Haare bekommen?

Wir ließen das Zelt kurz stehen, um hinüber zu einem Aussichtspunkt zu gehen und den Grey-Gletscher von oben zu bewundern. Schließlich hatten wir ja deswegen diesen Weg auf uns genommen.

Das Abendessen kochten wir mithilfe des Bunsenbrenners. Dann begann es wieder zu regnen. Nein, es schüttete wie aus Kübeln. Wir waren mit unserer Ausrüstung zwar auf Regen vorbereitet, aber nicht auf diese Sintflut. Wie uns nach der Wanderung berichtet wurde, war in der folgenden Nacht in Patagonien mancherorts so viel Regen gefallen wie normalerweise in einer kompletten Regenzeit. Wir sollten später Zeitungsbilder sehen, auf denen Menschen in Kanus auf überfluteten Straßen fuhren.

Mitten in der Nacht wurden wir wach, weil unsere Füße auf einmal eiskalt waren. „Micha, wir sind nass!", flüsterte Caro neben mir. Das Zelt war nicht für diese Menge Regen ausgelegt und ließ langsam das Wasser nach innen. Im Halbschlaf versuchten wir uns von den Wänden fernzuhalten, um nicht durch den Druck noch mehr Wasser hereinkommen zu lassen. Ohne Erfolg. Als am Morgen der Regen aufgehört hatte, war der Zeltboden eine einzige Pfütze. Die Schlafsäcke und der Rest der Ausrüstung waren ebenfalls nass. Es war eine Qual, aus dem Zelt herauszuschlüpfen, sich umzuziehen und die nasse, kalte und schlammige Ausrüstung zusammenzupacken. Wir froren. Die Rucksäcke waren wegen der durchnässten Gegenstände nochmal um einiges schwerer geworden. Die Sachen konnten wir unterwegs nicht trocknen und es sollten noch drei weitere Tage und zwei Nächte folgen. Die Motivation war auf dem Tiefpunkt. Aber wir stapften weiter.

Der zweite Tag begann also. Wir hatten noch das komplette „W" vor uns. Da die Wanderung nicht am Anfang oder Ende des „W" begonnen hatte, sondern in der Mitte, mussten wir den am Vortag gelaufenen Teil wieder zurückwandern, um dann weiterzugehen und unser zweites Camp in der Mitte des „W" zu erreichen, das Campamento Italiano. Wenigstens ging es zunächst den größten Teil der Strecke bergab. Das Wetter war durchgängig mies, aber nicht mehr ganz katastrophal. Wir konnten auf der Strecke sogar kurz ein winziges Stückchen blauen Himmel sehen, das aber sofort wieder von grauen Wolken verschluckt wurde. Es gab uns ein wenig Hoffnung auf besseres Wetter.

Gegen Abend mehrten sich die blauen Stückchen. Mit letzter Kraft erreichten wir in der Abenddämmerung das zweite, viel größere Camp. Es gab sogar eine kleine Hütte – aber nur für die Parkwächter. „Ich gehe fragen, ob sie mich im Hundekörbchen in der Hütte schlafen lassen. Da ist es wenigstens trocken", scherzte Caro düster. Es war so kalt, dass wir den eigenen Atem sehen konnten. Wir bauten mit versteinerten Mienen unser durchnässtes Zelt auf feuchter Erde auf. Der Verantwortliche für das Camp, Roberto, hatte wohl Mitleid mit uns und stellte uns ein bereits aufgebautes, trockenes Zelt zur Verfügung. Vielleicht hatte er auch ein schlechtes Gewissen, schließlich konnte er die feucht-kalten Nächte in seiner wasserdichten und von einem Ofen beheizten Holzhütte verbringen. Wir waren sehr dankbar. Nun mussten wir uns nur noch mit unseren feuchten Schlafsäcken arrangieren.

Es war fraglich, ob wir am folgenden Tag würden weiterwandern können, denn durch die starken Regenfälle waren viele Flüsse, darunter jene, die wir auf der weiteren Route überqueren mussten, stark angeschwollen und machten eine Überquerung unmöglich. Wir legten uns dick eingepackt schlafen und rechneten damit, die Wanderung am nächsten Tag abbrechen zu müssen.

Der dritte Tag brach an. Es kam anders. An diesem Morgen war das Wetter überraschend gut. Es war zwar noch bewölkt, aber wir konnten die Sonne sehen und spüren. Durch die regenlose Nacht waren die Flüsse abgeschwollen und unser Zelt war nicht mehr ganz so klatschnass wie am Abend zuvor. Wir konnten weiterwandern. Wir liefen den Mittelteil des „W" noch etwas weiter hoch bis zum Aussichtspunkt Mirador Frances und genossen den schönen Ausblick auf den See Lago Nordenskjöld. Danach nahmen wir uns den zweiten Teil des „W" vor. Es sollte ein langer Weg sein bis zum nächsten Camp. Durch die unerwartet großen Anstrengungen an den Vortagen kamen wir nicht so schnell vorwärts wie geplant und mussten zwangsweise tun, was Wanderer nicht tun sollten: wir wanderten bis in die Dunkelheit hinein.

Kaum war die Sonne untergegangen, wurde es schnell stockfinster. Da Wildcampen nicht erlaubt war, stiefelten wir gut eineinhalb Stunden durch die schwarze Nacht, nur mit zwei Taschenlampen ausgerüstet. Dann gab Caros Lampe den Geist auf und ich leuchtete für uns beide.

„Du kannst echt froh sein, dass ich all den Mist mitmache!", sagte Caro taff, dann begann sie leise zu schluchzen. Mittlerweile tat uns alles weh, die Füße fühlten sich nur noch an wie wunde Stümpfe. Unendlich erschöpft kamen wir irgendwann im nächsten Camp an, dem Refugio Chileno. Nahezu alle Zeltplätze waren belegt. Schnell bauten wir unser Zelt in einem der letzten verbliebenen freien Eckchen auf. Auf harte Baumwurzeln gebettet schmiegten wir uns aneinander, um uns gegenseitig zu wärmen. Es begann wieder zu nieseln.

„Ich bin froh, dass du den ganzen Mist mitmachst", flüsterte ich und wir schliefen sofort ein.

Der vierte Tag. Das Ziel des Tages und das eigentliche Highlight der Wanderung sollte der Aussichtspunkt auf die Torres del Paine sein, auf die Türme des blauen Himmels. Bis dahin waren es nur noch ungefähr zweieinhalb Stunden Weg. Jedoch ergab es nur Sinn hin zuwandern, wenn wir die Türme auch sehen konnten, was lediglich bei wolkenfreiem Himmel der Fall sein würde. Wir hatten unsere Wecker auf „vor Sonnenaufgang" gestellt und vereinbart, dass wir bei trockenem Wetter loslaufen und bei Regen weiterschlafen würden.

Nach vier Stunden Schlaf läutete der Wecker. Es regnete. Wir waren enttäuscht, aber ehrlich gesagt auch etwas froh über den zusätzlichen Schlaf nach der Tortur. Als wir wenig später wieder aufwachten, hatte das Wetter komplett umgeschlagen. Die Sonne schien. Wir wanderten doch noch in Richtung der Torres, aber es blieb uns nicht mehr genug Zeit, um den Aussichtspunkt zu erreichen, denn wir mussten es am Nachmittag zurück zum einzigen Bus schaffen, der Wanderer vom Nationalpark abholte. Wir sahen die Torres daher nur aus der Ferne und machten uns bei bestem Wetter auf den Rückweg.

Hätten wir diese drei Tage abgewartet und wären an diesem Tag erst losgegangen, wäre das Wetter die komplette Wanderung über schön gewesen. Aber das weiß man im Vorfeld und gerade in Patagonien nicht, wo das Wetter beständig unbeständig war. Einfach einen Tag länger konnten wir nicht bleiben, da wir nur Verpflegung für vier Tage mitgenommen hatten. Wir liefen also zum Bus und fuhren zurück nach Puerto Natales.

Rückblickend war die „W"-Wanderung anstrengend und alles andere als angenehm. Durch diese intensive Erfahrung ist sie uns aber besonders in Erinnerung geblieben. Trotz des grauen Wetters war die Landschaft wunderschön. Je weiter zurück diese Tage lagen, desto mehr konnten wir darüber schmunzeln.

Kreuz und quer über die Anden

- Michael -

Auf unserem Weg wieder Richtung Norden wollten wir Chile weiter erkunden. Aber auch die für uns interessanten Orte Argentiniens, die weiter im Landesinneren lagen, wollten wir nicht auslassen. Das bedeutete, dass wir mehrere Male die Anden und die Grenze zwischen Chile und Argentinien überqueren mussten.

Die Grenzüberfahrten waren zwar etwas mühselig, da wir keine Lebensmittel in das jeweils andere Land mitnehmen durften und das Gepäck jedes Mal gefilzt wurde. Dafür boten die Routen über die Anden spektakuläre Ausblicke.

Caro hatte sich mittlerweile an die Serpentinenstraßen gewöhnt. Ein Übelkeitsfiasko wie in Mexiko hatte es seitdem nicht mehr gegeben.

Wieder in Argentinien, erreichten wir bald darauf El Chaltén, einen weiteren beliebten Ausgangspunkt für Wanderungen, unter anderem zum Cerro Fitzroy, einem 3.406 Meter hohen Granitberg. Nach unseren Erfahrungen im Torres del Paine war uns allerdings erstmal nur noch nach kürzeren Fußmärschen zumute. El Chaltén war kühl und windig und lud deshalb nicht so sehr zum langen Verweilen ein.

Über die Ruta 40, eine der längsten und, wie es hieß, landschaftlich schönsten Fernstraßen der Welt, gelangten wir nach zwei Tagen Fahrt nach Bariloche. Bariloche war aufgrund seiner Seen, Wälder, Berge und Schokoladenspezialitäten ein beliebter Ferienort in Argentinien, der manchmal als argentinische Schweiz bezeichnet wurde. In dem ruhigen Ort nahmen wir uns die Zeit, bei endlich wieder sonnigem Wetter und angenehmeren Temperaturen, einige Tage lang einfach nur zu entspannen. Wie gut das tat!

Mit aufgeladenen Batterien fuhren wir weiter in den chilenischen Ort Pucón. Schon mehrere Kilometer bevor wir dort ankamen, rochen wir Schwefel. Kein Wunder, denn in der Gegend gab es eine Menge aktive Vulkane.

Einen dieser Vulkane, den 2.847 Meter hohen Villarrica, wollten wir besteigen. Vom Ausgangspunkt der Besteigung aus waren 1.400 Höhenmeter zu bewältigen.

Mit Bergsteigerausrüstung und Bergführer ging es in aller Früh los. Die erste Stunde Wegzeit hätten wir mit einem Sessellift abkürzen können. Erholt von den Strapazen im Torres de Paine, hielten wir das aber nicht für nötig. Also liefen wir los und scherzten über die faulen Sesselliftfahrer. Etwas Humor musste sein, denn diese ersten 400 Höhenmeter waren bei Weitem der schwierigste Abschnitt der Besteigung. Lockere Vulkanasche machte den Aufstieg ungemein anstrengend. Mit jedem Schritt vorwärts rutschten wir zwei Drittel wieder zurück. Unser Bergführer legte ein ordentliches Tempo vor. Völlig durchgeschwitzt mussten wir am Ende des ersten Abschnitts in die grinsenden Gesichter der Sesselliftfahrer schauen. Karma funktionierte auch in Südamerika!

Gute vier Stunden dauerte der gesamte Aufstieg. Auf ungefähr halber Strecke schnallten wir Steigeisen an und setzten den Rest des Weges mit einem Eispickel in der Hand über den dort beginnenden Gletscher fort.

„Roca!", brüllten die Bergführer warnend, wenn von oben ein Stein heruntergerollt kam. Auf dem extrem steilen, glatten Eis erreichten die Felsen schnell eine hohe Geschwindigkeit. Erst wenige Wochen zuvor war dort ein Tourist tödlich verunglückt. Nicht alle aus unserer Truppe schafften es bis nach oben, sondern blieben erschöpft zurück. Irgendwann hatten wir den Gletscher passiert.

Je näher wir dem Gipfel kamen, desto stärker roch es nach faulen Eiern.

„Was für ein Gestank!", stellte Caro fest, während sie über knirschendes Lavagestein nach oben kletterte.

„Ist das eigentlich der Vulkan oder der Typ vor uns?", witzelte ich.

Caro kicherte leise. Die schwefelige, dünne Luft reichte wohl nicht mehr für ein richtiges Lachen. Aber vielleicht war ich auch nicht so witzig, wie ich dachte.

Dann waren wir endlich am Kraterrand des Vulkans angelangt. Das Atmen fiel uns wegen der Schwefeldämpfe schwer. Man konnte sich deswegen nur kurz oben aufhalten. Trotzdem genossen Caro und ich nach dem mühsamen Aufstieg einen im wahrsten Sinne atemberaubenden Ausblick auf Vulkane und Seen in der Umgebung und waren fasziniert von dem riesigen Krater, der vor uns brodelte. Ein Vulkan wie wir ihn uns vorstellten!

Der Abstieg dauerte lediglich halb so lange, wie der Weg nach oben und war zudem wesentlich amüsanter. Die Gletscherstrecke rutschten wir auf dem Hinterteil mithilfe von „Ass Protektoren" – einer um den Po geschnallten Gummiverstärkung – hinunter. Ein Riesenspaß! Der lockere Boden auf dem Rest des Weges, bestehend aus Asche und Steinchen, war dann kein Hindernis mehr. Über Geröll fahrend ging es abwärts. Von Caro sah ich nur noch eine sich immer schneller entfernende Staubwolke.

Es war eine schöne Zeit an einem wunderbaren Ort, denn auch das friedliche Pucón selbst hatte es uns angetan: umgeben von Vulkanen und an einem See gelegen war es für uns eine der idyllischsten Kleinstädte auf unserer Reise.

Das Erdbeben

- Michael -

Wir erreichten Santiago de Chile. Neben den Sehenswürdigkeiten der weitläufigen Hauptstadt besuchten wir an einem Tag den malerischen Nachbarort Valparaiso.

Die Hafenstadt mit ihrem historischen Stadtkern war bekannt für ihre farbenfrohen Häuser und ihre steilen Hügel, die sogenannten „Cerros". Auf manche Hügel gelangten wir über bunt bemalte Treppen, auf andere mit den dort typischen Standseilbahnen. Bei jedem Ausblick gab es immer neue Farbkompositionen aus Häusern zu bestaunen. Die zehn Grad kühlere Temperatur überraschte uns allerdings. Da wir Santiago in luftiger Kleidung verlassen hatten, statteten wir den Cafés des Ortes überdurchschnittlich oft einen Besuch ab, um uns aufzuwärmen.

Am folgenden Tag bebte um 19.37 Uhr die Erde. 215 Kilometer südlich von Santiago lag das Zentrum eines Erdbebens mit der Stärke 7,1 auf der Richterskala. Es gab zum Glück keine Verletzten. Zu dem Zeitpunkt waren wir gerade zu Fuß auf dem Weg von der Innenstadt Santiagos zurück zu unserer Unterkunft, was wir mithilfe der Zeitstempel unserer Fotos nachvollzogen. Wir mussten es rekonstruieren, denn wir hatten das Erdbeben nicht bemerkt. Jeder sprach davon, wie die Hochhäuser gewackelt hatten, was wir dann auch im Fernsehen sahen. Woran es lag, dass wir das Ereignis nicht mitbekommen hatten, können wir bis heute nicht genau sagen. In Santiago de Chile spazierte man teilweise auf Gitterrosten über der Metro, deren Vibration man dabei spürte. Vielleicht hatten wir das Rumpeln in der Erde mit dem Rumpeln der Züge verwechselt. Einerseits hätten wir es interessant gefunden, wie sich ein harmloses Erdbeben anfühlt. Andererseits bevorzugten wir es eindeutig, dass wir wohlbehalten wieder aus Santiago abreisen konnten.

Wolkenzug

- Michael -

Wir überquerten erneut die Anden und erreichten den argentinischen Ort Salta. Ein paar Wochen zuvor hatten wir über das Internet eine Fahrt des Tren a las Nubes, des Zugs in die Wolken, gebucht, die von dort starten sollte.

Die Stadt selbst hatte einen malerischen, kolonialen Stadtkern, dafür aber radikale Autofahrer. Als ich einmal bei grüner Ampel eine Kreuzung überquerte, kam ein Linksabbieger auf mich zugerast. Doch anstatt langsamer zu werden, beschleunigte das Auto sogar weiter. Ich hatte es zum Glück rechtzeitig gesehen und schaffte es gerade noch, mich mit der Hand von dem Wagen zum Bürgersteig hin abzudrücken. Meine Handfläche traf dabei mit ziemlicher Wucht auf die Motorhaube. Die Frau am Steuer schlug sich entsetzt die Hand vor den Mund, fuhr dann aber weiter, als ob nichts passiert wäre.

Das Essen war spärlich, die Sitze waren eng und sie dauerte 16 Stunden. Dennoch war die Fahrt im Zug in die Wolken ein weiteres atemberaubendes Erlebnis auf unserer Weltreise. Frühmorgens starteten wir unter einem wolkenverhangenen Himmel. Schnell klarte es an diesem Tag aber auf und so konnten wir den ungetrübten Ausblick auf die unterschiedlichen Landschaften genießen, die sich vor unserem Fenster auftaten. Unser gelb-oranger Zug wurde tapfer von einer schnaufenden Dampflok gezogen.

Während der Fahrt gab es allerhand Erklärungen zu Flora, Fauna, dem Zug selbst und seinen Stationen. Zum ersten Mal tranken wir Coca-Tee, der Höhenkrankheit vorbeugen sollte, denn die Luft wurde mit jedem Meter, den der Zug erklomm, dünner. Am Ziel der Fahrt erwartete uns das Viadukt „La Polvorilla" in 4.220 Metern Höhe. Dort stiegen alle Passagiere aus, um die gewagte Konstruktion in schwindelerregender Höhe zu betrachten. Der Zug setzte zurück und fuhr erneut über das Viadukt. Was für ein Anblick!

Wir vertraten uns die Beine, bis wenig später das Signal zum Einsteigen ertönte. Die Rückfahrt war sogar noch schöner, da die nun untergehende Sonne die Rottöne der Landschaft noch intensiver erscheinen ließ.

Geheimnisse der Atacama-Wüste

- Michael -

Ein letztes Mal sollten wir die argentinisch-chilenische Grenze überqueren. Es ging nach San Pedro de Atacama. San Pedro war ein staubiges, überteuertes Touristennest mitten in der Atacama-Wüste.

Am Tag unserer Ankunft gab es an keinem der drei Geldautomaten des Ortes noch Bargeld. Da das wohl häufiger vorkam, konnten wir auch ohne Geld Touren für die kommenden Tage buchen und bezahlten sie am Folgetag, als die Automaten wieder gefüllt waren.

Die Atacama-Wüste wirkte auf uns surreal, fast magisch. Außerdem war sie grüner, als wir es bei einer der trockensten Gegenden der Welt erwartet hätten. Wir begegneten unzähligen Flamingos und Vicuñas, liefen durch faszinierende Mondlandschaften und vorbei an Geysiren, in denen wir unsere Frühstückseier kochten, badeten in natürlichen Thermalbädern und versuchten erfolglos, in Salzseen unterzutauchen.

Das Licht der untergehenden Sonne bot jeden Abend ein hinreißendes Schauspiel, indem es den Wüstensand rötlich einfärbte und Landschaften erschuf, an denen wir uns nicht sattsehen konnten.

Auf dem Weg Richtung Küste stoppten wir in Calama, von wo aus wir die größte Übertagekupfermine der Welt und die sie umgebende Geisterstadt Chuquicamata anschauten. Geschützt durch einen orangen Bauarbeiterhelm, blickten wir in das einen Kilometer tiefe Loch. Mehrere Fahrzeuge bewegten sich in der Mine wie geschäftige Ameisen auf und ab. Neben den etliche

Meter großen Reifen der Lastwagen sahen einfache Pkw aus wie Spielzeug.

Ostern verbrachten Caro und ich in der Küstenstadt Iquique. Drei Monate lebten wir bereits ohne Wochenenden oder Feiertage. Nun hatten wir das Bedürfnis, innezuhalten, um das Osterfest ein wenig zu feiern. Wir improvisierten einen Osterstrauß mit ausgeblasenen Eiern, die wir mit Wachs, Kork, Teilen eines Eierkartons, Stiften und allen möglichen herumliegenden Materialien verzierten. Die anderen Backpacker beäugten unser Werk dabei genau. Einige von ihnen ließen sich von uns anstecken und bereiteten ein bescheidenes Ostermahl zu. Wir aßen gemeinsam, tauschten Geschichten aus und es wurde viel gelacht.

Am Ende des fröhlichen Abends sagte eine Engländerin beiläufig, sie habe den Eindruck, immer die gleichen Geschichten zu hören und zu erzählen. In der Tat liefen die Gespräche mit anderen Backpackern häufig auf ähnliche Art und Weise ab. Woher kommst du? Wie lange bist du unterwegs? Wo bist du schon gewesen? Es blieb oft recht oberflächlich und am Ende ging jeder seines Weges. Natürlich trafen wir gelegentlich auch unglaublich interessante, meist etwas zurückgezogene Menschen, die ihre Geschichten nicht jedem auf die Nase banden. Diese Begegnungen waren besonders wertvoll und blieben uns im Gedächtnis.

In den folgenden Monaten sollten wir immer seltener etwas mit anderen Backpackern unternehmen. Wir suchten verstärkt den Austausch mit Einheimischen und konzentrierten uns noch mehr auf das für uns Wesentliche. Caro und ich lernten einfache Details zu schätzen und die Ruhe eines Momentes zu genießen. Diese Veränderung spiegelte sich auch in unseren Fotos wider.

Kleinigkeiten rückten in den Vordergrund. Unscheinbare Dinge waren uns ein Foto wert.

In Iquique schlenderten wir durch die koloniale Innenstadt, sagten den Seelöwen am Hafen „Hola" und besuchten die UNESCO-Weltkulturerbe Humberstone- und Santa-Laura-Salpeterwerke. In einer Nacht machten sich dann zum ersten Mal Bettwanzen über Caro her und hinterließen an ihrem Hals und ihren Armen an die 50 Bisse, die wochenlang jucken sollten. Ich blieb zum Glück auf der ganzen Reise von diesen Viechern verschont. Caro sollten sie noch das eine oder andere Mal anknabbern.

Die letzten Tage in Chile verbrachten wir etwas weiter nördlich, in Arica, nicht mehr allzu weit von der bolivianischen Grenze entfernt. Nach einem Ausflug in den Nationalpark Lauca mit seinen kuscheligen Lamas, schneebedeckten Berggipfeln und in saftiges Grün eingebetteten Seen, verabschiedeten wir uns vom modernen Lateinamerika und reisten weiter. Nicht nur über eine Grenze, sondern auch zurück in der Zeit.

urchnässt im Torres del Paine

Perito-Moreno-Gletscher

uazú-Wasserfälle

en a las Nubes

Ostern in Iquique

Auf Zeitreise

- Michael -

Die Fahrt nach La Paz sollte eine der unkomfortabelsten Anreisen auf unserer Weltreise werden. Der Bus von Arica zu der Stadt mit dem höchstgelegenen Regierungssitz der Erde fuhr pünktlich um Mitternacht los. Auf unseren beiden Plätzen hatte es sich eine recht ausladende, in traditionelle Tracht gekleidete und in viele Decken gehüllte Bolivianerin schlafend gemütlich gemacht. In Chile und Argentinien waren die Sitzplätze fest zugeordnet gewesen. War es in Bolivien auch so? Wir konnten es nur ausprobieren und sprachen sie vorsichtig an. Murrend wälzte sie sich daraufhin auf ihren eigenen Platz.

Der Bus selbst war ein Artefakt aus der Vergangenheit und wäre vom TÜV wohl schon längst aus dem Verkehr gezogen worden. Vom Rost zerfressene Stellen, eine gesprungene Scheibe, staubig abgewetzte Sitze, quietschende Bremsen … Wir hatten uns schon an die komfortablen chilenischen und argentinischen Busse gewöhnt, nun hieß es wieder „back to the basics".

Wir wussten, dass wir in der Nacht an der Grenze ungefähr vier Stunden Aufenthalt haben würden, da diese erst um acht Uhr am nächsten Morgen wieder geöffnet sein würde. Die Frage, warum der Bus nicht einfach später losfuhr, blieb offen. Wir ahnten nicht, wie kalt es in diesem Bus werden würde. Verkauft wurden uns Tickets für einen modernen Bus mit Klimaanlage. Wie sich herausstellte, war das gleichbedeutend mit sich nicht richtig schließenden Fenstern.

Um vier Uhr morgens, auf über 4.200 Metern Höhe angekommen, warteten wir also. Der Busfahrer war ausgestiegen, in eine

Hütte gegangen und hatte uns alle im Bus eingeschlossen. Unsere einzige Wärmequelle bestand aus zwei stark fusselnden, ziemlich schmuddeligen Filzdecken, die im Bus verteilt worden waren und in die wir uns einrollten. Trotz der Decken und dicker Kleidung froren wir fürchterlich. Der eiskalte Wind drang durch die undichten Fenster. Wir drückten uns so fest es ging aneinander, um uns zu wärmen. Zu alledem stank es im Bus stark nach Ammoniak aus der Toilette. Eine lange Nacht bei Minusgraden lag vor uns. Die Zeit wollte nicht vergehen, sie schien sogar rückwärts zu laufen. Eine, zwei, drei Stunden krochen wie in Zeitlupe dahin. An Schlaf war kaum zu denken.

Endlich war es acht Uhr. Die Grenze blieb geschlossen. Lateinamerikanische Pünktlichkeit. Wir zitterten weiter. Um neun Uhr war es dann endlich so weit: die Fahrgäste durften aus dem Bus steigen und die Grenzformalitäten abwickeln. Dies verlief sogar ziemlich zügig. Nachdem wir irgendwann den Bus wiedergefunden hatten, konnten wir endlich klappernd und scheppernd nach La Paz weiterfahren.

Wir waren in Bolivien. Vorbei an vielen nicht fertig gebauten, aber doch bewohnten Häusern, näherten wir uns La Paz. Alles wirkte weniger weit entwickelt, als zuvor in Chile und Argentinien. Die Strecke kurz vor unserem Ziel war dafür aber ein überraschendes Highlight. La Paz lag in einem Gebirgskessel, umringt von der Hochstadt El Alto. Ein faszinierender Ausblick in diesen Kessel bot sich uns zum Abschluss der strapaziösen Fahrt.

Dead Lama

- Michael -

Es gab viele negative Reiseberichte über La Paz. Gewiss gehörte diese Stadt nicht zu den sichersten der Welt. Beachtete man aber ein paar Grundregeln, konnte man sich auch La Paz ansehen, ohne dauernd angstvoll über die Schulter zu schauen. Jedoch machte uns zunächst die Höhe zu schaffen. Es war schon erstaunlich, wie schnell wir bei der dünnen Luft bereits bei einfachen Dingen, wie Treppensteigen, aus der Puste kamen.

Einige Tage später hatten wir uns an die Höhe von ungefähr 3.600 Metern gewöhnt und mit der Stadt vertraut gemacht. Nach einem Tagesausflug zu den spannenden Ruinen von Tiahuanaco außerhalb der Stadt, machten wir uns auf den Weg nach Uyuni, um einen weiteren Ort kennenzulernen, den wir schon so oft auf Fotos bewundert hatten: die Salzwüste Salar de Uyuni.

Früh am Morgen kamen wir in Uyuni an und schon als wir einen Fuß aus dem Bus setzten, wurden wir von „Touristenfängern" umzingelt, die penetrant ihre Touren in die Wüste anboten.

Weil es unter den Anbietern viele schwarze Schafe geben sollte und es wegen schlechter Ausrüstung und leichtsinnigen Fahrern schon Verletzte und sogar Tote gegeben hatte, gingen wir erst einmal auf Abstand und drehten dann den Spieß um. Unsere Bedingung an den Touranbieter war, dass wir das Auto für die dreitägige Tour und den dazugehörigen Fahrer vorher sehen wollten. Die meisten ließen sich nicht darauf ein und wir gingen weiter.

Ein Anbieter stimmte zu. Wir folgten der in Pink gekleideten Señora zu ihrem Büro und ließen uns den Trip nochmals erklären, während wir auf das Auto und den Fahrer warteten. Nach einiger Zeit kamen diese dann auch. Wir untersuchten das Auto auf Mängel und versuchten den Fahrer einzuschätzen. Er wirkte ruhig und zurückhaltend, etwas wortkarg, was aber völlig in Ordnung für uns war. Immerhin schien er kein Draufgänger zu sein, der wilde Stunts fuhr, um Touristen oder Kollegen zu beeindrucken. Wir schauten uns noch nach Alternativen um, entschieden uns aber schließlich für diese Tour und wurden nicht enttäuscht.

Als es losging gesellten sich noch ein Schweizer und drei Norweger zu uns, die einen völlig anderen Anbieter gebucht hatten, aber – wie es dort üblich war – von einem zum nächsten Wagen gereicht wurden. Zusammen bildeten wir eine lustige Truppe.

Wir hatten gerade an einer menschenleeren Lagune gehalten. Da passierte etwas.

Als der Erste der Norweger ausgestiegen war, schrie er entsetzt auf und zeigte auf den Boden. Unser Fahrer sprang alarmiert aus dem Wagen, um nachzusehen. Der Norweger kreischte „Dead Lama!", warf sich wehklagend auf den Boden und versuchte eine Wiederbelebung. Die anderen Norweger eilten ihm zur Hilfe. Es half alles nichts. Unsere Augen tränten – vor Lachen! Der Anordnung von struppigen, platten Grasbüscheln, die genau die Form eines Lamas bildeten, ließ sich kein Leben einhauchen.

Nachdem sich eine Viertelstunde später unsere Lachmuskeln wieder entspannt hatten, fuhren wir, immer noch grinsend, weiter. Das Eis war definitiv gebrochen. Auch Walter, unser Fahrer, taute auf. Entgegen unserer ersten Einschätzung war er sehr kommunikativ. Er erklärte uns viel während der Tour und stellte uns Fragen über unsere Heimatländer.

Die Salar de Uyuni war überwältigend. Wir hatten Glück, denn einige Tage zuvor, unüblich für die Trockenzeit, hatte es geregnet und immer noch waren vereinzelte Wolken zu sehen, sodass sich der blau-weiße Himmel perfekt in dem dünnen Wasserfilm auf der endlosen weißen Salzkruste spiegelte. Es war nicht zu erkennen, wo der Himmel aufhörte und die Erde begann. Als wir mit salzverkrusteten Füßen wieder in den Jeep stiegen und weiterfuhren, lief im Radio „Paradise" von Coldplay. Walter drehte lauter und wir schwebten durch die Himmelsspiegelung davon.

Die Nächte in den Unterkünften in der Wüste waren ausgesprochen kalt, sogar für unsere norwegischen Gruppenmitglieder. Die drei Jungs wussten sich aber zu helfen. Sie schoben ihre Betten zu einem „Megabed" zusammen und machten „Spooning"; sie wärmten sich gegenseitig in Löffelchenstellung. „Nur Freunde!", wie sie immer wieder betonten. Aber sehr lustige!

Für die kalten Nächte entschädigten uns tagsüber schon allein die niedlichen Hasenmäuse, sogenannte Viscachas, die über die Felsen sprangen als hätten sie Sprungfedern. Aber auch die Naturwunder: heiße Quellen, Geysire, verschiedene imposante Felsformationen, die knallrote Laguna Colorada mit ihren Flamingos, die grüne Lagune und natürlich die Salzwüste selbst.

Allein in der Nacht

- Michael -

Es gab zwei Busse mit derselben Abfahrtszeit und demselben Ziel. Nach anfänglicher Verwirrung fuhren wir von Uyuni Richtung Potosí los. Wir wunderten uns nicht, dass einige Passagiere auf der sechsstündigen Fahrt stehen mussten, da sich ihre reservierten Plätze im anderen Bus befanden. Worüber wir uns aber wunderten, war, dass alle paar Minuten noch weitere Leute auf dem Weg eingesammelt wurden, sodass in kürzester Zeit im Mittelgang kein freier Zentimeter Platz mehr war und sogar die Bolivianer dem Busfahrer zuriefen, dass das gefährlich sei. Nicht zuletzt, weil dessen Fahrweise schlicht verantwortungslos war. Wenn er Leute auf der Strecke aussteigen ließ, passierte das meist ohne richtiges Anhalten. Einmal fuhr er sogar einfach weiter, als ein panisches Kind noch in der geöffneten Tür neben ihm stand. Es konnte gerade noch von seiner Mutter aufgefangen werden.

In Potosí angekommen, fanden wir uns mitten auf der Straße im Dunkel der Nacht neben dem Busterminal wieder. Das Terminal war geschlossen und kein Licht brannte mehr. In der Straße gab es sonst nichts, kein Hotel, kein Restaurant, keinen sicheren Ort. Seltsame Gestalten schlichen um uns herum.

In diesem Moment kamen uns all die negativen Erlebnisse und Berichte von anderen Reisenden in den Sinn und all die Dinge, die man, gerade in Bolivien, nicht tun sollte. Dazu gehörte auch, nachts anzukommen oder in ein beliebiges Taxi auf der Straße einzusteigen. Kurzzeitentführungen, gerade von falschen Taxifahrern, mit dem Ziel, so viel Geld wie möglich aus den Touristen und ihren Geldkarten herauszuholen, waren in Bolivien nicht unüblich. Manchmal gerieten wir aber trotz Vorausplanung in eine solche Situation. Unser Bus war viel zu spät angekommen und der Abholservice der Unterkunft ließ sich nicht blicken.

Wir wurden von einigen dubiosen Taxifahrern angesprochen, deren Angebote wir zunächst alle ablehnten. Die Taxis waren zerbeulte Karren mit schiefen Taxiaufklebern an den Seiten. Allerdings sahen echte Taxis in Bolivien nicht viel anders aus. Als die Busse vor dem Terminal einer nach dem anderen verschwanden und die anderen Fahrgäste fast alle weg waren, mussten wir langsam etwas tun. Wie hilflose Touristen allein in der Nacht herumzustehen war keine Option.

Als sich als letzter auch unser Bus zur Weiterfahrt in Bewegung setzte, stellten wir uns einfach davor. Wir baten den etwas verwunderten Busfahrer darum, uns in das Zentrum der Stadt mitzunehmen, das nur zwei Kilometer entfernt war oder zumindest zu einem Ort, von dem aus wir ein sicheres Taxi rufen konnten. Natürlich lehnte er ab, schließlich hatte er sich schon zuvor nicht durch besonders viel Rücksichtnahme ausgezeichnet.

Er rief allerdings ein Taxi von der Straße herbei, das einigermaßen offiziell aussah und versicherte uns, dass der Fahrer ein Freund von ihm sei. Der Taxifahrer beteuerte mehrfach, dass dies ein sicheres, offizielles Taxi sei und zeigte uns eine Lizenz. Echt oder nicht, was blieb uns anderes übrig, als das Taxi zu nehmen?

Wir bereiteten uns innerlich schon darauf vor, in irgendeine Gasse abzubiegen, um dann mit der Forderung nach Geld und Wertsachen konfrontiert zu werden. Und tatsächlich wurden

die Straßen immer schmaler und dunkler, bis das Taxi auf einmal stoppte. Wir waren sicher bei unserer Unterkunft angekommen.

Dynamit-Shopping

- Michael -

Caro war durch die kalten Nächte in der Salzwüste krank geworden und hütete für einen Tag das Bett, während ich durch Potosí streifte, Suppe und Brot für sie besorgte und das nächste Abenteuer und eigentlichen Grund unseres Besuches dort organisierte. Als sie wieder einigermaßen fit war, ging es los. Wir besuchten eine aktive Silbermine.

Dafür gingen wir zunächst zum sogenannten Miners Market, einem Markt, auf dem 96-prozentiger Alkohol, Kokablätter und Dynamit verkauft wurden. An jeden! Wir kauften von allem etwas und packten es in unsere Taschen. In Potosí war das das Normalste der Welt.

Weiter ging es zu einer Raffinerie, wo ein Arbeiter uns zeigte, wie aus dem abgebauten Gestein das Silber gewonnen wurde, danach in die Mine selbst. Ein einfach zu begehender Schacht brachte uns auf die erste Ebene, ein paar Meter unter der Erdoberfläche. Dann war Kriechen angesagt, denn die zweite Ebene bestand aus niedrigen, engen Gängen, denen wir 120 Meter weit mühsam folgten. Bei der Anstrengung und der dünnen Luft auf 4.000 Metern Höhe ging vielen schnell die Puste aus. Außerdem wurde es im Berg immer wärmer.

Ohne Stirnlampe war es in den Tunneln tief im Berg stockdunkel. Die kaum durch Balken gesicherten Gänge wurden immer schmaler. Ich musste die Schultern zusammenziehen, um vorwärts kriechen zu können. Trotzdem schafften es immer wieder drahtige Minenarbeiter, sich halb über uns, halb neben uns vorbeizuquetschen, während wir uns an die Tunnelwand pressten. In beeindruckendem Tempo machten sie sich auf den Weg zu ihrem Arbeitsplatz.

Auf der dritten Ebene schließlich war es knappe 40 Grad heiß. Am Ende eines Ganges roch es dann stark nach Schießpulver. Dort hatte kurz zuvor eine Sprengung stattgefunden. Wir trafen auf weitere Arbeiter, unterhielten uns mit ihnen und übergaben ihnen die zuvor auf dem Markt erworbenen Gegenstände als Geschenke. Dies war wohl der Grund, warum Besucher dort unten geduldet wurden und die Arbeiter stören durften. Wir sahen unter welch harten Bedingungen die Menschen dort arbeiten mussten. Wie sie das Gestein abtrugen und es anschließend mittels Loren, Säcken und Winden weitertransportierten. Ich durfte mich auch einmal an einem Presslufthammer versuchen, der stolze 35 Kilogramm wog. Eine unglaubliche Vorstellung, mit diesem Werkzeug und unter solchen Bedingungen tagein tagaus arbeiten zu müssen.

Unfälle gab es in diesen Mienen fast täglich, manchmal auch Tote, was auf die ungenügenden Sicherheitsmaßnahmen zurückzuführen war. Nicht verwunderlich, dass die Minenarbeiter ihren eigenen Götzen erschufen, den sie anbeteten: einen Teufel, dem sie einen Teil der Kokablätter und des Alkohols opferten.

Staubig, verschwitzt und mit blauen Flecken an den Schienbeinen, aber auch beeindruckt erreichten wir wieder das Tageslicht und atmeten erst einmal tief durch.

Stolperfuß

- Michael -

Unser nächstes Ziel war die Hauptstadt Boliviens, Sucre. Auch dort kamen wir wegen eines stark verspäteten Busses in der Dunkelheit an. Diesmal allerdings an einem belebten Busterminal. Wir warteten ein wenig und nahmen dann ein Taxi, aus dem gerade andere Backpacker ausstiegen.

Sucre lud zum Relaxen ein und genau das taten wir auch. Wir bummelten durch die weiße, koloniale Innenstadt. Sie war eine der am besten erhaltenen in Südamerika. Wegen ihrer hübschen Plätze und Parkanlagen zählte sie zum UNESCO-Weltkulturerbe.

Beim Schlendern über die teilweise von Löchern übersäten Fußwege war ich dann einmal etwas zu relaxt. Als ich mit meinem Flipflop auf einen der ungewöhnlich hohen Bordsteine trat, gab dieser unter meinem Gewicht etwas nach. Um das Gleichgewicht zu halten, riss ich meinen anderen Fuß reflexartig nach vorn. Dabei stieß ich mit dem großen Zeh heftig gegen die Bordsteinkante und knickte dennoch mit dem anderen Fuß um. Ich sah nur noch Sternchen und musste mich setzen. Bestandsaufnahme: Das linke Fußgelenk war gestaucht, der große Zeh auf der anderen Seite blutete stark. Mist! Wir entschieden uns, zurück zur Unterkunft zu gehen, beziehungsweise zu humpeln. Unterwegs zuckten entgegenkommende Passanten merklich zurück, da der Flipflop mittlerweile blutverschmiert war. Eine ältere Dame wies uns ungefragt den Weg zum nächsten Krankenhaus.

Sah es etwa so schlimm aus?

In unserem Zimmer angekommen schnappte ich mir die Medizinbox aus meinem Rucksack. Als ich den Zeh gereinigt hatte, war klar, dass es letzten Endes doch dramatischer aussah, als es war. Ich behandelte die Wunde mit reichlich Jod und musste seltsamerweise vor Erleichterung, aber auch wegen des Brennens, laut auflachen. Caro schüttelte nur noch verwirrt den Kopf – schon wieder ein Fuß-Drama. Wie in Mexiko. Und dazwischen war ich auch nicht selten gestolpert, umgeknickt oder hatte mir den Zeh irgendwo gestoßen, zumeist aber ohne schlimmere Konsequenzen. Es gab einfach immer so viel Spannendes zu entdecken, wer achtete da schon groß auf den Weg? Während ich bisher auf der Weltreise ständig mit meinen Füßen „aneckte" schaffte es Caro aber ähnlich häufig, sich übel den Kopf zu stoßen. An Stockbetten, Bustüren oder Ästen. Und das, obwohl sie einen Kopf kleiner war als ich.

Da unsere Wäsche noch in der Lavanderia war, machte Caro sich allein auf den Weg durch den Ort, um sie abzuholen. Als sie mit unseren Sachen zurückkam, warf sie ausatmend die Tür hinter sich zu.

„Du glaubst gar nicht, wie oft ich auf den 500 Metern ohne dich angebaggert worden bin", sagte sie etwas entrüstet.

In einigen Gegenden der Welt war es als Frau deutlich angenehmer, in männlicher Begleitung zu reisen. Das sollten wir noch öfter feststellen. Es war aber nicht immer Garant dafür, in Ruhe gelassen zu werden. Auch das sollten wir noch erleben.

Rosa Delfine

- Carolin -

Zurück in La Paz vertrieben Micha und ich uns die Zeit bis zu unserem Inlandsflug damit, das Coca-Museum zu besuchen und literweise außergewöhnlich leckere Fruchtshakes zu schlürfen. Mit einem kleinen Flugzeug flogen wir dann nach Rurrenabaque, in den subtropischen Norden Boliviens. Nach kurzen 35 Minuten Flug über die hohen Gipfel des Altiplano landeten wir dort auf einer Landebahn aus Gras. Wir buchten eine dreitägige Tour in die umgebenden Sumpfgebiete, die so-genannten „Pampas".

Bei der Buchung gab es jedoch ein Problem. Das abgeschie-dene Rurrenabaque hatte nur einen funktionierenden Geldauto-maten, der unsere Kreditkarten akzeptierte. Doch als Micha seine Karte in den Automaten steckte, verweigerte das Gerät die Auszahlung. Um unsere Tour zu bezahlen und später wieder von dort wegzukommen, mussten wir so zum ersten Mal auf meine Kreditkarte zurückgreifen. Dummerweise hatte ich meine Geheimzahl nach diesen vier Monaten Reise nicht mehr im Kopf. Zwar hatte ich sie mir verschlüsselt per E-Mail ge-schickt, doch diese Lösung stellte sich als nicht optimal heraus. In solch einem abgelegenen Ort, mit mehreren Stromausfällen am Tag, funktionierendes Internet zu finden war schwierig.

Ganz abgesehen davon war die Stimmung zwischen Micha und mir in den letzten Tagen bereits zunehmend gereizter ge-worden. Zu lange Zeit hatten wir jeden Tag 24 Stunden mitei-nander verbracht. Ein paar Stunden Abstand hätten die Lage sicher wieder entspannt, aber das war auf so einer Reise nicht immer möglich. Micha warf mir schlechte Vorbereitung vor. Ich fühle mich einerseits schuldig, andererseits unfair behandelt und so eskalierte der Streit. Und der war immer noch nicht vorbei, als ich es schließlich schaffte, meine Geheimzahl zu rekonstruieren. Doch der Automat spuckte auch mit meiner Karte kein Geld aus. Unsere übrigen Notfalldollars hätten für die Tour nicht ausgereicht. Micha kramte schließlich eine gut versteckte Notfallkarte von einer anderen Bank heraus. Sie war unsere letzte Option und funktionierte zum Glück.

Am nächsten Morgen hatten Micha und ich uns dieses Mal noch immer nicht wieder versöhnt. Ein Jeep holte uns ab und brachte uns zur mehrere Stunden entfernten Unterkunft in den Pampas. Mit einem geschlossenen Dach und normalen Betten hatten wir es wesentlich komfortabler als auf unserem Trip in den brasilianischen Regenwald.

Die Hütte lag direkt an einem Fluss, der sich in unzählige Arme verzweigte. Dort sollte es die rosafarbenen Flussdelfine geben, von denen wir auf der Amazonas Regenwald Tour zuerst gehört hatten. Wenn wir also nicht gerade mit dem Boot oder zu Fuß unterwegs waren um Tiere zu entdecken, saßen Micha und ich, schließlich ausgesöhnt, am Fluss um einen Blick auf die Süßwasserdelfine zu erhaschen. Und tatsächlich, auf einmal sahen wir sie! Hin und wieder tauchte eine hellrosa Flosse oder Nase im Wasser vor uns auf. Über Stunden beobachteten wir den Fluss und freuten uns jedes Mal, wenn wir die Tiere sahen.

Außerdem bekamen wir allerhand Vögel, Schildkröten, ein paar vereinzelte Kaimane, Affen und viele knuffige Wasserschweine zu Gesicht. Ich bemerkte erstaunt, wie wenig es mir mittlerweile ausmachte, durch tiefen Schlamm zu waten, dabei von Moskitos zerstochen zu werden und zu wissen, dass es dort

Anakondas und Jaguare gab. Nach unserem Anglerglück im Pantanal verzichteten wir diesmal auf das Piranha-Fischen und gingen stattdessen noch einmal auf Anakonda-Suche. Erneut vergeblich. Außer ihrer abgestreiften Haut und einem zitternden Baby-Wasserschwein unter einem Busch fanden wir nichts.

An einer Stelle im Fluss hatten wir die Möglichkeit, gemeinsam mit unserer Gruppe schwimmen zu gehen. Die Delfine waren in der Nähe. Ich sprang in das braune, badewannenwarme Wasser – Heimat von Kaimanen und Wasserschlangen. Ich dachte daran, wie ich als Kind im Urlaub nicht mehr ins Meer wollte, wenn dort Seegras herumschwamm und an meine Angst auf unserem Regenwaldtrip.

Wir dümpelten lange Zeit im Fluss herum und beobachteten die uns nun umkreisenden, verspielten Delfine. Das, was wir von ihnen erkennen konnten, sah fast aus wie ein gewöhnlicher Delfin, nur in Rosa und etwas unförmig. Einer von ihnen benutzte ein Stück Schilf wie einen Schnorchel und lenkte uns ab, während sich die anderen näher an uns heranwagten. Dann wurde der Erste von uns gestreift und kreischte auf, weil er in dem dunklen Wasser nichts hatte kommen sehen und brach darauf in lautes Gelächter aus.

So ging das eine Weile reihum, bis sich ein Delfin mich als Spielgefährten aussuchte. Er nahm mich minutenlang regelrecht aufs Korn. Erst spritzte er mich mit der Schwanzflosse nass, danach begann er mich zu schubsen und ging dann zu leichtem Rammen über. Er schwamm unter mich und hob mich mit dem Rücken ein Stück aus dem Wasser. Danach zog er mich immer wieder kräftig an den Zehen. Dabei war der Süßwasserdelfin alles andere als zimperlich. Mehrfach entriss ich ihm meinen Fuß. Irgendwann war ich mir nicht mehr ganz sicher, ob das wirklich noch ein Spiel war. Mit den Armen rudernd, halb lachend, halb weinend, versuchte ich zurück zum Boot zu gelangen, während ich abwechselnd hochgehoben, heruntergezogen und geschubst wurde. Es muss sehr komisch ausgesehen haben, denn die anderen gingen fast unter vor Lachen. Ich hechtete japsend in das Boot und rieb meine Zehen.

Micha erreichte kurz nach mir das Boot: „Geht's dir gut?" Ich zuckte mit den Schultern und wusste nicht so recht, was ich von diesen rosa Delfinen halten sollte. Als ich mich ein wenig gesammelt hatte, beschloss ich, mich einfach darüber zu freuen, mit den Tieren gespielt zu haben. Beziehungsweise sie mit mir.

Nicht immer waren solche Begegnungen aber nur ein Spiel. Am nächsten Tag musste ein anderer Gast verarztet werden, dessen Fuß blutete, weil er ihn dem knabbernden Delfin zu ruckartig entzogen hatte.

Unaufhaltsam

- Carolin -

Wir mussten mit dem Bus wieder zurück nach La Paz, da alle Flüge seit Wochen ausgebucht waren. Doch leider entschieden sich gerade zu der Zeit die Indigenos dazu, aus Protest Blockaden aus Steinen und Baumstämmen auf der einzigen Staubstraße nach La Paz zu errichten. Sie protestierten für „verrückte" Dinge, wie einen Anschluss an das Stromnetz und medizinische Versorgung für ihre Dörfer. Es fuhren also keine Busse. In Bolivien wurde so viel gestreikt, protestiert und blockiert, dass sogar ein Franzose darüber staunte.

Da es nicht absehbar war, wie lange die Proteste dauern würden, musste eine Lösung her. Unser Plan war, uns bis zur Blockade – wie auch immer diese aussehen mochte – durchzuschlagen, sie zu Fuß zu überwinden, die zwei Kilometer zum nächsten Dorf zu laufen und dort zu versuchen, einen Bus zu nehmen. Wir vertrauten dabei auf die Informationen der Leute vor Ort. Eine freundliche Bolivianerin nahm uns nacheinander auf ihrem Moped zum Busbahnhof von Rurrenabaque mit. Dort teilten wir uns mit ein paar anderen Gestrandeten einen Jeep, der uns bis zur Blockade brachte. Diese zog sich über mehrere hundert Meter hin, auf denen immer wieder gefällte Bäume lagen. An beiden Enden stauten sich bereits kilometerlange Schlangen von Lkws, die schon seit zwei Tagen darauf warteten, endlich weiterfahren zu können.

Wir stapften ungefähr sechs Kilometer mit unserem gesamten Gepäck auf dem Rücken durch die drückende Hitze, bis wir das andere Ende des Lkw-Staus hinter der Blockade erreichten.

Da war kein Dorf. Ein winziges weißes Auto mit ein paar jungen Bolivianern kam vorbei. Sie boten uns eine Mitfahrgelegenheit an, denn in Fußreichweite sollte wohl doch keine Ortschaft sein.

„Das Auto ist doch schon voll!", sagte Micha in mittlerweile flüssigerem Spanisch.

„In Bolivien ist für zwei mehr immer Platz", antwortete einer der Jungs grinsend.

Wir waren durch den Marsch schon ziemlich erschöpft. Daher warfen wir unser Gepäck auf das Autodach und quetschten uns zu viert auf die Rückbank. Vorn waren sie zu dritt. Der Fahrer raste Staub aufwirbelnd los und das Auto flog nur so über die Schlaglöcher.

Knappe zwei Stunden später erreichten wir schließlich die nächste kleine Ortschaft. Das wäre ohne Auto wirklich ein langer Fußmarsch geworden!

Dort sollte es mehrere Busse geben, die nach La Paz fuhren. Doch weit und breit war keiner auf der Straße zu sehen, nur eine aufgeregt diskutierende Dorfgemeinde. Ich fragte nach und erfuhr, dass es noch eine weitere Blockade irgendwo auf der Strecke hinter dem Ort geben sollte. Dahinter wiederum sollte dann aber ein Bus warten.

Vielleicht.

Mit der Hilfe der Leute unserer Mitfahrgelegenheit fanden wir jemanden, der bereit war, uns zu der anderen Blockade zu fahren. Ein Mann und sein schlaksiger Sohn beluden ihren altersschwachen Minibus, der Sitzplätze für acht Personen hatte. Wir stiegen auch ein, denn es gab sonst niemanden, bei dem wir hätten mitfahren können. Als wir uns in Bewegung setzten, waren es 23 Leute mit Gepäck, die sich in und auf dem Minibus mehr oder weniger aufeinander stapelten.

Die Straße bis zur Blockade hatte diese Bezeichnung nicht verdient. Sie bestand hauptsächlich aus Schlamm. Der alte Minivan ächzte, qualmte und ging immer wieder aus. Die Last war einfach zu groß für die steile Strecke, auf der er alle paar Meter auf einen Felsen aufsaß oder im tiefen, roten Schlamm mit durchdrehenden Rädern stecken blieb. Jedes Mal musste ein Großteil der Leute aussteigen und schieben. Wenn der Motor stotternd ausging, wies der Mann am Steuer seinen Sohn an, unter das Fahrzeug zu krabbeln und erst wieder schlammverschmiert aufzustehen, wenn er den Motor zum Laufen gebracht hatte. Einmal kippte der Van stark nach links und die Leute auf dem Dach schrien kurz auf. Davon unbeeindruckt manövrierte der Fahrer den Minibus weiter über die Schlammpiste.

Zwei Stunden später waren wir endlich auf einem Bergkamm angekommen. Der Fahrer wies uns an auszusteigen.

„Die Blockade ist ein Stück weiter unten, aber da müsst ihr zu Fuß hinlaufen", sagte er, mittlerweile mit den Nerven am Ende und in Sorge um sein Fahrzeug. Also liefen wir wieder los und schon nach ein paar Minuten sahen wir die Blockade. Sie bestand aus vielen gefällten Bäumen und diesmal auch aus herabgerollten Felsbrocken. Auf der schmalen Serpentinenstraße ging es wortwörtlich über Stock und Stein. Als wir gerade über ein paar Baumstämme kletterten, hörten wir von oberhalb unserer Köpfe ein knirschendes Geräusch. Die Protestierenden waren gerade dabei, einen weiteren riesigen Felsbrocken vom Hang zu lösen, um ihn auf die Straße herabrollen zu lassen. Wir suchten schnell das Weite.

Es dämmerte schon, als wir 30 Minuten später hinter einer Kurve endlich den sogenannten Flota, einen Linienbus, sahen. Es war tatsächlich ein Bus nach La Paz. Der Busfahrer verkaufte uns Tickets und wartete dann noch eine ganze Weile, bis der Bus voll war, ehe er losfuhr. Er kam aus La Paz und weil er nicht weiterfahren konnte, drehte er einfach um. Seine Passagiere hatten wohl ebenso versucht, sich selbst in die andere Richtung durchzuschlagen.

Auf dem Fußmarsch zum Bus und besonders während der Fahrt wurden wir von winzigen Moskitos, die wie harmlose Obstfliegen aussahen, überraschend brutal zerstochen. Aus ihren Stichen lief jeweils nur ein einzelner Tropfen Blut. Dafür juckte es aber höllisch und das ganze drei Wochen lang.

Unsere Reisenahrung hatten wir schon längst aufgegessen und waren mittlerweile ziemlich hungrig und auch das Wasser war fast aufgebraucht. Ein paar freundliche Bolivianer schenkten uns Mandarinen und wir diskutierten noch etwas über die Blockaden. Irgendjemand hatte ein paar Küken dabei, die in dem schaukelnden und rüttelnden Bus piepsend durch den Mittelgang kugelten.

Mitten in der Nacht hielten wir bei einem dubios wirkenden Lokal, in dem es Suppe mit viel Knochen darin gab. Wir kauften ein paar Kekse und Wasser.

Während der nächtlichen Weiterfahrt nach La Paz wurde es immer kälter, da wir erneut auf über 3.600 Höhenmeter hochfuhren. Meine Zähne klapperten so heftig, dass ich nicht schlafen konnte.

24 Stunden nach unserem Aufbruch aus Rurrenabaque kamen wir gegen sieben Uhr morgens endlich in La Paz an. Wir waren völlig fertig. Aber das war ein weiterer Trip gewesen, wie wir ihn uns bei einer richtigen Weltreise vorgestellt und – im Nachhinein – auch gewünscht hatten. Die besten Geschichten entstanden aus den unbequemsten Erlebnissen.

Leider ging es mir danach ziemlich schlecht. Ich musste mir irgendwo den Magen verdorben haben und krümmte mich vor Bauchschmerzen. Außerdem hatte ich diesmal den Aufstieg auf diese Höhenlage nicht so gut verkraftet wie die Male zuvor. Ich hatte die berüchtigte Höhenkrankheit. Es gab kaum einen Fleck an meinem Körper, der nicht wehtat. Ich hatte Schmerzen an den Haarwurzeln, auf der gesamten Haut, in den Augäpfeln, in allen Muskeln und Gelenken. Mein Kopf fühlte sich an, als würde er aufplatzen. Schmerztabletten blieben völlig wirkungslos. Es war ein ziemlicher Tiefpunkt auf der Reise. Mein Körper brauchte zwei Tage, um darüber hinwegzukommen.

Fenster mit Seeblick

- Carolin -

Als ich mich wieder vollständig erholt hatte, setzten wir die Reise fort. Unsere letzte Station in Bolivien war das touristische Copacabana am Titicacasee. Der Ort hieß tatsächlich genau wie der berühmte Strand in Rio. Oder eigentlich hieß der Strand in Rio wie dieser Ort. Der Name ging auf die Aymara zurück, ein indigenes Volk Südamerikas und bedeutete so viel wie „Sicht auf den See". Eine andere Theorie besagte, dass der Gott der Fruchtbarkeit „Kotakawana" in dem See lebte und sich der Name des Ortes davon ableitete. Die Schönheit dieses Fleckchens Erde machte den Ursprung des Namens allerdings zur Nebensache.

Wir gönnten uns zum ersten Mal auf der Reise für eine Nacht eine besonders hübsche Unterkunft im Las Olas. Die eiförmigen Häuschen hatten eine romantische Feuerstelle neben dem riesigen Fenster mit wunderschönem Blick auf den See. Dort verbrachten wir bei offenem Feuer in bequemen Sesseln vor dem Fenster sitzend den Abend. Wir hatten auf dem Markt eingekauft und gekocht. Es fühlte sich wie ein Festmahl an.

Wir genossen den ungewohnten Luxus, während wir den Sonnenuntergang beobachteten. Ein ordentliches Bad und ein rundes Bett mit Wärmeflaschen gab es obendrein. Ich hatte beim Weltreise-Rucksack-Packen den Fehler gemacht, den Fön einzusparen. Zum ersten Mal seit nunmehr fünf Monaten konnte ich meine Haare föhnen und musste nicht, wie in letzter Zeit meistens, mit kalten, feuchten Haaren in einem ebenfalls kalten Bett schlafen. Es war herrlich.

Von Copacabana aus fuhren wir einmal mit einem Boot auf den Titicacasee zur Isla del Sol hinaus, sahen uns die Inka-Ruinen an und schmusten mit den Eseln, die dort überall grasten. Der Titicacasee war wegen seines Namens in früheren Erdkundestunden immer Grund zur Belustigung gewesen. Nun sahen wir ihn mit eigenen Augen. Umgeben von schneebedeckten Bergen war er ein traumhafter Ort.

Schwimmende Inseln

- Carolin -

Der Titicacasee lag zum Teil auf bolivianischem, zum Teil auf peruanischem Territorium. Unkompliziert reisten wir nach Peru ein und erreichten Puno, das ebenfalls am See gelegen war.

Von dort aus sahen wir uns die interessanten Ruinen der Grabtürme von Sillustani auf dem Land und die schwimmenden Inseln der Urus auf dem Wasser an. Letztere faszinierten uns besonders. Die Uru waren ein Volk, das zur Zeit der Inkas lebte und das sich aufgrund derer aggressiven Ausbreitung einen neuen Lebensraum erschließen musste – auf dem See. Sie bauten ganze Inseln inklusive Hütten aus dem im See wachsenden Totora-Schilf. Das Schilf konnte sogar verzehrt werden und schmeckte mehr oder weniger wie Kopfsalat. Die Nachfahren der Urus versuchen die Kultur ihrer Ahnen zu erhalten und stellten, auch aus touristischen Gründen, immer noch neue Inseln, Hütten und Schiffe her.

Auf den Schilfinseln mussten wir aufpassen, nicht versehentlich in ein Loch zu treten, wo das Baumaterial schon vom Wasser zersetzt worden war. In einigen dieser Löcher planschten zudem ein paar Entenküken.

Das Essen in Bolivien war für meinen Geschmack etwas fad gewesen, ohne Salz oder andere Gewürze. Es hatte viele Suppen mit Quinoa und Gemüse gegeben. Micha hatte es geschmeckt. Wir waren uns aber darüber einig, dass wir das Essen in Peru eindeutig besser fanden und genossen die neue Küche.

Peru galt als das Ursprungsland der Kartoffel und brachte sogar die weltweit meisten Kartoffelsorten hervor, die teilweise komplett anders und für meinen Geschmack viel besser schmecken als jene, die ich bis dahin kannte. Zusammen mit verschiedenen Fleischsorten, Paprika, Schinken, Apfel und Limonen ergab sich eine Vielzahl an schmackhaften Gerichten. Mittlerweile erstellten wir für jedes neue Land ab Einreise immer eine To-Eat-Liste, um uns systematisch durch alle Spezialitäten zu futtern, beziehungsweise zu trinken. Manchmal blieb es allerdings beim einmaligen Probieren, wie bei der Inca Kola. Sie war ein neongelbes Erfrischungsgetränk, das die Peruaner der Coca-Cola vorzogen und schmeckte klebrig süß, wie einer dieser bunten, kugeligen Kaugummis aus den Automaten von früher.

Anden-Panolama

- Carolin -

Von Puno aus ging es mit dem Bus nach Cusco, wo wir gegen fünf Uhr morgens ankamen und sicherheitshalber mit der Weiterfahrt eine Stunde warteten, bis es hell wurde. Während der Wartezeit beobachteten wir, wie ein Typ, der friedlich auf einer Bank geschlafen hatte, plötzlich in die Luft schoss, zum Mülleimer neben uns rannte und sich geräuschvoll in diesen übergab. Bahnhöfe – überall das Gleiche!

Beim ersten Tageslicht nahmen wir ein Taxi zu einem Ort, von dem aus Minibusse nach Ollantaytambo abfahren sollten. Auf dem nicht unbedingt vertrauenerweckenden Hinterhof standen stattdessen nur Privatfahrzeuge, deren Fahrer mit ein paar Leuten um den Fahrpreis feilschten. Alles leicht dubios, wie so oft in Lateinamerika, aber mehr oder weniger so, wie wir es auch recherchiert hatten.

Wir teilten uns ein solches Auto mit einem argentinischen Pärchen und gelangten sicher nach Ollantaytambo. Dort ging es mit einem PeruRail-Zug weiter nach Aguas Calientes, dem Ausgangspunkt für Ausflüge nach Machu Picchu.

Die Zugfahrt durch die satt grün bewachsene Berglandschaft der Anden war schön. Es wurde nicht langweilig, aus dem Fenster zu gucken. In der überteuerten Touristenkleinstadt angekommen, suchten wir eine Zeit lang eine Unterkunft und eine erschwingliche Mahlzeit. Wir landeten bei einem „Drei-Gänge-Menü", dessen Gänge sich als sehr übersichtlich herausstellten. Der Nachtisch beispielsweise bestand aus einem Viertel Crêpe mit einem Klecks Manjar, dem lateinamerikanischen Pendant zu

Nutella. Dann besorgten wir Tickets für den Bus am nächsten Morgen, der uns hinauf zu Machu Picchu bringen sollte.

Um halb sechs Uhr in der Früh, es war noch dunkel, reihten Micha und ich uns in die bereits ziemlich lange Schlange der Wartenden ein. Kurz vor dem Einsteigen in den Bus stellten wir fest, dass wir auch schon die Eintrittskarten für Machu Picchu dort unten in Aguas Calientes hätten kaufen müssen. Micha sprintete los zum Centro Cultural und besorgte sie. Dabei erfuhr er, dass es aber für den Huayna Picchu, den hohen Gipfel, den man auf typischen Machu Picchu Fotos hinter der Ruine sehen konnte, keine Tickets mehr gab. Wir waren enttäuscht, denn wir hatten gelesen, dass nur eine gewisse Anzahl von Leuten jeden Tag dort hinauf gelassen wurde, und zwar die ersten, die sich dort anstellten.

Mit dem Bus oben angekommen, liefen wir noch ein Stück über Steinstufen immer weiter bergauf. Die Sonne war noch nicht richtig aufgegangen und wir konnten nur wenige Meter weit sehen, weil dicker Nebel über der Ruinenstätte lag. Dass man nichts sah, hinderte viele Touris aber nicht daran, begeistert Fotos von sich und „Machu Picchu" oder eher „der Nebelwand" zu machen. Aus dem milchigen Weiß tauchte auf einmal geisterhaft ein Lama auf und passierte uns ganz selbstverständlich auf den Stufen. Wir setzten uns auf einen Fels und warteten. Als die Sonne höher stieg und es wärmer wurde, verzog sich der Nebel langsam. Die Wolken aus dem Tal stiegen ebenfalls auf. Es war wie ein weißes Tuch, das von einem Ausstellungsstück gelüftet wurde.

Schließlich konnten wir Machu Picchu unter blauem Himmel sehen. Wir kannten die Fotos, aber die alte Inkastadt mit eigenen Augen zu erleben, war grandios.

Micha und ich verbrachten den kompletten Tag in der Ruinenanlage. Es waren weniger Touristen da, als wir befürchtet hatten. Deswegen und wegen des fantastischen Wetters konnten wir diesen Höhepunkt auf unserer Reise in vollen Zügen genießen. Wir saßen stundenlang, manchmal in guter Gesellschaft mit Lamas, auf Felsen und saugten begeistert die Szenerie auf: die steilen Gipfel der Anden, die Ruinen und das saftig grüne Gras zwischen ihnen, auf dem vereinzelt weitere Lamas grasten. Machu Picchu sollte unser Favorit unter den neuen sieben Weltwundern werden.

Schließlich gingen wir doch noch zum Anfang des Weges, der zum Huayna Picchu führte. Es warteten bereits viele Leute mit Tickets. Wir fragten, ob es doch noch eine Möglichkeit gebe, falls zwei der erlaubten 400 Leute pro Tag nicht auf den Gipfel wollten oder nicht kamen. Wir wurden harsch abgewiesen. Also durchstreiften wir weiter die Ruinen und kehrten später hartnäckig wieder zum Eingang zurück, als die Besucherschlange verschwunden war. Ohne andere Zuhörer war der Eingangswächter dann schon etwas kooperativer. Er verlangte mit gesenkter Stimme 50 US-Dollar für uns beide, damit er uns durchließ, ohne uns auf seiner Liste zu registrieren. Die normalen Eintrittstickets waren zwar limitiert, aber kostenlos. Daher reagierten wir empört und behaupteten, wir hätten sowieso keine US-Dollars. Der Wächter wollte wissen, ob wir denn keine US-Amerikaner seien und als wir sagten, wir seien aus Deutschland, halbierte er sofort den „Eintrittspreis". Wir waren im Geschäft. Vielleicht etwas fragwürdig, aber wie oft im Leben würden wir schon die Gelegenheit dazu bekommen? Mit einem Augenzwinkern wandte er den Blick von uns ab und wir konnten passieren.

Vor Huayna Picchu gab es noch einen winzigen Gipfel, Huchuy Picchu. Auf beiden befanden sich weitere Inka-Ruinen. Der Aufstieg auf den Huchuy Picchu war einfach und in einer Viertelstunde geschafft, der Weg zum Gipfel von Huayna Picchu hingegen war relativ anspruchsvoll und setzte Schwindelfreiheit voraus. Er war extrem schmal und steil und an manchen der ausgesetztesten Stellen mit Drahtseilen zum Festhalten versehen. Beim späteren Abstieg mussten wir geduckt unter einem Felsvorsprung und über schmale Stufen hinabsteigen – zum Teil ungesichert und unmittelbar neben gähnender Tiefe. Wir kletterten zügig und kamen ungefähr eine Stunde später und nach Luft ringend oben an. Die Aussicht von dem felsigen Gipfel aus auf Machu Picchu entschädigte für den Aufstieg. Es war ungewöhnlich, die alte Inkastadt von der anderen, weniger fotografierten Seite zu sehen. Wir hatten zudem einen fantastischen Blick auf die umgebenden Berge und das Urubamba-Tal, in dem sich der Zug, mit dem wir am Tag zuvor gekommen waren, klein wie ein Regenwurm fortbewegte.

Gegen Abend, bevor wir den letzten Bus zurück nahmen, regnete es kurz. Nur ein paar Tropfen, aber die reichten aus, um den intensivsten Regenbogen zu erzeugen, den wir beide jemals gesehen hatten und das gerade über Machu Picchu. Was für ein Glück! Wir hatten unseren Reiseplan kurzfristig geändert, weil die Vorhersage für diesen Tag gutes Wetter prognostiziert hatte. Wie wir später erfuhren, war es der einzige schöne Tag zwischen jeweils einer Woche Dauerregen.

Mitten in der Nacht kamen wir in Cusco an, als auf den Straßen schon keine Menschenseele mehr unterwegs war. Wir erwischten noch ein offizielles Taxi, das uns zu einer Unterkunft brachte. Wie immer stieg ich zuerst alleine aus, um zu klingeln und zu sehen, ob jemand öffnete und ob es noch ein freies Zimmer gab. Und falls nicht, um darum zu bitten, dass der Rezeptionist für uns in einer anderen Unterkunft anrief und die Verfügbarkeit prüfte. So mussten wir nicht lange herumirren. Micha blieb im Auto und passte auf das Gepäck auf. Auf diese Weise war das Taxi noch da, falls wir nicht bleiben konnten. Diesmal konnten wir bleiben.

Die nächsten Tage erkundeten wir Cusco. Als wir uns gerade mal wieder gekabbelt hatten und beleidigt schweigend auf einer Bank am Plaza de Armas saßen, kam einer der vielen Schuhputzerjungs auf uns zugelaufen. Er wedelte mit einem Lappen und zeigte auf Michas Sneakers: „Yes Sir, it's not white, but it's possible!"

Wir mussten beide lachen und der arme Kerl zog irritiert von dannen. Michas Schuhe waren mittlerweile wirklich alles andere als weiß. Die Monate auf Reisen hatten ihren Tribut von unseren Klamotten und Schuhen verlangt. Keine Schuhputzcreme der Welt hätte die Treter wieder in vorzeigbare Schuhe verwandeln können.

Die Schlucht der Kondore

- Carolin -

In Arequipa war die Suche nach einer Unterkunft eine Odyssee. Unser Taxifahrer war ein Schlitzohr. Er versuchte besonders hartnäckig, uns die vorher herausgesuchten Unterkünfte auszureden. Sie lägen in einer unsicheren Gegend, der roten Zone, sie hätten sowieso keinen Platz, wären eine schlechte Empfehlung oder zu teuer. Das Übliche. Er sei ein zertifiziertes Taxi und könne deswegen vertrauenswürdige Empfehlungen geben. Wir nickten freundlich, aber bestanden darauf, dass er uns zu unserer Vorauswahl fuhr. Dummerweise waren diesmal tatsächlich alle Unterkünfte ausnahmslos voll oder viel zu teuer. Also ließen wir uns schließlich doch ein paar seiner Empfehlungen zeigen, die erst alle nichts taugten. Nach acht Unterkünften waren wir schon recht entnervt, bis wir endlich eine halbwegs annehmbare fanden. Mit dem Fahrer verhandelten wir dann noch hitzig den Fahrpreis für das lange Hin- und Herfahren nach und diskutierten mit dem Hotelbesitzer, weil es wie so oft nur klirrend kaltes Wasser in der Dusche gab, anstatt des versprochenen warmen. So verging der halbe Tag mit Herumstreiten – zur Abwechslung mal nicht miteinander.

Nach einer wenn überhaupt nicht ganz kalten Dusche, schlenderten wir durch die Stadt. Arequipa hatte einen reizvollen weißen Stadtkern mit einer Kathedrale und der von Palmen gesäumten Plaza de Armas als Mittelpunkt.

Von Arequipa aus machten wir einen langen Tagesausflug zum Colca-Canyon, dem zweittiefsten Canyon der Welt. Dort sollte man Kondore beobachten können. Der Wecker klingelte bereits um kurz nach Mitternacht, damit wir den Bus dorthin um halb zwei Uhr nachts erwischen konnten. Kurz nach Sonnenaufgang waren wir dann bereits am Aussichtspunkt Cruz del Condor angekommen.

Um ein Ticket für den Nationalpark des Colca-Canyons und die Rückfahrt mit dem Bus zu erwerben, wollten wir eigentlich an einem Zwischenstopp, in Chivay, Geld abheben. Doch kein Automat funktionierte. Der Busfahrer sagte, dass es in Cabanconde, einem Ort einige Kilometer von Cruz del Condor entfernt, von wo die Busse zurückfuhren, sicher einen Automaten gebe. Doch an dem Aussichtspunkt standen natürlich schon Kontrolleure, die unser Boleto, das Ticket, sehen wollten. Da wir das nötige Geld für das teure Touristenticket nicht hatten und das wenige übrige Geld für die Rückfahrt brauchten, steckte mir Micha heimlich schnell genau so viel Geld zu, wie das Busticket zurück nach Chivay kosten würde. Das stellte sich später als Segen heraus, denn in Cabanconde gab es natürlich doch keinen Geldautomaten. Dann zeigte er den Kontrolleuren seinen Geldbeutel zum Beweis, dass wir wirklich kaum noch Geld hatten. Da die Kontrolleure uns nicht ohne Ticket weiterlassen konnten, machten sie uns ein Angebot: ich ging als Studentin durch und Micha als Latino Americano. Dafür reichte das restliche Geld gerade noch so. Zum Glück konnte man in Lateinamerika verhandeln. Alle waren zufrieden und wir konnten endlich zum Aussichtspunkt.

Dort setzten wir uns auf eine Mauer und warteten, die Beine über der Schlucht baumelnd, auf die größten flugfähigen Vögel der Welt. Nach und nach trafen Touristenbusse ein und der Platz füllte sich. Der Himmel war klar, ein kühler Wind wehte. Und tatsächlich, wenig später konnten wir beobachten, wie die riesigen Kondore tief unten im Tal begannen, ihre Kreise zu ziehen. Sie nutzten die Thermik und schraubten sich ohne einen Flügelschlag zu tun die gewaltige Schlucht empor, bis sie eine ganze Weile lang dicht über unseren Köpfen dahinglitten. Wir bewunderten die Tiere, bis sie schließlich weit oben nur noch als winzige Punkte sichtbar waren.

Nachdem alle Touris ihre Fotos geschossen hatten und zügig wieder mit den Bussen verschwunden waren, saßen wir noch eine Zeit lang allein auf der Mauer, bis wir den Marsch über eine gut ausgebaute, kaum befahrene Asphaltstraße nach Cabanconde antraten. Der Weg sollte ungefähr zweieinhalb Stunden dauern. Mittlerweile war es ziemlich heiß geworden. Nach ungefähr einer Stunde erreichten wir einen weiteren Aussichtspunkt.

Dort stand eines der vier Autos, die uns zuvor auf dem Weg überholt hatten. Es gehörte einem älteren Paar, das uns sogleich in gebrochenem Englisch fragte, ob sie uns denn weiter nach Cabanconde mitnehmen sollten. Es waren zwei freundliche Berliner und da es doch ziemlich heiß und noch relativ weit war, nahmen wir das Angebot dankbar an. So gelangten wir in dem angenehm klimatisierten Wagen innerhalb einer knappen halben Stunde an unser Ziel und fanden in den beiden zudem angenehme Gesprächspartner.

Die Tickets zum Zwischenstopp in Chivay konnten wir wie gedacht gerade noch so erwerben, wir mussten in Chivay aber irgendwie an Geld kommen für die Weiterfahrt zurück nach Arequipa. In Chivay setzte sich Micha in ein Mototaxi, um während der fünfmünttigen Wartezeit bis zur Weiterfahrt des Busses zur Plaza de las Armas zu düsen, wo sich ein funktionierender Geldautomat befand. Ich blieb derweil im Bus und passte auf unser Gepäck auf und darauf, dass der Bus nicht ohne ihn abfuhr. So konnte ich leider nicht wie alle anderen Fahrgäste zur Toilette. Als Micha mit dem frisch abgehobenen Geld zurückgekommen war und die Tickets für die Weiterfahrt gekauft hatte, waren die fünf Minuten Wartezeit eigentlich längst vorbei. Es half nichts, ich rannte los. Als ich zwei Minuten später wieder aus der Toilette kam, sah ich, wie der Bus gerade losfuhr. Micha schaute mich aus dem Fenster mit großen Augen an. Der Busfahrer schien nicht anhalten zu wollen. Ich sprintete los und stellte mich dem Bus mit den Armen wedelnd in den Weg.

„Was war das denn?", sagte ich, als ich mich keuchend neben Micha auf den Sitz fallen ließ.

Er grinste: „Ich hab gedacht, du schaffst das schon."

„Von wegen, dir ist bestimmt nur nicht das spanische Wort für ‚Halt' eingefallen", schnaubte ich.

Micha bekam rote Ohren. Wir mussten beide lachen.

Die restliche Busfahrt saßen wir friedlich Arm in Arm schwankend nebeneinander, während unser Busfahrer hupend ein riskantes Rennen mit einem anderen Bus fuhr, der uns immer wieder überholte, schnitt und ausbremste, wenn wir ihn gerade überholt hatten. Dazu lief eine blutige Reportage über den Ersten Weltkrieg auf dem Busfernseher.

Linien im Sand

- Carolin -

Am Tag der Anreise nach Nazca schliefen wir bis Mittag aus und nahmen dann den Nachtbus. In Nazca kamen wir am folgenden Morgen an. Wir hatten bereits in Arequipa einen Flug gebucht, um die berühmten Nazca-Linien aus der Luft zu sehen. Am Busterminal wartete schon ein Transport auf uns, der uns zu dem winzigen Flughafen brachte. In jedes der kleinen Flugzeuge passten nur sechs Personen. Wir mussten uns nach gut fünf Monaten zum ersten Mal wiegen lassen, damit die Maschine richtig beladen werden konnte. Als ich auf die Waage stieg, staunte ich und fragte, ob diese richtig funktionierte.

„Nein, nein", meinte der Peruaner vom Flughafenpersonal. „Keine Panik, Señorita. Die zeigt zwei Kilogramm mehr an."

Ich riss die Augen auf. Ohne es zu merken, hatten ich fünf und Micha sogar acht Kilogramm abgenommen. Und das ohne Fitnessstudio und trotz vieler Drei-Gänge-Tagesmenüs.

Nebenbei bemerkte ich, dass die Registriernummer unseres Flugzeugs zufälligerweise genau aus denselben Zahlen bestand, wie das Datum, an dem Micha und ich ein Paar geworden waren.

Wir kletterten an Bord.

Der Flug dauerte eine halbe Stunde und der Pilot flog über den spannendsten Figuren im Sand eine steile Acht, damit jeder auf seiner Seite sie gut sehen konnte.

Die Naszca-Linien ergaben aus der Luft betrachtet verschiedenste Bilder: Menschen, Tiere oder auch Hände. Oft waren sie nur wenige Zentimeter tief. Durch ihre enorme Größe ließen sich die Bilder nur vom Flugzeug aus erkennen. Geheimnisvoll war, wie die Erschaffer früher vom Boden aus wohl gewusst hatten, wie sie die Bilder mit teils kilometerlangen, perfekt geraden Linien zeichnen konnten. Absolut verblüffend!

Da es in Nazca selbst kaum etwas zu sehen gab, die Stadt trostlos wirkte und es einen guten Anschlussbus nach Lima gab, entschieden wir uns dafür, direkt weiterzufahren. Bis es gegen Mittag weiterging, besorgten wir uns noch etwas zu essen. Auf dem Weg zurück zum Busterminal kam uns ein vor sich hin brabbelnder, offensichtlich nicht ganz zurechnungsfähiger Typ entgegen, der im Vorbeigehen unvermittelt ausholte und mir mit der Hand auf den Kopf schlug. Perplex rieb ich mir die Stelle: „Aaah … Mann! Was sollte das?"

Micha guckte bestürzt und brüllte den Typen an, unschlüssig, ob er es ihm heimzahlen sollte.

Ich zog ihn am Arm weiter: „Lass mal. So schlimm war's nicht und ich glaube, der kapiert selbst nicht, was er macht."

Wenig später witzelten Micha und ich schon darüber, dass ich es mittlerweile auch schaffte, mir eine Beule zu holen, ohne mir, wie so oft in den vergangenen Monaten, den Kopf irgendwo anzuhauen.

Blockade die Zweite

- Carolin -

In Lima blieben wir nach etwas Sightseeing und ein wenig Entspannen länger als beabsichtigt, da es auf der Strecke nach Trujillo, unserem nächsten Stopp, wieder einmal eine Blockade von Protestierenden gab. Es fuhren keine Busse. Unglücklicherweise war es wegen der Blockade auch nicht möglich, zu irgendeinem anderen Ort im Norden zu fahren. Eine direkte Busfahrt nach Ecuador gab es genauso wenig.

So standen wir also am Busbahnhof, mit den Tickets in der Hand und nahmen die schlechte Nachricht entgegen. Ohne weitere Auskunft zu erhalten, mussten wir uns ein überteuertes Taxi zurück in die Stadt nehmen und auf ein freies Zimmer in unserer alten Unterkunft hoffen. Wir hatten Glück. Für wie lange wir gestrandet waren, konnte uns niemand sagen. Bis zu einer Woche war die pessimistischste Antwort. Nach viel Hin und Her und unterschiedlichen Aussagen konnten wir dann doch in der darauffolgenden Nacht schon nach Trujillo weiterfahren, weil die Regierung überraschend früh eine Einigung mit den Protestierenden getroffen hatte.

In Trujillo schauten wir uns neben der Stadt die interessanten Ruinen von Chan Chan und den Regenbogen-Tempel an. An diesem Tag probierten wir dann nach langem Hadern doch noch Cuy, also Meerschweinchen, das in Peru als Spezialität galt. Wir bestellten ein halbes Cuy, das wir uns teilen wollten. Nach einiger Überwindung stellten wir fest, dass das bisschen Fleisch nicht einmal schlecht schmeckte. Aber die Tatsache, dass das Meerschweinchen immer als solches erkennbar serviert wurde, mit Auge und Ohr als Beweis dafür, wirklich die teure Delikatesse zu sein und kein Hühnchen, bereitete uns Unbehagen. Nach dem Essen sahen Micha und ich uns etwas unglücklich an und beschlossen, dass das unser erstes und letztes halbes Meerschweinchen gewesen war.

Später an diesem Tag aßen wir auch zum ersten Mal Ceviche, in Limettensaft marinierten, rohen Fisch, mit Zwiebeln. Dazu gab es salziges Popcorn. Eigentlich war ich kein Fan von Fisch oder Meeresfrüchten, aber Ceviche schmeckte wider Erwarten einfach nur sensationell. Weil wir noch viel Zeit hatten, das Essen so lecker war und wir unser peruanisches Restgeld loswerden mussten, aßen wir noch jeder eine große Portion Arroz Chaufa de Pollo, ein typisch peruanisches Reisgericht. Als Nachtisch gab es eine süße Pfannkuchenrolle mit Manjar. So vollgestopft waren wir schon lange nicht mehr gewesen.

Vikunjas im Lauca Nationalpark

Laguna Colorada in der Salar de Uyuni

Machu Picchu

Silbermine in Potosí

Transport zur nächsten Blockade

Schmetterlinge und Kolibris

- Carolin -

Unsere Zeit in Peru war zu Ende. Mit dem nächsten Bus fuhren wir 18 Stunden nach Guayaquil in Ecuador, von wo wir nach einer Stunde Aufenthalt neun weitere Stunden nach Quito fuhren. Dort hatten wir gegen vier Uhr nachts einige Probleme, ein freies Zimmer zu finden. In der ersten Unterkunft sagte uns der Typ an der Rezeption, er habe für uns ein freies Zimmer. Als das Taxi schon weg war, stellte er fest, dass er sich geirrt hatte und dass erst nächste Nacht etwas frei sein würde. In Quito nachts herumzulaufen war keine gute Idee. Die Unterkünfte direkt nebenan und gegenüber hatten auch nichts mehr frei oder waren damit überfordert, ein Telefon zu benutzen und in einer anderen Unterkunft für uns nach freien Betten zu fragen oder uns ein Taxi zu rufen. Schnaubend gingen wir zurück zum ersten Quartier, wo wir unser Gepäck gelassen hatten. Der Rezeptionist, der uns den ganzen Schlamassel eingebrockt hatte, sollte uns helfen eine Lösung zu finden. Mittlerweile hatte er angeblich mit seinem Chef gesprochen und plötzlich hatten sie doch zwei Betten für uns.

Unser Vorhaben für den nächsten Tag war es, eine bezahlbare Kreuzfahrt zu den Galapagosinseln zu finden. Ein großer Traum, den wir hofften, uns auf der Weltreise erfüllen zu können.

Nach längerer Suche waren wir tatsächlich fündig geworden und hatten fast ein außergewöhnlich gutes Last-minute-Angebot in der Tasche. Es musste nur noch bezahlt werden. Allerdings in bar. Um die Rechnung zu begleichen, mussten wir mehrfach Geld abheben, denn die Geldautomaten hatten ein Limit pro Abhebung. Das war nicht weiter ungewöhnlich. Ungewöhnlich aber war, dass Michas Kreditkarte beim Versuch, ein zweites Mal Geld am Limit abzuheben, gesperrt wurde. Erneut kam nun wieder meine Kreditkarte zum Einsatz. Ich kannte nun zwar meine PIN, aber der Geldautomat sperrte auch meine Karte aus irgendeinem Grund sofort. Mit der dritten Karte konnten wir dann nur noch einen kleinen Betrag abheben. Der Veranstalter der Kreuzfahrt ließ sich schließlich dazu überreden, dass wir ihm einen Teil des Geldes in bar bezahlten und den Rest online überwiesen. Am Abend telefonierten wir mit unseren Banken in Deutschland, um die Karten entsperren zu lassen. Dabei stellte ich fest, dass mein Kreditkartenkonto völlig leer war. Ich hatte vor der Abreise im Dezember in all dem Trubel nicht mehr daran gedacht, Geld dorthin zu überweisen. Kein Wunder, dass ich nichts abheben konnte. Ich war zutiefst beschämt. Micha grollte.

Bis zum Abflug zu den Galapagosinseln sahen wir uns Quito an. Die Stadt lag auf ungefähr 2.800 Metern Höhe und es war deswegen recht kühl, aber die Altstadt war sehr hübsch. Dort probierten wir uns auf einem Markt durch alle möglichen Snacks und aßen Patacones. Das waren plattgedrückte, frittierte und leicht gesalzene Stücke von Essbananen, die Micha schon aus Panama kannte und von denen er nicht genug bekam.

Nachdem Micha und ich uns ausgiebig mit der Stadt selbst und der ecuadorianischen Küche bekannt gemacht hatten, fuhren wir für zwei Tage in das gute zwei Stunden entfernte Mindo, das aufgrund seines Artenreichtums als einer der besten Orte zum Beobachten von Vögeln galt. Mindo war außerdem das Zentrum eines subtropischen Naturschutzgebietes. Es wurde von Nebelwald umgeben – einem immergrünen Regenwald, der durch seine feucht-kühle Witterung fast immer in Wolken oder Nebel eingehüllt war.

Dort angekommen, liefen wir ein paar Kilometer durch Regen und knöcheltiefen Schlamm zu einem Schmetterlingshaus. Als wir einmal falsch abbogen, landeten wir an einem Ort im Wald, der von Brummen erfüllt war. Es klang wie ein Schwarm extrem dicker Hummeln. Aber es waren Kolibris. Jede Menge verschieden große und unterschiedlich bunte Tierchen, die ihre spitzen Schnäbel in mit Nektar gefüllte Kolibri-Tränken steckten. Sie schlugen so schnell mit den Flügeln, dass wir diese fast nicht sehen konnten, blieben im Flug auf der Stelle stehen und waren innerhalb eines Augenblicks wieder verschwunden. Wir waren hin und weg.

Im Schmetterlingshaus angekommen, sahen wir fasziniert den Raupen beim Verpuppen und Schlüpfen aus ihren teilweise golden schillernden Kokons zu. Diese ähnelten mehr Schmuckanhängern als verpuppten Tieren. Wir fütterten die umher segelnden Schmetterlinge mit Fruchtfleisch.

Am folgenden Morgen brachen wir vor Sonnenaufgang zum Vögel beobachten auf. Neben Tukanen, Nashornvögeln und unzähligen anderen faszinierenden Vogelarten bekamen wir auch den rotköpfigen Gallo de la Peña, den roten Felsenhahn, zu Gesicht. Der Nationalvogel Perus leuchtete feuerrot im dichten Grün.

Paradise

- Carolin -

Nach Monaten mit tage- und nächtelangen Busfahrten hatten wir uns besonders auf die Anreise zu den Galapagosinseln mit dem Flugzeug gefreut. Wir landeten auf dem kleinen Flughafen von Santa Cruz. Schon im Landeanflug sahen wir die vielen Inselchen im azurblauen Wasser, die wir in den nächsten Tagen erkunden wollten.

Vom Flughafen fuhren wir nach Puerto Ayora, dem Hauptort auf der Insel Santa Cruz, in dem ungefähr 15.000 Menschen lebten. Santa Cruz war die zweitgrößte und gleichzeitig bevölkerungsreichste Insel des Archipels. Unsere achttägige Kreuzfahrt sollte erst am übernächsten Morgen beginnen, also hatten wir noch einen ganzen Tag Zeit, an dem wir tauchen gehen wollten.

Mit einem Bötchen ging es hinaus zu den Tauchplätzen. Dank der bei den Galapagos-Inseln aufeinander treffenden Meeresströmungen gab es unter Wasser eine große Artenvielfalt zu bestaunen. Der Preis dafür waren schwierige Tauchbedingungen: kühles Wasser, starke Strömungen und teilweise keine guten Sichtverhältnisse.

Unter Wasser waren wir trotz längerer Tauchpause mittlerweile ein eingespieltes Team. Wir blieben eng beieinander und hatten sogar unsere eigenen Tauchzeichen entwickelt, um uns gegenseitig auf Dinge aufmerksam zu machen. Trotz der erschwerten Bedingungen waren die Tauchgänge herrlich. Wir sahen Galapagos- und Weißspitzenhaie, Schulen von Hammerhaien, verschiedene Rochen, große Fischschwärme und Seelöwen.

Besonders die jüngeren Seelöwen waren unter Wasser sehr verspielt. Sie schwammen frontal auf uns zu, um im letzten Augenblick schnell nach unten abzutauchen. Gerade als ein großer, gepunkteter Adlerrochen an mir vorbeiglitt, zog etwas kräftig an meinem Bein. Ich dachte, Micha wolle mir etwas zeigen und sah nach hinten – in die schuldbewussten Kulleraugen eines Seelöwenjungen, das meine Flosse im Maul hatte.

Als Micha und ich am Abend nach dem erlebnisreichen Tag im kalten Wasser wieder zurück nach Puerto Ayora kamen, waren wir ziemlich erschöpft. Wir liefen trotzdem noch zur Bahia Tortuga. Das war ein weißer Strand, an dem wir jede Menge große schwarze Meerechsen entdeckten. Sie sahen aus wie Miniatur-Drachen, waren aber harmlos. Der Strand war menschenleer, windig-rau und gleichzeitig friedvoll. Die Sonne färbte den Himmel lila, als sie langsam unterging.

Dann begann unsere erste Kreuzfahrt und sie hatte zum Glück nichts mit dem zu tun, was man sich unter einer klassischen Kreuzfahrt vorstellte. Wir hatten uns einen schönen Katamaran ausgesucht, auf dem lediglich Platz für zwölf Passagiere war. Das stellte sich als ideale Gruppengröße heraus, denn so hatten wir beim Besuch einer Insel immer noch das Gefühl, fast allein dort zu sein. Die anderen Passagiere waren tendenziell ein gutes Stück älter als wir und jeder ein Charakter für sich. Besonders Pam, eine Australierin um die Sechzig aus Adelaide, die mit ihrem Mann Anthony an Bord war. Sie redete so schnell, dass sie teilweise fast das Atmen oder auf die Antwort auf ihre zuvor gestellte Frage zu warten vergaß. Schon im fünften Satz, den sie mit uns sprach, lud sie uns zu sich nach Adelaide ein. Auf dieses Angebot sollten wir wenige Monate später tatsächlich zurückkommen. Die einzigen anderen jüngeren Passagiere waren zwei deutsche Backpacker um die Dreißig, die wie wir last minute gebucht hatten. Die acht gemeinsamen Tage an Bord sollten überaus harmonisch verlaufen und viele interessante Gespräche bereithalten.

Unser kugelrunder, gemütlicher Kapitän machte die Leinen los und wir legten ab in eine traumhafte Woche. Micha und ich genossen es in vollen Zügen, ein paar Tage lang nichts selbst organisieren zu müssen, dreimal am Tag viel und zudem sehr gutes Essen zu bekommen und jede Nacht zu wissen, wo wir schlafen würden. Es war sozusagen die erste Woche „Urlaub" auf unserer Reise.

Eine solche Kreuzfahrt war wohl der beste Weg, die Galapagosinseln zu erleben. Anstatt nur die einfach zu erreichenden Inseln zu besuchen, um abends wieder zur Unterkunft auf einer der bewohnten Inseln zurückzukehren, segelten wir über Nacht zur nächsten Insel und wachten jeden Morgen an einem anderen paradiesischen Fleckchen auf. In der ersten etwas stürmischen Nacht wurden ich und einige andere kurz seekrank, aber ab der zweiten Nacht machte mir das Schaukeln des Katamarans nichts mehr aus.

Während dieser acht Tage besuchten wir viele Inseln und fuhren meist zwischen den Landgängen mit dem Dingi zum Schnorcheln. Wir sahen verschiedene Leguane, sogenannte Iguanas: sowohl die großen, gelblichen Land-Iguanas, als auch die kleineren, schwarzen Marine-Iguanas. Letztere unter anderem beim Algen fressen unter Wasser, was ulkig aussah. Wir sahen Seelöwen, die in großen Kolonien an weißen Traumstränden lagen und sich an Land etwas schwerfällig herum robbend fortbewegten, dafür im Wasser aber geschmeidig um uns herumwirbelten. Wir sahen die lustigen Blaufußtölpel, die streng ihre Eier bewachten, fischende Pelikane, Nazcatölpel, verschiedene Reiher und Finken, brütende Albatrosse, Flamingos, ihren roten Kehlsack aufblasende Fregattvögel, Wanderfalken, Spottdrosseln, Galapagostauben, Gabelschwanzmöwen und Galapagospinguine. Außerdem bekamen wir die berühmten Riesenschildkröten, eine kleine Schlange und jede Menge knallrote Klippenkrabben zu Gesicht.

Viele dieser Tiere lebten friedlich direkt nebeneinander in unberührt wirkender Natur. Ich war absolut fasziniert. Es war fast so, wie ich mir das Paradies vorstellte. Die Tiere ließen sich meist nicht im Geringsten von uns Inselbesuchern stören.

Auch beim Schnorcheln konnten wir neben Seelöwen und Pinguinen viele andere Meereslebewesen beobachten. Wie flink und elegant sich die Pinguine unter Wasser fortbewegten! Im Vergleich dazu fühlten wir uns im Wasser in etwa so beweglich wie die dicken Robben am Strand.

Es wimmelte von Fischen, Rochen und Haien. Mittlerweile hatte ich meine Scheu vor Haien verloren. Als wir einmal ausnahmsweise in der Nähe einer anderen Gruppe schnorchelten, folgte Micha mit seiner Unterwasserkamera gerade mit etwas Abstand einem Weißspitzenhai, als ihn plötzlich eine US-Amerikanerin aus der anderen Gruppe am Arm packte. Sie schrie in Panik „Shark!" und versuchte Micha mit sich zu reißen. Als ihr dieser lieb gemeinte Rettungsversuch nicht sofort gelang, schwamm sie allein und hysterisch um sich spritzend in Richtung Boot davon. Micha wandte sich grinsend wieder dem friedlichen Hai zu.

Schnell, zu schnell, war der letzte Tag gekommen. Widerwillig flogen wir zurück nach Quito. Fast unnötig zu erwähnen, dass die Tage auf den Galapagosinseln ebenfalls ein absolutes

Highlight unserer Reise waren. Waren Sie doch wahrlich ein Stück Paradies auf Erden.

Von Quito aus besuchten wir die sogenannte Mitte der Welt. Das riesige Monument Mitad del Mundo, das die von einem Franzosen im Jahr 1736 bestimmte Position des Äquators markierte und ein weniger eindrucksvolles Monument, 240 Meter weiter nördlich, das den tatsächlichen Äquator kennzeichnete und bereits in der Präinkazeit, vor über 1.000 Jahren, errichtet worden war.

Einsame Insel im Stillen Ozean

- Michael -

Nach fast einem halben Jahr verließen wir Südamerika. Von Quito aus flogen wir mit einem kurzen Zwischenstopp in Lima nach Rapa Nui, der sogenannten Osterinsel. Unser Flugzeug landete früh morgens in Hanga Roa, dem einzigen Ort des dünn besiedelten Eilands, das mitten im Pazifik lag. Die nächste bewohnte Insel befand sich über 2.000 Kilometer entfernt.

Wir organisierten uns ein Zimmer im Haus einer Rapa Nui Dame und ruhten uns erst mal ein wenig aus. Um die wenigen Tage, die wir auf der Insel hatten, aber auch zu nutzen, beschlossen wir, sie zwei Tage lang zu Fuß und zwei Tage lang mit einem angemieteten Jeep zu erkunden.

Zu Fuß liefen wir also am ersten Tag durch Hanga Roa und die nähere Umgebung. Kaum waren wir eine Viertelstunde unterwegs, da ertönte ein ohrenbetäubender Alarm. Aus der Ferne hörten wir jemanden „Tsunami!" brüllen.

Unser erster Blick fiel aufs Wasser. Noch keine Welle. Gut. Das Wasser hatte sich auch noch nicht zurückgezogen. Würde es das überhaupt bei dieser von Felsen umrahmten Insel? Wie verhielten sich die Menschen um uns herum? Es war niemand zu sehen. Was also tun? Wo war der nächste hoch genug gelegene Punkt? Wie hoch war hoch genug? Erst als wir uns auf einem eher flachen Stückchen Land im großen, grau-blauen Ozean befanden, begriffen wir, dass wir keine Ahnung hatten, wie wir uns in einer solchen Situation am besten verhielten.

Wir sahen keine markierten Fluchtwege, wie man sie andernorts mittlerweile oft vorfindet. Die drei Vulkane, die die Insel erschaffen hatten und die im Dreieck die höchsten Punkte der Insel bildeten, waren ein ganzes Stück weit entfernt. Schließlich fuhr ein Feuerwehrauto an uns vorbei. Ein Feuerwehrmann rief uns „Iglesia" zu, Kirche. Wenigstens ein Hinweis. Aktionismus oder sinnvolle Hilfe? Wir spurteten los zur Kirche. Schon von weitem sahen wir eine größere Menge von Menschen, die sich dort versammelte. Wie es schien war unter den Einheimischen bekannt, wohin man sich bei einem solchen Alarm begeben musste. Wenige Minuten, nachdem wir die Kirche erreicht hatten, gab es Entwarnung. Eine Übung. Puh!

Das Gefühl der Macht- beziehungsweise Hilflosigkeit beschäftigte mich noch einige Zeit. Zu wissen, dass ich nicht über alles die Kontrolle hatte und es zu erleben und damit zu begreifen waren zwei sehr unterschiedliche Dinge.

Nach diesen dramatischen ersten Momenten setzten wir die Erkundung der Osterinsel fort. Die Geschichte der Erbauer der Moais – der Statuen, die Rapa Nui so berühmt machten – und ihr Umgang mit den begrenzten Ressourcen der Insel, der letztendlich zu ihrem Untergang geführt hatte, faszinierte uns. Ebenso wie ihr mystisches Erbe, die Rongorongo Schrift, die Kulthöhlen, der Vogelmannkult, der seltsame Klang ihrer Sprache und die Ahus, also die Plattformen, auf denen die Moai-Statuen standen. Nebenbei machte das Herumfahren auf den holprigen Straßen der rauen Insel im Geländewagen auch sehr viel Spaß.

Ebenfalls eindrucksvoll war einer der drei riesigen Vulkankrater, in dem sich ein einzigartiges, sumpfiges Ökosystem gebildet hatte. Und die Abgeschiedenheit. Wenn wir in uns gekehrt auf das Meer blickten, spürten wir einfach, dass wir unglaublich weit weg von allem waren.

Am letzten Tag unseres Aufenthaltes klarte das unbeständige Wetter für ein paar Stunden auf, sodass wir Rapa Nui nicht nur mit vielen Denkanstößen, sondern auch mit schönen Fotos im Gepäck verlassen konnten.

Zitronenhaie und andere Früchte

- Carolin -

Unser zweiter Stopp im Pazifik war Tahiti, wo wir spätabends landeten. Bereits am Flughafen wurden wir von einheimischen Tänzen und rhythmischen Klängen begrüßt. Von dort aus versuchten wir das vorausgewählte Hostel anzurufen, um uns nach freien Betten zu erkundigen, scheiterten nach dem halben Jahr Spanisch aber kläglich daran, für mehr als ein paar Wörter auf Französisch umzuschalten. An der Information half uns dann aber ein freundlicher Tahitianer in einem geblümten Hemd und wir düsten mit dem Taxi zur Unterkunft. Dort schlichen wir uns in den Schlafsaal, in dem ein Deckenventilator die feuchtwarme Luft umrührte und die schmalsten Betten auf uns warteten, die wir je gesehen hatten.

Michas Arme hingen im Stockbett über mir aus Platzmangel rechts und links nach unten, als ich am nächsten Morgen schweißgebadet aufwachte.

Ich zupfte an dem einen.

„Meine Arme sind eingeschlafen. Ich eher nicht so", nuschelte er in seinen Schlafsack, den er als Kissen benutzte.

Wir frühstückten und liefen erwartungsvoll los, um Papete, die Hauptstadt von Tahiti, zu erkunden. In der Gegend um den Hafen gab es allerhand Souvenirs aus Muscheln und jede Menge Perlenschmuckgeschäfte. In einem befand sich sogar ein winziges Museum, in dem wir große, anthrazitfarbene Tahitiperlen bewundern konnten. Bei all dem teuren Schmuck und den in Schale geworfenen, kaufwütigen anderen Touristen kam ich mir in meinen mittlerweile schon ziemlich zerschlissenen

Backpacker-Klamotten etwas schäbig vor. Für einen kurzen Moment stieg so etwas wie Neid in mir auf. Neid auf strahlend weiße Wäsche, manikürte Nägel und frisch geschnittene Haare. Das Gefühl verflog schnell, als wir uns in einer Markthalle bei den Einheimischen durch bunte Früchte probierten, die wir noch nicht kannten, an getrockneten Vanilleschoten rochen und die Hafenpromenade auf und ab schlenderten.

Am nächsten Tag wollten wir mit dem Bus raus aus der Stadt und endlich die Traumstrände kennenlernen, die wir vom Hörensagen auf Tahiti vermuteten. Wir stiegen leider zu früh aus und liefen, wie so oft, im Gänsemarsch auf der Straße hintereinander her. Es war heiß und die Stimmung sank immer mehr, je länger sich die Strecke hinzog.

In einem Eisenwarengeschäft am Straßenrand fragten wir nach dem Weg. Eine hilfsbereite Kundin erklärte ihn uns und bot uns an, uns mitzunehmen, sobald sie die richtigen Schrauben gekauft hätte. So gelangten wir angenehm klimatisiert doch noch schneller als erhofft ans Ziel.

Der Strand enttäuschte uns dann. Anstatt weißem Sand und Palmen gab es ein mit Häusern zugepflastertes Ufer mit scharfkantigem Steinstrand. Wir liefen den Strand noch eine Stunde entlang, aber das Bild war immer dasselbe. Und das, so die einhellige Meinung der Tahitianer, die wir gefragt hatten, war Tahitis schönster Strand. Also suchten wir für die übrigen Tage das Weite und setzten mit einer Fähre nach Moorea, der „kleinen Schwester" Tahitis über. Diese Insel war wenig bebaut und als wir mit dem Bus an ihr entlegenstes Ende gefahren waren, fanden wir, was wir auf Tahiti vergeblich gesucht hatten. Unsere Unterkunft war ein Bungalow auf einer Rasenfläche direkt an einem weißen Sandstrand. Das Meer leuchtete türkisblau und grüne Palmen neigten sich ihm zu. Wir knackten heruntergefallene Kokosnüsse und tranken das kühle Kokoswasser. Micha und ich liefen mehrere Stunden den Strand entlang durch das badewannenwarme Wasser der Brandung. Den Bauch vollgestopft mit frischen Früchten, schliefen wir am Abend selig ein.

Früh am nächsten Morgen gingen wir tauchen. Unser Tauchort war anscheinend ein Magnet für Haie. Schon als wir langsam tiefer sanken, sahen wir am Meeresboden die altbekannten kleineren Weiß- und Schwarzspitzenriffhaie ihre Kreise ziehen. Und mit ihnen kreisten noch andere, bei weitem größere Exemplare. Es waren Zitronenhaie, die bis zu vier Meter maßen und von Putzerfischen begleitet wurden. Der Name, erklärte uns unser Tauchführer danach, käme von den gelben Augen der Haie und ihrer Haut, die rau wie eine Zitrone sei. Das Internet klärte uns später darüber auf, dass die gelblich bis olivgrünen Flanken des Zitronenhais namensgebend für ihn seien.

Ich hatte mich zwar zwischenzeitlich an das Tauchen mit Haien gewöhnt, aber die Zitronenhaie waren die ersten, die wesentlich größer waren als ich selbst. Es waren immer fünf bis zehn von ihnen in Sichtweite. Mir war ein wenig mulmig zumute. Weil das Wasser so warm war, trugen wir nur einen kurzen, dünnen Neoprenanzug, in dem ich mich weniger geschützt fühlte. Nicht, dass mehr Neopren im Zweifelsfall viel geholfen hätte.

Wir tauchten durch einen hübschen Weichkorallengarten, während die Zitronenhaie nah an uns vorbeiglitten. Einer schwamm auf uns zu und so dicht unter mir vorbei, dass ich ihn berührt hätte, wenn ich den Arm ausgestreckt hätte. Ich schaute unter meinem Bauch nach hinten und folgte ihm beim Wegschwimmen mit meinem Blick. Plötzlich und typisch ruckartig drehte der Hai um und kam zurück. Ich erschrak und mein Magen zog sich zusammen. Als er näher kam, wandte ich mich ihm zu und atmete schneller, weil ich gehört hatte, das Geräusch der Blubberblasen von Tauchern würde Haie abschrecken. Als der Zitronenhai schon so nah war, dass ich seine Augen klar erkennen konnte, drehte er genauso ruckartig ab wie zuvor und verschwand. Trotz dieses kurzen Schockmoments war es ein toller Tauchgang mit den beeindruckenden Tieren!

Bevor wir Moorea verließen, kauften wir bei einem Straßenhändler eine kleine Ananas, denn es wurde behauptet, dass auf dieser Insel die besten Ananas der Welt wuchsen. Tatsächlich schauten Micha und ich uns mit immer größer werdenden Augen an, als wir das erste Stück in den Mund gesteckt hatten. Es schmeckte ganz anders als jede Ananas, die ich je zuvor gegessen hatte. Nicht sauer und faserig, sondern butterweich, erfrischend und süß. Schnell war die Ananas verputzt und wir bereuten es, dass wir nicht mehr davon gekauft hatten.

Zu schnell verflog die Zeit. Bevor wir weiterfliegen konnten, gab es am Flughafen wieder einmal Diskussionen. Die Dame am Flugschalter wollte eine Buchungsbestätigung unseres Weiterflugtickets sehen. Alle anderen Länder konnten unser Round The World Ticket per Computer einsehen, nur auf Tahiti war dies angeblich nicht möglich. Das Ticket hatten wir in ausgedruckter Form nicht dabei und das PDF auf unserem Netbook wurde nicht akzeptiert. Wir mussten es ausdrucken! Im Flughafen gab es zwar Computer mit Druckern die wir nutzen konnten, nur leider konnte keiner dieser Rechner PDF-Dokumente öffnen. Irgendwann reichte es uns und wir ließen dem südamerikanischen Temperament, das, wie es schien, auf uns abgefärbt hatte, gestikulierend freien Lauf. Nach langem Hin und Her war das

Unmögliche wie so oft dann plötzlich doch möglich. Ein anderer Flughafenmitarbeiter konnte dann sehr wohl die Daten einsehen, händigte uns einen blassen Ausdruck unserer zukünftigen Flüge aus und ließ uns an Bord.

Weiter weg geht nicht

- Michael -

Wir landeten in Neuseeland, dem Land, das sich ziemlich genau auf der Deutschland gegenüberliegenden Seite des Globus befand. Dort waren wir so weit weg von Zuhause wie überhaupt möglich.

Es war für uns ein Kulturschock. Denn Auckland, Neuseelands größte Stadt mit knapp 1,4 Millionen Einwohnern, kam uns wie ein Ort der Ruhe vor. Als wir durch die Innenstadt liefen, fühlten sich unsere Sinne, als wären sie im Urlaub. Die Luft war gut, die Autos rollten geordnet und ohne zu hupen über die Straßen. Diese konnten wir praktisch an jeder Stelle bedenkenlos mit geschlossenen Augen überqueren, denn auf Passanten wurde Rücksicht genommen. Die Stadt war im Allgemeinen leise und aufgeräumt. Kein Müll oder herumstreunende Hunde. Eine nicht unwillkommene Abwechslung nach der langen Zeit in Lateinamerika.

Auch wenn Auckland eine interessante Stadt war, wollten wir die wunderschönen Landschaften Neuseelands entdecken, von denen wir so oft gehört hatten. Mit unserem grauen Mietwagen fuhren wir zunächst kreuz und quer über die winterliche Nordinsel, vorbei an jeder Menge Schafe. Die Straßen waren komfortabel zu befahren und zumeist leer. Nicht verwunderlich, denn Neuseeland hatte lediglich 4,4 Millionen Einwohner.

Da wir kein Navigationssystem hatten, blätterte Caro in einem alten Straßenatlas, den wir im Handschuhfach fanden. Man sollte meinen, dass man bei den wenigen Straßen im dünn besiedelten Neuseeland nicht viel falsch machen konnte. Doch schon bei der ersten Fahrt verfuhren wir uns gründlich. Am Ende befanden wir uns fast 50 Kilometer entfernt von dem Ort, den wir hatten erreichen wollen. Wir waren einmal falsch abgebogen und kilometerlang hatte es keinen Ort und kein Schild zur Orientierung gegeben.

Das war leider der Startschuss für eine Serie von heftigen Autostreiten zwischen Caro und mir. Die immer gereiztere Stimmung zwischen uns sollte in den folgenden Wochen ihren Zenit erreichen. Lange Autofahrten nur zu zweit brachten uns die zuvor nicht vorhanden gewesene Privatsphäre, in der wir beim Streiten richtig aufdrehen konnten.

An jenem Tag war es schon dunkel, als wir an einer Tankstelle nach dem Weg fragten. Ein anderer Autofahrer, der an der Kasse hinter uns stand, bot uns seine Hilfe an. Unser Ziel sei nicht einfach zu finden und er könne vor uns herfahren. Wir waren müde und hungrig und nahmen das Angebot deswegen dankbar an.

Nach 40 Minuten blieb er an einer Kreuzung stehen, kurbelte das Fenster hinunter und streckte uns zwei große Schokoriegel entgegen: „Hier! Ich habe fünf zum Preis von dreien bekommen. Ihr müsst jetzt nach rechts und dann einfach geradeaus."

Wir bedankten uns, stillten unseren ersten Hunger mit den Riegeln und waren kurze Zeit später endlich am Ziel.

Unsere Route führte uns zur Bay of Islands, der Coromandel Peninsula und der Bay of Plenty mit zahlreichen wunderbaren Aussichten auf Buchten, Strände und kleine Inseln. Wir schauten uns die Hundertwassertoiletten in Kawakawa an und erreichten schließlich Tauranga. Dort liefen wir morgens den Mount Maunganui hoch, von dem aus wir einen Rundumausblick auf den Pazifik und die Stadt hatten.

Weiter ging es zu den vulkanisch geprägten Landschaften in und um Rotorua, wo wir zahlreiche Geysire und Thermalfelder bestaunten und mehr über die Kultur der indigenen Ureinwohner, der Maori, lernten.

Caro und ich ließen es uns nicht nehmen, in Roturua das Zorbing auszuprobieren. Beim Zorbing wurde man im Inneren einer transparenten Kugel einen Abhang hinuntergerollt, was ziemlich Spaß machte.

Wir schauten uns die neuseeländischen Glowworms an, winzige blau leuchtende Insekten, die sich in Massen an Felswänden tummelten und so in der Dunkelheit einen Sternenhimmel auf Stein erzeugten. Anders als Glühwürmchen leuchteten diese Tierchen permanent. Es waren Mückenlarven, die ihre Biolumineszenz dazu nutzen, Beutetiere anzulocken, um diese in ihren fein gesponnenen Fäden zu fangen.

Über den Tongariro-Nationalpark, dem ältesten Nationalpark Neuseelands und dem viertältesten Nationalpark der Welt, dominiert von seinen drei aktiven Vulkanbergen, kamen wir an den südlichsten Punkt der Nordinsel, nach Wellington.

An den Linksverkehr in Neuseeland hatten wir uns schnell gewöhnt, mal abgesehen von ein paar kleineren Zwischenfällen. Irgendwann hörten wir auch auf, den Blinker mit dem Scheibenwischer zu verwechseln.

Ein Rechtsverkehr-Automatismus brachte uns in eine etwas unangenehme Lage. In den ersten Tagen bog ich einmal in einen Kreisverkehr ein, ohne vorher nach rechts zu schauen, weil ich es gewohnt war, nach links zu sehen. Prompt musste das einzige andere Auto weit und breit fast eine Vollbremsung hinlegen. Trotz entschuldigender Gesten bekam ich sofort die Meinung des anderen Fahrers über mein Verkehrsverhalten zu hören und

zu sehen. Nach Dauerlichthupe auf der folgenden geraden Strecke fuhr der Fahrer neben uns gleich auf, streckte seine geballte
Faust aus dem geöffneten Fenster und schrie „Fuck you, you
motherfucker!" Das passte überhaupt nicht zu dem allgemein
freundlichen Auftreten der Neuseeländer, wenn auch seine Er-
regung nachvollziehbar war.

Felsen, Fjorde, Flossen

- Michael -

Wellington wollten wir erst am Ende unserer Neuseelandzeit genauer erkunden, daher setzten wir direkt per Fähre auf die Südinsel Neuseelands über.

Dort führte unsere Route zu den Pancake Rocks, Gesteinsformationen im Paparoa-Nationalpark, die aussahen wie übereinandergeschichtete Pfannkuchen. Im Westland-Nationalpark, in den Neuseeländischen Alpen, besichtigten wir den Franz-Josef- und den Fox-Gletscher, bevor es mit ein paar Zwischenstopps nach Te Anau ging. Te Anau grenzte direkt an den Fiordland-Nationalpark.

Auf der Fahrt dorthin sammelte Caro zwei neuseeländische Punkte und durfte eine Geldbuße von umgerechnet ungefähr 75 Euro zahlen. Kurz vor einem Ortsausgangsschild, an dem zwei Polizisten eine Geschwindigkeitskontrolle durchführten, hatte sie schon wieder von erlaubten 50 auf 67 Stundenkilometer beschleunigt.

Dieses Ärgernis war beim Anblick der bezaubernden Landschaften des Fiordland-Nationalparks allerdings schnell vergessen.

Obwohl die Region um die neuseeländischen Fjorde recht regenreich war, hatten wir Glück. Bei strahlendem Sonnenschein machten wir eine Bootstour durch den Doubtful Sound. Dieser Fjord war verblüffend schön. Vorbei an einer herrlichen Kulisse aus bewaldeten Hügeln, die sich perfekt im stellenweise leicht gefrorenen Wasser spiegelten, pflügte unser Boot friedlich durch den menschenleeren, still daliegenden Sound. Zahlreiche

Wasserfälle an den Felswänden rundeten den imposanten Anblick ab. Was für ein entspannter und trotzdem eindrucksvoller Trip!

Am Folgetag wollten wir uns den bekannteren und entsprechend höher frequentierten Fjord, den Milford Sound, ansehen. Leider hatte das Wetter mittlerweile umgeschlagen. Wir warteten eine Stunde im Auto und starrten ins graue Nichts, während der Regen auf das Autodach prasselte. Da der Dauerregen in der folgenden Woche anhalten sollte, beließen wir es bei dem Eindruck vom Doubtful Sound, der für uns zum schönsten Ort Neuseelands wurde und setzten unsere Erkundung der Südinsel fort.

Mit einem kurzen Abstecher nach Queenstown, dem Abenteuerspielplatz Neuseelands, wo wir mit Angeboten zu Rafting, Bungee Jumping, Fallschirmspringen und vielem mehr überhäuft wurden, ging es weiter die Ostküste der Südinsel entlang wieder zurück Richtung Norden.

Interessant waren die Moeraki Boulders, ungewöhnlich große kugelförmige Steine, die teilweise am Strand, teilweise halb im Meer lagen. Die Pinguinkolonien ließen wir schweren Herzens aus, weil wir in Australien wesentlich größere Kolonien erwarteten und fuhren nach Kaikoura, um Wale zu suchen.

Nachdem unsere Whalewatching-Tour zwei Tage in Folge wegen unruhiger See abgesagt worden war, hatten wir die Hoffnung schon fast aufgegeben. Wir verbrachten die Tage zwischen diesen Versuchen damit, in der Umgebung zu wandern. Auf einer Wanderung entlang der Küste einer kleinen Halbinsel stießen wir immer wieder auf Seehunde, die sich auf den Felsen tummelten. Manchmal nur vereinzelte Tiere, manchmal kleine Kolonien.

Da unser Weg teilweise über dieselben Felsen führte, drohte uns beim Näherkommen einige Male der jeweilige Alpha-Seehund mit lautstarkem Gebrüll. Wir zogen uns dann so weit zurück, bis wir nicht mehr beachtet wurden und sich das Tier schließlich entfernte. Allerdings gerieten wir in eine verzwickte Situation, als ein Seehund vor uns nicht wegrobbte, von hinten sich aber ein weiterer brüllend näherte. Da die Seehunde nicht ungefährlich waren, blieb uns nichts anderes übrig, als die Flucht nach vorn anzutreten. Vorsichtig, aber doch etwas flotter flohen wir vor dem sich nähernden Koloss, vorbei an dem Seehund vor uns, der natürlich auch anfing, zu brüllen und auf uns zuzusteuern. Dank der vielen Felsen kamen wir schneller voran als die behäbigen Tiere. Kurze Zeit später waren wir außerhalb der Aufmerksamkeitszone. Hinter der nächsten Ecke wartete aber schon eine weitere Seehundkolonie und wir mussten nicht nur einmal dieses riskante Manöver durchführen. Abgesehen von dem einen oder anderen Spießrutenlauf konnten wir die wunderschöne Steilküste ganz allein genießen. Wir fanden riesige, blau schillernde Muscheln und gummiartige Algen, beobachteten aus sicherer Entfernung die Seehunde und machten unzählige Fotos.

An unserem wegen des nahenden Abflugs zwangsweise letzten Tag in Kaikoura sollte die Waltour dann doch noch stattfinden. Wir waren aufgeregt und innerhalb der ersten Minuten erspähten wir schon zwei Wale, die aber direkt wieder abtauchten. Einige Zeit später kamen wir dann nah an einen Pottwal heran, der auf der Oberfläche trieb. Minutenlang durften wir das Tier aus nächster Nähe beobachten. Es war einer dieser unvergesslichen Gänsehautmomente, als der Wal sich plötzlich dazu entschied, abzutauchen und zum Abschied seine riesige

Fluke aus dem Wasser hob. Auf dem Boot herrschte kurz ergriffene Stille. Caro musste heftig blinzeln und auch ich war tief berührt. Was für ein Geschöpf! Wie wundervoll die Natur doch sein kann! Wir waren dankbar, all das erleben zu dürfen. Von einer Gruppe Delfine begleitet schipperten wir zurück Richtung Hafen.

Kurz darauf verließen wir die Südinsel und setzten erneut per Fähre über, zurück nach Wellington. Die letzten Tage dort besuchten wir das interessante Te Papa Museum, machten die öffentliche Führung durch das Parlamentsgebäude mit und gingen in den Zoo, um doch noch Kiwis zu Gesicht zu bekommen, die wir in freier Natur leider nicht entdeckt hatten.

Dann war unsere Zeit in Neuseeland leider schon vorbei, aber wir freuten uns auch auf Australien. Wir waren gespannt auf Känguru, Koala und Co. und sehnten uns nach der teilweise klirrenden Kälte in Neuseeland nach milderen Temperaturen.

aufußtölpel-Eltern bewachen ihr Ei

Zitronenhai

hu mit Moais auf Rapa Nui

raumstrand auf Moorea

Doubtful Sound

Hüpfen und Watscheln

- Carolin -

Nach vier Stunden Flug landeten wir in der südlichsten Millionenstadt der Welt und der zweitgrößten Stadt Australiens: Melbourne. Sie gefiel uns auf Anhieb sehr. Melbourne war lebendig und modern, ihre Einwohner sehr zugänglich und freundlich. Außerdem war es bereits ein Stück wärmer als zuvor in Neuseeland. In unserer Unterkunft gab es jeden Morgen so viele Pancakes zum Frühstück, wie wir essen konnten, was vor allem Michas Laune deutlich hob.

Ein paar Tage verbrachten wir damit, die Stadt zu erkunden und Besorgungen zu machen. Micha hatte seine Regenjacke beim Sightseeing verloren und musste eine neue kaufen und ein großes Loch in seiner Jeans flicken lassen. Meine Jeans war mittlerweile unrettbar hinüber und ich ergatterte in einem Outlet-Center eine neue. Auch wenn ich mich bewusst für eine im „Used Look" entschied, weil ich mir vorstellte, dass meine T-Shirts in Kombination mit einer brandneuen Hose noch abgetragener wirken würden, war es ein beflügelndes Gefühl, auf einmal etwas Neues zu tragen.

Zudem beantragten wir in Melbourne ein Visum für Indien. Weil die Ausstellung ein paar Wochen dauern konnte, ließen wir unsere Reisepässe dafür in der Indischen Botschaft, um sie am Ende unserer Rundreise durch Australien wieder dort abzuholen.

Als wir alle Erledigungen gemacht hatten, mieteten wir erneut ein Auto, bewusst aber keinen Camper-Van. Eigentlich wollten wir mit einem solchen Van die typischen Partyhostels umgehen, aber wir rechneten es durch und die Autovariante war wie schon in Neuseeland wieder wesentlich günstiger. Unser Mietwagen war quietschgrün und winzig und weil das so gut passte, tauften wir ihn „Flupp".

Viele der jungen Backpacker, die wir unterwegs trafen, waren um die halbe Welt geflogen, um weit weg von Zuhause so richtig Party zu machen. Einige hatten Highheels und Glätteisen in ihren Rucksäcken dabei, manche brachten sogar die eigene Playstation mit. Ihr Backpacker-Abenteuer spielte sich hauptsächlich in den Hostels ab. Die einzigen Berührungspunkte mit Einheimischen war das ihnen hinterherräumende Personal. Viele hatten kaum etwas von den Naturwundern Australiens zu Gesicht bekommen und manche fuhren extra in den Australia Zoo, um doch noch einmal kurz die einheimischen Tiere zu sehen.

Mit Flupp ging es also raus aus Melbourne nach Phillip Island. Als wir über eine Brücke auf die Insel fuhren, sahen wir unser erstes kleines Känguru. Wir hielten und starrten es wie hypnotisiert an. Es guckte, die Vorderpfoten auf dem flauschigen Bauch abgelegt, zurück. Nach ein paar Minuten Blickkontakt wurde das dem Känguru anscheinend langsam suspekt. Es drehte sich um und hüpfte, den langen Schwanz hinter sich her wippend, davon. Es sah zum Schreien komisch aus, als ob das pelzige Tier Sprungfedern unter den Füßen hätte. Wir lachten, bis uns die Tränen kamen.

Am Abend sahen wir uns auf Philip Island die sogenannte Pinguin-Parade an. In der Dämmerung kamen über tausend Zwergpinguine vom Fischen aus dem Meer zurück und watschelten über den Strand zu ihren Nistplätzen. Wenn ein paar Tiere von einer Welle angespült wurden, sammelten sie sich in der Brandung erst zu Grüppchen. Sobald sich die Pinguine ungestört fühlten, stürmte der Trupp unter den skeptischen Blicken der Möwen im Watschelgang über den Strand zu ihren Nestern. Es war ein goldiger Anblick.

Am darauf folgenden Tag wanderten wir entlang der Küste der Insel und besuchten ein Koala-Reservat. In den Eukalyptusbäumen entdeckten wir zu unserer Begeisterung rund zehn der knuddeligen Tiere beim Schlafen oder Blätteressen.

Von ganz im Süden nach ganz im Osten

- Carolin -

Unser nächstes Ziel war der Wilsons-Promontory-Nationalpark. Er schloss eine Halbinsel ein, die den südlichsten Punkt des australischen Festlands ausmachte. Dort wollten wir uns auf die Suche nach den immer seltener werdenden Wombats machen. In der nahenden Abenddämmerung sollte man dazu die besten Chancen haben. Im Nationalpark angekommen, suchten wir an verschiedenen Stellen nach den Tieren. Wir hofften, wenigstens eines der putzigen Beutelsäugetiere entdecken zu können.

Wir fanden viele bunte Vögel und Hasen, aber keinen Wombat. Dann sahen wir das Hinterteil eines braunen Tieres, das wie ein kleiner Bär aussah, im Gebüsch verschwinden. Kurz darauf kam es wieder zum Vorschein. Und tatsächlich, es war ein Wombat. Auch von vorne sah er einem Teddybären nicht unähnlich.

„Ist der knuffig!", flüsterte ich begeistert.

Nachdem wir den ersten Wombat entdeckt hatten, fanden wir schnell einen zweiten, dann einen dritten.

„Wir haben echt Glück!", freute sich Micha strahlend.

Ich nickte und kicherte, als der umher trottende Wombat mich neugierig schnüffelnd mit der Schnauze am Knie antippte. Unsere Glückssträhne ging weiter und bis es endgültig dunkel wurde, sahen wir insgesamt zehn der bedrohten Wombats und einige Wallabies, große Kängurus und Emus.

Der erste Stopp auf unserer Fahrt Richtung Ostküste war die australische Hauptstadt Canberra. Die am Reißbrett geplante Stadt gefiel uns eher weniger. Doch auch dort gab es auf den zweiten Blick Wunderbares zu entdecken: zum ersten Mal sahen wir Schwärme wilder Kakadus. An einem Seitenstreifen hielten wir an und machten Fotos von einer großen Gruppe der hübschen Vögel. Ein Passant murmelte kopfschüttelnd „Touristen!“. Für ihn mussten Kakadus so normal sein wie für uns Tauben.

Nach einer empfindlich kalten Nacht in unserer unbeheizten Unterkunft und einer Führung durch das Parlamentsgebäude in Canberra, machten wir einen Abstecher in den menschenleeren Namadgi-Nationalpark, der sich unweit der Hauptstadt befand. In der hügeligen, steppenartigen Landschaft trafen wir auf Herden bestehend aus hunderten von Kängurus. Soweit das Auge blicken konnte, sahen wir Kängurus verschiedener Größen, die aßen, einfach stillstanden oder umher hüpften. Aus manchem ausgebeulten Kängurubeutel lugte ein winziges Känguru hervor oder hing ein kleines Schwänzchen heraus. Die männlichen Tiere waren bis zu zwei Meter groß und hatten gefährlich aussehende Krallen an den Vorderpfoten. In Australien galten Kängurus eher als Plage, die viele Verkehrsunfälle verursachten und den Farmtieren ihre Nahrung wegfraßen. Micha und ich aber waren begeistert.

Mit Flupp ging es weiter in die Blue Mountains, nach Katoomba. In der dortigen Unterkunft war es abermals fast so kalt wie draußen. Von Wärmeisolierung hatte man in Australien, aber auch schon in Neuseeland, wohl noch nicht viel gehört. Wir klaubten aus freien Zimmern winzige Heizlüfter zusammen, die es selbst mit vereinten Kräften nicht schafften, unseren Raum richtig aufzuwärmen. Am Morgen suchten wir, durchgefroren wie wir waren, eine wärmere Unterkunft und erkundeten danach die Blue Mountains.

Wir sahen den blauen Eukalyptusdunst aufsteigen, der den Bergen ihren Namen gab, wieder überraschend viele exotisch anmutende Vögel und besichtigten die Hauptsehenswürdigkeit dort, die Felsformation Three Sisters.

Nach weiteren kalten Nächten war Sydney unser nächster, nur eineinhalb Stunden entfernter Stopp. Die junge und facettenreiche Stadt war uns zuvor von vielen als eher enttäuschend beschrieben worden und deshalb waren wir positiv überrascht, als wir sie schließlich selbst kennenlernten. Wie Melbourne hatte Sydney ein dynamisches, junges und modernes Flair. Wir hatten einige Mühen, eine Unterkunft mit Parkplatz zu finden. Als wir Flupp in einer engen Tiefgarage abgestellt hatten, schlossen wir uns mal wieder einer „Free City Walking Tour" an. Es waren immer die mit Abstand besten Führungen, denn sie waren bis auf ein freiwilliges Trinkgeld kostenlos und deshalb legten sich die meist studentischen Führer immer richtig ins Zeug.

In Sydney passierte dann etwas, auf das ich wochenlang gewartet hatte: Micha rasierte endlich seinen immer länger werdenden Bart ab, gegen den ich von Anfang an heftig protestiert hatte. Aber wie bei all unseren Meinungsverschiedenheiten der letzten Wochen hatte er seiner Meinung nach das schlagkräftigere Argument: „Wann kann ich denn schon mal ausprobieren, wie ich mit Vollbart aussehe? Im Arbeitsleben ist das schlecht möglich."

Das Ganze sehe aus wie ein borstiges Gestrüpp, sagte ich dann immer mürrisch. Als das nicht half, wurde ich direkter: „Es sieht einfach nur unmöglich aus!", und weigerte mich irgendwann, ihn zu küssen.

Micha blieb davon gänzlich unbeeindruckt.

Als er dann endlich den Rasierer auspackte, ließ er es sich nicht nehmen, von Elvis-Koteletten über Schnauzbart alle möglichen Bartfrisuren auszuprobieren und jedes Mal, wenn er den Kopf ins Zimmer steckte, „Guck mal, wie bescheuert das aussieht!" zu frohlocken.

Und ich entgegnete dann jedes Mal finster: „Besser als davor allemal", kicherte aber heimlich in mich hinein, sobald er wieder verschwunden war.

Ein paar Tage später verließen wir Sydney auch schon wieder. Auf dem Weg nach Norden wurde es langsam wärmer.

Wir machten noch einen Umweg über das Hinterland, um von West nach Ost die Waterfall-Route abzufahren, die landschaftlich sehr schön sein sollte. Sie stellte sich als nicht ganz so spannend heraus, bis auf die Anreise zum Startpunkt der Route. Wir hatten noch Sprit für ungefähr 200 Kilometer im Tank, als wir das letzte Städtchen verließen. Doch 200 Kilometer waren in Australien nicht viel. Irgendwann erreichte die Tanknadel den letzten Strich vor null, ohne dass wir an einer Ortschaft vorbeigekommen waren. Wir hielten Ausschau nach einer Tankstelle, aber es kam keine und auch kein Schild, das eine ankündigte. Zurückfahren war keine Option mehr. Als die Tanknadel dann mitten in einem Nationalpark schon fast den Nullstrich erreichte und das Warnlämpchen aufleuchtete, tauchte endlich ein Schild auf: Tankstelle, nur noch 30 Kilometer. Wir zitterten dem Ende der 30 Kilometer entgegen. Die Tanknadel stand mittlerweile genau auf null, als wir die Tankstelle sahen. Sie war geschlossen.

„So ein Mist!", fluchte Micha zähneknirschend und packte das Lenkrad fester, als ob er Flupp dadurch zum Durchhalten motivieren könnte.

Ein weiteres Schild verriet, dass die nächste Tankstelle in 35 Kilometern käme. An einer Baustelle fragten wir einen Bauarbeiter, wie weit denn die nächste Tankmöglichkeit entfernt sei.

„70 Kilometer", sagte er.

„Das schaffen wir unmöglich!", entgegnete ich und sah uns vor meinem geistigen Auge schon mit Kanistern voller Benzin zig Kilometer zu Fuß laufen.

Wir fuhren weiter, freuten uns über jeden zurückgelegten Kilometer und hofften, dass sich der Bauarbeiter geirrt hatte. Als nach 40 Kilometern noch nichts in Sicht war, wussten wir, dass er recht gehabt hatte. Flupp kämpfte. Zu unserer Verblüffung schafften wir es irgendwie. Wir hatten wahrscheinlich nur noch Luft im Tank, als wir nach 70 Kilometern zur Tankstelle rollten, wo wir für einen horrenden Preis volltankten.

Gegen Abend wurden wir dann von der Polizei zur Alkoholkontrolle heraus gewunken. Uns fiel dabei erstmals auf, dass wir schon seit Monaten keinen Alkohol mehr getrunken hatten. Micha fragte die Beamten nach dem Alkoholtest, wie lange wir denn noch nach Byron Bay, zu unserem nächsten Ziel, brauchen würden.

„Einige Stunden noch", sagte einer der beiden.

„Na da werden wir jetzt wohl so richtig Gas geben müssen!", antwortete Micha kess und zwinkerte den sofort alarmierten Beamten beschwichtigend zu.

Irgendwann waren wir dann endlich am Etappenziel angekommen. Wir planten nicht lange zu bleiben, denn Byron Bay galt eher als Partyort für Backpacker. Wir wanderten etwas in der Umgebung umher, wobei wir erneut viele farbenfrohe Loris umherflattern sahen. Schließlich stiegen wir den hübschen Leuchtturm in der Nähe hinauf. Dort standen wir am östlichsten

Punkt Australiens. Aus der Ferne beobachteten wir die Surfer und erspähten die eine oder andere Buckelwalfontäne.

Tierisch viel Glück

- Carolin -

Kurze Zeit später waren wir in Hervey Bay und verbrachten drei Tage damit, in der Unterkunft auf gutes Wetter für einen Ausflug nach Fraser Island zu warten. Das Hostel war das wohl komfortabelste unserer ganzen Reise. Von kostenlosem Internet über immer warme Erlebnisduschen gab es dort alles, was das Herz begehrte und deshalb war das Warten alles andere als tragisch. Wir hatten ein paar Tage Ruhe und konnten das Nichtstun genießen. Das Warten lohnte sich, denn in Folge erwischten wir auch bei späteren Ausflügen meist einen der wenigen Tage mit gutem Wetter.

Zu Fraser Island machten wir einen Tagestrip mit einem Jeep. Nach dem Regen strahlte die Sonne vom Himmel und keine einzige Wolke war mehr zu sehen. Die Leute im Ort hätten sich nach den dunklen Monaten an diesem Morgen gefragt, was das für eine helle Scheibe dort am Himmel sei, witzelte unser Fahrer. Schließlich war gerade Winter in Australien. Allerdings sollte die Scheibe bereits am folgenden Tag wieder verschwunden sein.

Unser Fahrer war ein lustiger Kerl mit ziemlich derbem Humor. Während er mit dem Jeep über den Strand heizte, erzählte er in einer Tour schmutzige Geschichten und Witze, die alles andere als politisch korrekt waren. Er sagte, ein bisschen schalkhafter Rassismus und Sexismus seien typisch australisch und lachte laut über jede seiner eigenen Pointen.

Auf Fraser Island hielten wir am Lake McKenzie, einem kleinen Süßwassersee, dem rostigen Wrack der Maheno am Strand, den felsigen Champagne Pools und am Indian Head, einem großen Felsen an der Küste. Von Letzterem aus hatten wir einen wunderbaren Ausblick auf den Pazifik, in dem wieder ein paar Buckelwale vorbei tauchten.

Noch am selben Abend fuhren wir weiter Richtung Airlie Beach. Nach diesem bis dahin so lustigen und schönen Tag flogen auf dem Weg dann leider noch so richtig die Fetzen – es war wohl einer der heftigsten Streite zwischen Micha und mir. Es wurde laut, wir warfen einander altbekannte Vorwürfe an den Kopf und am Ende gab es keine Lösung. Danach überlegte ich ernsthaft, ob das alles noch einen Sinn ergab. Wir hatten bereits viele allein weiterreisende Freundes- und Pärchen-Hälften auf der Reise getroffen, die uns erzählt hatten, dass es irgendwann einfach nicht mehr gegangen sei. Micha und ich waren, vor allem was das Reisen anging, zwar voll auf einer Wellenlänge, deswegen machte die Reise zusammen auch so viel Spaß. Doch gleichzeitig waren wir auch beide Menschen, die ab und an etwas Unabhängigkeit und ein paar Stunden Alleinsein brauchten. Und das war seit mehr als einem halben Jahr nicht mehr wirklich möglich gewesen. Wir versöhnten uns zwar bisher nach jedem Streit immer wieder, aber seit ein paar Wochen hielt der Frieden nie besonders lange an. Gerade die langen Autofahrten nur zu zweit waren die ideale Bedingung für eine Eskalation nach der anderen. Wir drehten uns dabei im Kreis und litten beide darunter. So eine lange Reise war ein harter Belastungstest und oft nicht halb so wildromantisch, wie wir es uns zuvor vorgestellt hatten.

Am nächsten Tag, immer noch auf dem Weg nach Airlie Beach, machten wir einen Abstecher in den Eungella-National-park, wo wir Schnabeltiere beobachten wollten.

Es regnete in Strömen, was unangenehm war, aber für dieses Vorhaben die ideale Bedingung. Die Tierchen zeigen sich ungemein selten und fast nie bei strahlendem Sonnenschein.

Mit Schirm und Regenjacke bewaffnet und in wasserdichten Wanderschuhen legten wir uns auf die Lauer und rechneten damit, bis zum Einbruch der Dunkelheit zu warten und dann ohne Erfolg weiterfahren zu müssen. Aber wir hatten erneut „tierisches" Glück und entdeckten bereits nach wenigen Minuten drei Schnabeltiere bei ihrer Futtersuche im Wasser des Broken Rivers.

Die ulkigen Tiere waren viel kleiner, als ich es erwartet hatte. Sie hatten in etwa die Größe einer Ente. Immer wieder tauchten sie blitzschnell ab und verschwanden, um kurze Zeit später erneut aufzutauchen.

Schließlich in Airlie Beach angekommen, brachen wir nach einer Nacht in einem 17-Bett-Schlafsaal zu einem dreitägigen Segeltörn zu den Whitsunday Islands auf. Auf dem Boot waren wir zehn Gäste, ein Kapitän, ein Skipper und ein Führer. Das Segelboot war dafür relativ klein.

Micha schlief auf der Bank am Esstisch und ich in einer Art Ablage darüber. Es war etwas unbequem, aber vielleicht waren wir durch die Galapagos Kreuzfahrt auch nur zu sehr verwöhnt worden.

In stürmischer Schieflage segelten wir von Insel zu Insel und hatten dabei ordentlich Tempo drauf. Wir Gäste saßen, an die Reling geklammert, jeweils auf der gerade weiter nach oben ragenden Seite des Bootes und ließen die Beine baumeln. Die Gischt, die uns komplett durchnässte, war angenehm warm im Vergleich zu dem scharfen kalten Wind. Für die Nacht ankerten wir schließlich in einer Bucht.

Am nächsten Morgen segelten wir weiter zur eigentlichen Hauptattraktion des Trips, der größten Insel der Whitsunday Islands. Leider war der Himmel wolkenverhangen und es nieselte etwas. Auf der Insel hatten wir einige Stunden Zeit, um am Whitehaven Beach, einem der weißesten Strände der Welt, herumzulaufen. Als wir einen Aussichtspunkt mit wunderschönem Blick auf den Strand erreichten, riss unverhofft die Wolkendecke auf und wir wurden regelrecht geblendet.

„Der ist mal echt weiß", stellte ich fest und grub meine Zehen später in seinen Sand.

Wir liefen durch das flache Wasser der Bucht und näherten uns gerade einem dort umher schwimmenden Stachelrochen, als Micha versehentlich auf einen zweiten Rochen trat, der im Sand vergrabenen war. Erschrocken schnellte er hoch und sprang in die eine Richtung, während der Rochen ihn zum Glück nicht stach, sondern in die andere floh. Dabei landete Micha auf einem Felsen und verletzte sich ein weiteres Mal am Fuß.

„Oh nein, der arme Rochen!", japste er entsetzt und hüpfte mit schmerzverzerrtem Gesicht auf einem Bein umher. Es war auch diesmal zum Glück keine schlimmere Verletzung.

Später ging es weiter zum Schnorcheln vor einer der benachbarten Inseln. Wir hatten nicht erwartet, mehr im Wasser zu entdecken als ein paar Fische. Deswegen waren wir total aus dem Häuschen, als der Skipper, nachdem er den Anker geworfen hatte, zu uns sagte, er habe ein paar Mantarochen in der Bucht entdeckt. Schon lange waren wir beim Tauchen vergeblich auf der Suche nach diesen Tieren gewesen, die eine Spannweite von bis zu sieben Metern erreichen konnten. Etwas ungläubig schlüpften wir in die Neoprenanzüge und fuhren mit einem Beiboot in die Bucht. Noch bevor wir los schnorchelten, sahen wir von oben riesige Schatten knapp unter der Wasseroberfläche vorbeigleiten. Aufgeregt sprangen wir vom Boot. Im Wasser erblickten wir dann tatsächlich rund zehn Mantarochen, die in der Bucht ihre Runden drehten. Der größte war komplett schwarz und immerhin ungefähr drei Meter groß. Wir schnorchelten so lange mit den Tieren, bis wir vor Kälte blaue Lippen bekamen.

Später, wieder aufgewärmt, saßen wir nach dem Abendessen an Deck und genossen den Sonnenuntergang, immer noch hin und weg von den Erlebnissen des Tages. Als dann in der Ferne vor der untergehenden, goldenen Sonne zudem noch ein Buckelwal aus dem Wasser sprang, waren wir endgültig überwältigt. Was für ein perfekter Tag!

Garten Eden

- Carolin -

Auf dem Rückweg nach Airlie Beach am nächsten Morgen blies ein ordentlicher Wind, durch den das Segelboot in seiner Schieflage nur so durch das Wasser schoss. Klatschnass erreichten wir den Hafen.

Etwas später und wieder trocken lenkten wir Flupp an der Ostküste entlang zum nördlichsten Punkt unserer Reise durch Australien, Cairns. Die Fahrt war eher unspektakulär und auch Cairns selbst fanden wir wenig reizvoll. Es erinnerte uns an Cancun. Ein Partyort ohne viel Charme.

Daher fuhren Micha und ich zu einem sogenannten Wildlife Habitat, wo wir Kängurus fütterten, uns die seltenen Baumkängurus ansahen und ein Foto mit einem Koala auf dem Arm machten. Auch wenn letzteres etwas typisch Touristisches war: die knuddeligen Tiere so nah zu erleben war für mich immer schon ein Punkt weit oben auf meiner „Löffelliste" gewesen. Endlich drückte man mir also einen Koala in die Arme. Das Tier war schwerer als vermutet, nicht ganz so flauschig, wie er aussah und müffelte ein bisschen wie ein schales Eukalyptusbonbon. Trotzdem - ich war verzückt!

Wir wollten wieder tauchen. Ein kleines Boot holte uns vom Hafen ab. Innerhalb von zwei Stunden brachte es uns zu einem im Great Barrier Reef vor Anker liegenden Tauchschiff. Auf dem Weg war die See extrem rau. Ich fand mich daher in „übler Gesellschaft" mit zehn bis fünfzehn anderen seekranken Passagieren im hinteren Teil des über die Wellen krachenden Bootes, wo das Personal Tüten und Servietten verteilte. Als wir endlich ankamen, fühlte ich mich immer noch schwach und etwas zittrig.

Wir bekamen eine relativ geräumige Kajüte zugeteilt und eine kurze Einweisung zum Schiff, dann wurde schon zum ersten Tauchgang aufgerufen. Wir würden jeden Tag viermal tauchen gehen – morgens, mittags, abends und nachts und das zum ersten Mal im Alleingang ohne Tauchführer. So lernten wir nach dem zweitgrößten Riff der Erde in Belize auf unserer Weltreise nun auch noch das größte kennen.

Unser erster Tauchplatz hieß Garten Eden. Leider war er, wie viele andere, bereits sichtlich durch den Tauchtourismus beschädigt worden. Kein paradiesischer Garten mehr! Der Trip war zwar gut durchorganisiert, aber dass die Tauchcrew unter Wasser verantwortungslos Korallen und andere Tiere anfasste und Tauchneulinge so zu ähnlichem Verhalten animierte, missfiel uns sehr. Wir sahen, wie andere Taucher unter Wasser Lichtschwertkämpfe mit Seegurken veranstalteten oder sich zum Fotografieren einfach mitten in die Korallen legten, ohne sich darum zu kümmern, dass sie diese dabei abbrachen. Einige Tauchführer angelten trotz der ECO-Zertifizierung des Schiffes einfach mitten im Riff und setzten nachts Kugelfische unter Stress, um die sich aufblasenden Tiere dann mit einer Taschenlampe zu erleuchten wie einen traurigen Lampion. Wir waren wohl die Einzigen an Bord, die das nicht witzig fanden.

Nichtsdestotrotz fanden wir auch schöne Ecken im Great Barrier Reef und trafen bei unseren Tauchgängen auf Suppenschildkröten, Weißspitzen-Riffhaie, unglaublich farbenreiche Riesenmuscheln, Clownfische in Anemonen, Blaupunktrochen, Feuerfische, schüchterne Tintenfische, riesige Napoleonfische und viele hübsche Hart- und Weichkorallen.

Vom Schiff aus entdeckten wir einmal einen Zwergwal. Wir legten hastig die Tauchausrüstung an und leerten unseren halben Sauerstofftank bei der Suche nach dem Tier unter Wasser. Immer, wenn wir kurz auftauchten, um uns von den Leuten an Bord die Richtung weisen zu lassen, deuteten diese ganz woanders hin, als wir gerade waren. Es war leider aussichtslos. Der Wal war einfach zu flink.

Die Nachttauchgänge waren für mich etwas Neues. Das Licht unserer Lampen reflektierend leuchteten überall Augen auf. Die Tauchführer hatten uns gesagt, wenn wir den Eindruck hätten, dass die Augen der Riffhaie neugierig immer näher kämen, sollten wir unseren Körper anleuchten, damit die Tiere sahen, wie groß wir waren.

Einmal schalteten wir das Licht aus, um durch schnelles Handwedeln das fluoreszierende grüne Aufleuchten des Planktons zu sehen. Dabei schlug mir Micha im Stockdunkeln versehentlich die Tauchermaske halb vom Kopf. Als ich sie hustend wieder mit Luft gefüllt hatte und meine Taschenlampe anschaltete, waren die Haie auf einmal ein gutes Stück näher gekommen. Ich leuchtete meinen Körper ab und sie entfernten sich wieder.

Nachts konnten wir neben dem fluoreszierenden Plankton viele andere interessante Dinge entdecken, die wir am Tage nicht zu sehen bekamen. Wir sahen zum Beispiel eine Suppenschildkröte, die ihren Kopf zum Schlafen in eine Felsspalte gesteckt hatte. Nur ihr Hinterteil lugte, sachte in der Strömung wiegend, hervor. Oder einen Papageifisch, der in einer von ihm erzeugten Blase schlief. Es gab so viele Wunder im Meer zu bestaunen. Da war es umso trauriger, wie rücksichtslos einige mit diesem Schatz umgingen.

Zu schnell war der viertägige Tauchtrip zu Ende und das Boot brachte uns, diesmal weniger schaukelnd, zurück nach Cairns.

Endlose Straßen

- Michael -

Zwei Tage Fahrt planten wir für die etwas mehr als 2.400 Kilometer ins Zentrum des australischen Outback, von Cairns nach Alice Springs. Das Zwischenziel nach dem ersten Tag, etwa auf halber Strecke, sollte Mount Isa sein. Für diese Distanz brauchten wir gute 13 Stunden. Die Fahrt durch das australische Hinterland war ganz entspannt. Abgesehen davon, dass es stundenlang nur geradeaus ging, waren die Straßen gut befahrbar und wir passierten abwechslungsreiche, malerische Landschaften. Zusätzlich begleiteten uns immer wieder Schwärme von Wellensittichen, die mal hier und mal dort neben uns auftauchten. Unsere Strecke hätten wir auch auf mehr als zwei Tage aufteilen können. Da längere Fahrzeiten für uns aber nicht ungewohnt waren, entschieden wir uns dagegen. Trotzdem wollten wir es unbedingt vermeiden, während der Dämmerung oder in der Nacht zu fahren, um nicht in der Dunkelheit mit einem der vielen nachtaktiven Tiere im Outback zusammenzustoßen. Bedauerlicherweise sahen wir während der Fahrt immer wieder tote Tiere am Straßenrand, hauptsächlich Opfer der Roadtrains, riesiger Lastwagen, die alles abräumten, was nicht schnell genug von der Straße floh.

Pünktlich zum Sonnenuntergang kamen wir in Mount Isa an. Zu unserer Überraschung hatten wir in der kleinen Bergbaustadt Probleme, eine Unterkunft zu finden. Der Ort war, wie wir erfuhren, zu dem Zeitpunkt in der Vorbereitung auf das Mount Isa Rotary Rodeo, der größten Rodeo-Veranstaltung der südlichen Hemisphäre. Während dieser Zeit verdreifachte sich die Zahl der Menschen in Mount Isa; kein Wunder also, dass die Unterkünfte schon seit Monaten ausgebucht waren. Das hatten wir nun wirklich nicht auf dem Radar gehabt. Nachdem Caro und ich uns ein wenig durchgefragt hatten, fanden wir schließlich doch noch ein Dach über dem Kopf. Die einzige, noch freie Unterkunft in Mount Isa schien ein altes Wohnmobil auf einem Campingplatz zu sein. Die gute Dame an der Rezeption des Campingplatzes erläuterte uns in Bergarbeiterfreundlichkeit unsere Optionen: bezahlen oder verschwinden. Wir durften nicht einmal vorher einen Blick in das Wohnmobil werfen, dafür hätte sie 50 Meter weit laufen müssen und das war ihr zu weit. Nach der langen Fahrt verspürten wir wenig Motivation, die halbe Nacht nach Alternativen zu suchen oder im Auto zu schlafen. Daher bezahlten wir die Übernachtung im Wohnmobil, das zwar etwas in die Jahre gekommen, aber überraschend gut ausgestattet war und über ein großes, einigermaßen gemütliches Bett verfügte.

Die Nacht war mal wieder kalt und leider doch nicht so geruhsam wie erhofft. Am frühen Morgen des Folgetages ging es dann weiter auf die zweite Etappe. Diesmal sollten es etwas weniger als 1.200 Kilometer sein, dafür aber mit einer kurzen Pause bei den Devil's Marbles oder auch Karlu Karlu genannt. Das war ein Gebiet mit tausenden imposanten, roten und runden Granitfelsen.

Mit jedem Kilometer, den wir tiefer ins Outback fuhren, stiegen die Spritpreise. Obwohl man in dieser unbesiedelten Gegend jede Möglichkeit nutzen sollte, verzichteten an einer Tankstelle dann doch darauf zu tanken. Mehr als das Doppelte als das, was in den Städten verlangt wurde, war uns einfach zu viel und wir hatten noch genug Sprit bis zur nächsten Tankstelle.

Als wir dann dort ankamen und auch tanken mussten, war der Sprit sogar noch ein wenig teurer. So viel zu unserer Protestaktion.

Für die komplette Strecke brauchten wir diesmal ungefähr elf Stunden und kamen ein gutes Stück vor Sonnenuntergang bei unserer Unterkunft in Alice Springs an.

Stein der Farben

- Michael -

Alice Springs war der einzige größere Ort im roten Zentrum Australiens und Ausgangspunkt für Fahrten zu den beliebtesten Ausflugszielen des Outback. Das australische Outback war faszinierend und eindeutig ein Highlight unseres Australien Trips. Von Alice Springs aus machten wir einige Wanderungen in die Umgebung und einen Tagesausflug zum fabelhaften Kings Canyon. Neben hübschen Landschaften sahen wir erneut Wellensittiche in großer Zahl, andere farbenfrohe Vögel, einen Dingo und ein Felskänguru, das uns skeptisch aus seiner sicheren Höhle in einem Geröllhaufen beobachtete.

Von Yulara, dem Touristenressort direkt am Uluru-Kata-Tjuta-Nationalpark, ging es dann zum Uluru, der auch Ayers Rock genannt wurde. Schon aus der Ferne sahen wir den riesigen, die Landschaft dominierenden Felsen. In aller Frühe machten wir uns auf den Weg zu ihm, um seine orange-gelbe Einfärbung durch den Sonnenaufgang mitzuerleben. Danach umrundeten wir ihn zu Fuß. Wir ließen uns für die Strecke mehrere Stunden Zeit und genossen die Natur. Die Möglichkeit, den Uluru zu besteigen, nahmen wir aus Respekt vor dem Glauben der Aborigines, denen dieser Berg heilig war, nicht wahr. Das Beeindruckendste war mit Sicherheit das Farbenspiel des riesigen Felsens über den gesamten Tag hinweg, besonders dann aber zum Sonnenuntergang. Außer braun, lila, gelb und orange färbte er sich mit der weiter absinkenden Sonne immer tiefer rot.

Unsere Reise ging weiter nach Coober Pedy, einem Ort, berühmt für seinen Reichtum an Opalen. Schon viele Kilometer vor der Stadt kamen wir an durch Minenarbeiten aufgeschütteten Erdhügeln vorbei. In der Stadt selbst war das zwischenmenschliche Klima eher rau, wie man es von einer Minenstadt erwarten konnte. An der von uns recherchierten Unterkunft empfing uns ein in die Jahre gekommener, weißbärtiger, ehemaliger Minenarbeiter recht unfreundlich. Er hatte natürlich zu dem Zeitpunkt nur ein Zimmer frei und das für einen haarsträubenden Preis. Als wir ihm etwas zu lange überlegten, warf er uns kurzerhand raus. Zum Glück war das nicht der einzige Unterschlupf in dem verschlafenen Nest und wir fanden eine nette Unterkunft, deren Zimmer sich, wie dort üblich, in einem Schacht unter der Erde befanden.

Nach einem Abstecher zu den Breakaways, einer sehenswerten Mondlandschaft, wo wir auch wieder ein paar lustig umher hüpfende Kängurus sahen und dem Dog Fence, der 5.000 Kilometer quer durch Australien errichtet wurde, um die Dingos davon abzuhalten, Schafe zu reißen, schauten wir uns noch eine Opalmine an. Viel mehr hielt uns allerdings nicht in diesem wenig einladenden Örtchen, dessen Straßenschilder des Öfteren von Schrotgewehrschüssen durchlöchert waren.

Im Outback stießen wir erstaunlich oft auf Polizeikontrollen; hauptsächlich Alkoholtests, an denen wir das eine oder andere Mal teilnehmen durften. Auf der Fahrt zu unserem nächsten Ziel, der Flinderskette, wurde ich mal wieder von einem Polizisten angehalten, diesmal allerdings wegen überhöhter Geschwindigkeit. Wohl erst seit Kurzem existierte überhaupt eine Geschwindigkeitsbegrenzung im Outback.

„Wo kommt ihr her?", war die erste Frage des Polizisten, der uns mit Blaulicht zum Anhalten aufgefordert hatte. Ich war wohl 15 Kilometer pro Stunde zu schnell unterwegs gewesen.

„Aus Deutschland", sagte ich nach kurzem Überlegen. Er lächelte zu unserer Überraschung. Er sei selbst schon in England, Italien und Schweden gewesen und deshalb verstünde er, dass wir in Europa zügigeres Fahren gewohnt waren. Deswegen sah er von einer Strafe ab und beließ es bei einer mündlichen Verwarnung. Nachdem wir noch ein bisschen geplaudert hatten, machte er sich den Spaß und gab mir die Verwarnung auch noch schriftlich, als Andenken. Caro war empört, da sie, im Gegensatz zu mir, in Neuseeland nicht ungeschoren davongekommen war. Abends klebte ich die Verwarnung schmunzelnd zu den Erinnerungen in mein Reisetagebuch.

In der Flinderskette, einem Gebirgszug im Norden des australischen Bundesstaates South Australia, wanderten wir und entdeckten dabei erneut Emus, Kängurus, Kakadus und andere Vögel. Danach machten wir uns auf den Weg, um der Einladung der Australier, die wir auf der Galapagos Kreuzfahrt kennengelernt hatten, zu folgen und sie in einem Vorort von Adelaide zu besuchen.

Das Wiedersehen

- Michael -

Unsere australischen Freunde, Pam und Anthony, bereiteten uns einen herzlichen Empfang. Von ihrem großen Haus direkt am Strand mit eigenem Tennisplatz waren wir schwer beeindruckt. Wir wurden herzlich umsorgt, bekamen reichlich zu essen und durften nichts selber machen. Sie bestanden sogar darauf, sich um unsere Wäsche zu kümmern, was uns nicht so ganz recht war. Unsere Freunde zeigten uns besondere Orte der näheren Umgebung und wir berichteten, was wir seit der Zeit auf den Galapagosinseln alles erlebt hatten. Alles in allem verbrachten wir dort ein paar schöne und entspannte Tage.

Mit ihnen diskutierten wir aber auch ein kritisches Thema, das sich uns besonders im Outback aufgedrängt hatte. Es schien offensichtlich, dass die Aborigines kein gutes Ansehen genossen und von vielen weißen Australiern mit Blicken, Worten und Taten abfällig behandelt wurden.

„Die Werte der Aborigines und ihre Auffassung vom Leben sind grundverschieden von denen der westlichen Welt. Staatliche Förderungen um der Armut und Ausgeschlossenheit entgegenzuwirken liefen in der Vergangenheit oft schief. Wohl auch, weil viele dieser Leistungen darauf ausgerichtet waren, die Ureinwohner Australiens in unsere Denkweise zu lenken", sagte Tony bekümmert. Wir sprachen noch lange über das vielschichtige Thema.

Caro und ich bedankten uns bei Pam und Tony für die gemeinsamen Tage. Unsere Reise sollte weitergehen in Richtung Great Ocean Road. Zuvor fragten wir Pam noch nach dem Weg zu einem Einkaufszentrum. Neugierig, wie sie war, wollte sie natürlich den Grund dafür wissen und hilfsbereit, wie sie war, ließ sie es sich nicht nehmen uns vorausfahrend den Weg zu weisen. Auf der Strecke hielten wir kurz und sie stellte uns noch weiteren Mitgliedern ihrer Familie vor. Zum Abschied von diesen verkündete Pam in ihrer unbeschwert-redseligen Art: „Ich zeige den beiden noch ein Geschäft, wo Caro neue Unterwäsche kaufen kann. Diese Tangas sind so winzig, dass die Wäschereien sie ständig verlieren."

Caro wurde erst leicht rosa im Gesicht, zuckte dann mit den Schultern, lachte und sagte schlicht: „Ja, das stimmt wohl!"

Also gingen wir, Pam immer noch auf den Fersen, einkaufen.

Schwingende Koalas

- Michael -

Die Great Ocean Road, eine der berühmtesten Küstenstraßen der Welt, führte ungefähr 240 Kilometer entlang der australischen Südküste. Früh am nächsten Morgen brachen wir auf. Wir fuhren zunächst einen kurzen Umweg zum Tower Hill Wildlife Reserve, wo wir vom Auto aus unsere letzten Emus und Kängurus, einige auch wieder mit Baby im Beutel, sahen. Danach bestaunten wir die Aussichtspunkte der Great Ocean Road. Viele Ausblicke auf die einzigartige Kalksteinküste erwarteten uns. Einer der Höhepunkte waren natürlich die Twelve Apostles, im Meer frei stehende Kalksteinfelsen, von denen es wohl nie zwölf gegeben hatte.

Auf kleinen Seitenstraßen hielten wir Ausschau nach Koalas. Wir brauchten nicht einmal lange zu suchen, schon fanden wir die ersten Tiere schlafend in den Astgabeln von Eukalyptusbäumen. Es wurden von Baum zu Baum mehr. An diesem Tag zählten wir mehr als 100 Koalas, teilweise sogar mehrere auf einem Baum. Uns wurde vorher gesagt, Koalas seien territoriale Tiere und dass jedes seinen eigenen Baum verteidige. Wir sahen bis zu zehn Koalas friedlich nebeneinander auf einem Baum. Auch ein anderes Merkmal dieser Tiere, nämlich dass sie fast nur schliefen, konnten wir nicht wirklich so beobachten: die meisten Koalas waren zu unserer Überraschung ziemlich aktiv. Sie hangelten sich an Ästen entlang und waren größtenteils am fressen. Von wegen täglich 20 Stunden Schlaf! An diesem besonders windigen Tag beobachteten wir kichernd einen Koala dabei, wie er mehrmals versuchte, mit seiner flauschigen Tatze nach einem

Ast voller Eukalyptusblätter zu greifen. Just jedes Mal, wenn er endlich zupacken wollte, blies der Wind den Ast außer Reichweite und der Koala guckte verdutzt, während er sich an seinen ebenfalls schwingenden Ast klammerte.

Schließlich erreichten wir wieder Melbourne und damit schloss sich der Kreis unserer Runde durch Australien. Einen Tag später mussten Caro und ich dann mit traurigen Gesichtern unseren treuen Freund Flupp, der uns über 12.000 Kilometer zur Seite gestanden hatte, wieder bei der Autovermietung abgeben.

Die letzten Tage vor unserem Weiterflug besichtigten wir noch einmal Melbourne. Wir holten unsere Pässe wieder in der indischen Botschaft ab. Da das in Argentinien gekaufte Ersatznetzteil für unser Netbook nun auch noch seinen Geist aufgab, besorgte ich bei einem chinesischen Händler, eineinhalb Stunden von Melbourne entfernt, ein neues Netzteil. Dumm nur, dass ich erst, als ich wieder zurück in der Unterkunft war, bemerkte, dass man mir ein falsches Kabel eingepackt hatte, sodass ich mich erneut auf den Weg machen musste. Aber am Ende war auch dieses Problem gelöst.

Die letzten Tage in Australien gingen schnell vorbei. Immer noch fasziniert von den Landschaften, besonders aber dem Outback und all den Tieren – Wombats, Kängurus, Koalas, Emus, Schnabeltiere, der Unterwasserwelt und den vielen bunten Vögeln – freuten wir uns auf den nächsten Kulturschock, auf das nächste Abenteuer: Asien!

Endlich Millionär

- Carolin -

Von Melbourne aus flogen wir mit einer Zwischenlandung in Sydney, bei der wir der Harbor Bridge und dem Opera House noch einmal zuwinken konnten, nach Denpasar auf Bali. Dort angekommen mussten wir uns in eine lange Schlange einreihen, um uns das Visum für Indonesien zu holen.

Dann hoben wir wie immer zuerst Geld ab. Umgerechnet 65 Euro in der Landeswährung machten uns zu indonesischen Millionären. Der Umgang mit den großen Scheinen war gewöhnungsbedürftig. Wir mussten aufpassen, beim Bezahlen nicht aus Versehen einen Schein mit einer Null zu viel herauszugeben, worauf es der eine oder andere Händler auch abgesehen hatte.

Wir organisierten ein Taxi zu unserer vorausgewählten Unterkunft, die zum Glück noch ein letztes Zimmer für uns frei hatte.

Schon auf der Fahrt durch den wieder wesentlich chaotischeren Verkehr sahen wir viele kunstvolle Tempelchen und Betstätten, die liebevoll mit farbenfrohen Stoffen und Blumengestecken dekoriert waren. Auch unsere Unterkunft hatte einen Schrein. Sie gehörte einer freundlichen Familie und bestand aus einem grünen Innenhof mit umliegenden sauberen Räumen. Doch die Zeiten von heißem fließendem Wasser waren wieder vorbei. Dafür war es auf Bali aber warm.

Wir erkundeten Denpasar schwitzend, im Flipflop-Watschelgang zu Fuß und organisierten die spätere Anreise zur Insel Flores, einen Tauchtrip und einen Fahrer für eine Rundfahrt zu diversen Tempeln auf Bali. Genüsslich stürzten wir uns auf das leckere indonesische Essen und die uns noch unbekannten Früchte, die es dort gab.

Zeitgleich mit der Landung in Denpasar war die seit mehr als zwei Monaten häufig negative Stimmung zwischen Micha und mir unerwartet umgeschlagen. Ich hatte mich gedanklich schon langsam konkreter damit beschäftigt, dass sich wohl bald unsere Wege trennen könnten und jeder allein weiterreisen würde. Denn egal, was wir Schönes gemeinsam erlebten und was uns alles verband, zwischen uns hatte sich eine Kluft aufgetan.

Doch das änderte sich unverhofft. Anstatt weiter aneinander vorbeizureden, sprachen wir endlich wieder richtig miteinander. Die Erschöpfung durch all die Streite und die ständige Unzufriedenheit darüber ließen uns beide anders miteinander umgehen. Micha und ich versuchten nun viel stärker Situationen aus der Perspektive des anderen zu sehen und mehr Verständnis füreinander zu haben. Uns gelang es dadurch schließlich, unsere Konflikte nachhaltig zu lösen. Es war, als sei ein Schalter umgelegt worden.

Mit einem kleinen Motorboot fuhren wir hinaus aufs Meer zu Nusa Penida, einer Insel im Südwesten von Bali, wo wir zwei Tauchgänge machten. Der erste war ein Strömungstauchgang. Ohne uns bewegen zu müssen wurden wir an einem prächtigen Korallenriff, das sich direkt an einer Felskante befand, entlang getrieben. Alle paar Minuten gab uns unser Führer ein Zeichen, uns flach auf eine freie Stelle auf dem Grund zu legen und uns so gut es ging an einem Stein festzuhalten.

Dann kam aus dem Nichts eine starke Strömung, die uns die Kante hinunter hätte ziehen können, wenn wir nicht vorgewarnt gewesen wären. Die Korallen wehten dabei wie Bäume bei starken Sturmböen an Land. Bereits dort, so nah am touristischen

Bali, war die Unterwasserwelt intakter und fischreicher, als sie es bei unseren Tauchgängen im Great Barrier Reef gewesen war.

Der zweite Tauchgang verschaffte uns eine erneute Begegnung mit Mantarochen. Wir tauchten ab, knieten uns auf den Grund und warteten. Der Tauchplatz war eine Art Manta-Waschanlage. Die Rochen kamen hierher, weil dort zahlreiche Putzerfische auf sie warteten. Bereits nach ein paar Minuten erschienen zehn bis fünfzehn der riesigen Tiere und drehten ihre Kreise um uns herum. Neugierig schwebten sie immer näher heran, um dann kurz vor uns wieder abzudrehen. Sogar ein tragendes Mantaweibchen mit dickem Bauch war dabei. Indonesien hatte für uns somit schon wunderbar begonnen, aber es sollte noch besser werden – ein paar Belastungsproben dazwischen einmal ausgeblendet.

Am Folgetag holte uns der zuvor gebuchte Fahrer pünktlich ab. Mit ihm fuhren wir zuerst zu einer etwas touristischen, traditionellen Tanzvorführung, die den Kampf zwischen dem Barong, dem guten Geist und der Ragda, dem bösen Geist, darstellen sollte. Im Anschluss ging es einmal quer über die Insel. Micha und ich besuchten einige der bekanntesten Hindutempel auf Bali. Sie lagen eingebettet in grüne Landschaften, inmitten eines Sees oder sogar im Meer. Zu Mittag aßen wir in einem Warung, einem winzigen Straßenrestaurant, ein traditionelles, höllisch scharfes Spanferkelgericht. Wir sahen uns die grünen Reisterrassen an, die Balis Landschaft prägten, fuhren zu einem Aussichtspunkt, von dem aus wir die beiden „Zwillingsseen" Danau Buyan und Danau Tamblingan sehen konnten und schlenderten über ein paar Märkte.

Immer wieder wurde recht dreist versucht, uns möglichst viel Geld aus der Tasche zu ziehen. Für eine Handvoll der leckeren

Schlangenfrüchte verlangten die Verkäufer auf einem Markt umgerechnet 16 Euro, mit der Begründung, Früchte seien auf Bali Mangelware.

Wir fanden eine freundliche Familienpension in der Kleinstadt Ubud. Während wir am Morgen Bananenpfannkuchen frühstückten, handelten wir mit Ali, dem Sohn der Familie, einen Deal für eine geführte Vulkanbesteigung aus.

Zunächst wollten wir allerdings den Affenwald von Ubud besuchen. Das war ein Waldstück am Rand der Stadt mit gepflasterten Wegen, in dem haufenweise freche Affen lebten. Wir beobachteten, wie ein paar clevere Exemplare einen Bewässerungsschlauch vom Anschluss abzogen und ihren Durst stillten. Das durch die umher spritzende Wasserfontäne entstehende Chaos nutzen weitere Affen, um sich auf die Rucksäcke der abgelenkten Touristen zu stürzen.

Eine Affenmutter riss einer Touristin sämtliche zum Füttern gekauften Bananen aus der Hand und verteilte sie an ihren Nachwuchs. Danach bewarf sie die Touristin mit den Bananenschalen und drohte ihr mit gefletschten Zähnen, als sie ihr zu nahe kam.

Alle paar Minuten schrie ein anderer Tourist auf, dem etwas entwendet oder der gerade angesprungen und gezwickt worden war. Einmal versuchte ein winziger Babyaffe nach Michas Kamera zu greifen, war aber noch nicht schnell genug und guckte uns aus großen Augen enttäuscht an.

Um zwei Uhr am Morgen läutete bereits der Wecker. Wir wollten in der Dunkelheit den Vulkan Gunung Batur besteigen. Von dessen Krater aus sollte man nach Sonnenaufgang einen wunderbaren Ausblick auf den höheren Nachbarvulkan, Gunung Agung und das Umland haben.

Ein Freund von Ali holte uns in der Pension ab und brachte uns zum Fuße des Vulkans, wo schon ein Bergführer auf uns wartete.

Der Weg stellte sich als so einfach heraus, dass wir keinen Führer gebraucht hätten. Als wir nach zwei Stunden Aufstieg oben am Krater ankamen, mussten wir noch eine Weile warten, bis es langsam heller wurde. Zuerst war nur dichter Nebel zu sehen. Nach einiger Zeit, den Sonnenaufgang hatten wir mittlerweile leider schon verpasst und unser Bergführer drängelte zum Abstieg, löste sich der Nebel endlich auf. Der Ausblick auf das vom Meer eingerahmte Bali und den Gunung Agung war herrlich.

Nach dem Abstieg fuhr uns Alis Freund zum Muttertempel Pura Besakih, dem bedeutendsten hinduistischen Heiligtum in Indonesien. Ein korrupter Polizist knöpfte unserem Fahrer dann kurz vor dem Ziel noch Geld ab. Das Geld übergab der Fahrer, ohne mit der Wimper zu zucken, damit der Polizist ihm nicht einfach so den Autoschlüssel wegnahm. Am Eingang zum Tempel schließlich angelangt, musste sich Micha noch einen Sarong kaufen, um seine nackten Schienbeine zu verhüllen.

Als wir mit unseren eben gekauften Tickets endlich in den Tempel wollten, wurden wir von ein paar Beamten noch an einen Schalter zur Ticketkontrolle und angeblichen Registrierung gebeten. Wir sollten unsere Namen auf eine Liste setzen, auf der neben den Namen recht hohe Preise standen. Auf diese Weise versuchten sie uns erst zu einer Pflichtspende zu überreden, dann einen völlig unnötigen Führer anzudrehen. Wir dürften nicht alleine den Tempel besichtigen, viel zu leicht würden wir etwas falsch machen und dann müssten wir mit schlimmen Strafen rechnen. Micha griff kurzerhand hinter den Schalter nach unseren Tickets, die wir dummerweise vorher aus der Hand gegeben hatten und wir gingen unter den Verfluchungen der Betrüger weiter und schauten uns den Tempel wie geplant auf eigene Faust an. Micha trippelte in seinem Sarong neben mir die Stufen nach oben: „Wie können Frauen mit einem Rock überhaupt gehen?"

Wir hatten schnell den Eindruck gewonnen, in Asien deutlich mehr darauf achten zu müssen, nicht über den Tisch gezogen zu werden, als es auf unserer bisherigen Reise der Fall gewesen war. Mit einem Bemo, einem kleinen privaten Mehrpersonentaxi, fuhren wir zurück nach Denpasar. Ali hatte uns zum Abschied verraten, dass der normale Preis für diese Fahrt eigentlich 5.000 Indonesische Rupiah waren. Zunächst verlangten die Fahrer aber 80.000 Rupiah. Nach zähen Verhandlungen zahlten wir letztendlich 10.000 Rupiah für das Bemo.

Krabbel-Klasse

- Carolin -

Am Morgen nahmen wir eine Fähre zur Insel Flores. Die Überfahrt sollte eineinhalb Tage dauern. Wir hatten ein Economy Ticket gebucht, aber als wir an Bord der großen PELNI Fähre
gingen, wurde schnell klar, dass wir nicht in der Economy
Klasse bleiben wollten. Für diese Klasse waren die beiden Un-
terdecks reserviert, in denen es dunkel und stickig war, weil es
keine Fenster gab und fast jeder indonesische Mann qualmte.
Dort gab es lediglich nebeneinander aufgereihte, versiffte Pritschen, die alle schon belegt waren und unter denen ver-
schiedenstes Getier durch huschte. Die Leute musterten uns
unverhohlen und ohne eine Spur Freundlichkeit im Blick.

„Ich habe kein gutes Gefühl hier", murmelte ich Micha zu.

„Ich auch nicht", antwortete er stirnrunzelnd.

Wir gingen nach oben zum Deck der ersten und zweiten
Klasse und setzten uns auf eine Bank im Gang. Draußen auf dem
Oberdeck schlugen andere indonesische Economy Klasse Gäste
ihr Lager auf dem Boden auf. Da war zumindest die Luft ein
wenig besser.

Wir hatten noch nie so viele Menschen derart exzessiv rauchen gesehen wie in Indonesien. Kaum war eine der besonders
stinkenden Zigaretten aufgeraucht, schon wurde die nächste an-
gezündet. Überall, draußen oder drinnen, in der Schiffskabine
oder im Restaurant. Hauptsächlich sahen wir Männer rauchen.
Von Kindern bis zu Greisen. Darüber hinaus musste ich mich
damit abfinden, ständig ungeniert angestarrt und mit lüsternen
Blicken abgeschätzt zu werden.

Wir fielen natürlich auch dem Bordpersonal auf, wie wir dort ratlos herumsaßen und jeder versuchte uns für teures Geld eine Kajüte in der ersten oder zweiten Klasse anzudrehen, die größtenteils leer waren. Zunächst gaben wir uns unbeeindruckt, sagten, wir würden eben auf der Bank bleiben und gingen nicht auf die Angebote ein.

Dann, nach harten Verhandlungen, bekamen wir zwei Schlüssel für verschiedene Kajüten in der zweiten Klasse, denn in dieser Klasse durften Männer und Frauen nicht zusammen in einem Raum schlafen.

Wir nächtigten einfach heimlich in meiner Frauenkabine, weil sonst niemand dort war und es außerdem in Michas Männerkabine kein freies Bett mehr gab. Trotz zweiter Klasse war die Kabine eine einzige Katastrophe. Dort war seit Ewigkeiten nicht geputzt worden. „Wenn überhaupt jemals zuvor", dachte ich.

Schaben liefen durch den ganzen Raum. Wir sahen immer mindestens fünf von ihnen an den Wänden, auf dem Boden oder auf den Liegen. Es war ein ständiges Gewusel.

„Zweite Klasse – Krabbel-Klasse", kommentierte Micha dumpf.

Der Fußboden im Bad war voller braunem Brackwasser und wir konnten eigentlich keine der ekligen Armaturen anfassen. Die Laken auf den Betten wirkten nicht so, als ob sie jemals gewechselt worden wären.

Nach dem halbwegs essbaren Mittag- und Abendessen schafften wir es tatsächlich, ein paar Stunden zu schlafen. Wir ließen die Schuhe an, stülpten die Socken über die Hosenbeine, damit keine Schabe rein krabbeln konnte und vermummten uns trotz der Hitze so weit, dass nur noch unsere Nasenspitze frei war. Das Licht ließen wir vorsichtshalber an.

Wir überstanden auch diese Nacht. Trotz der unhygienischen Bedingungen ließen wir es uns nicht nehmen, die Aussicht tagsüber zu genießen. Den 60. Geburtstag des Schiffes und das gleichzeitige Ende des Ramadans durften wir als Krabbel-Klasse-Passagiere mit dem Kapitän und der Crew feiern. Ein paar Stunden später, die Sonne war gerade untergegangen, legten wir endlich in Labuan Bajo auf Flores an.

Wir freuten uns auf eine Dusche und ein halbwegs ordentliches Bett. Doch dieser Wunsch sollte nicht erfüllt werden, denn keine ansatzweise annehmbare Unterkunft hatte noch Zimmer frei. Wir übernachteten notgedrungen in einem modrigen Bretterverschlag mit einem unsäglichen Raum, der wohl das Bad darstellen sollte.

„Was ist das?", fragte ich entsetzt und zeigte auf die kackbraune, dreckige Wanne im Boden. „Multifunktionswanne – Klo, Dusche und Waschbecken in einem?"

Wir knoteten die löchrigen Überreste des Moskitonetzes zusammen und warfen sie über unsere Köpfe. Auch diese Nacht schliefen wir nur wenige Stunden, bis uns der Sonnenaufgang endlich erlöste und wir umziehen konnten.

Im Land der Drachen

- Carolin -

Gleich am nächsten Morgen machten wir uns daran, einen Boot-strip zu den bekannten Komodowaranen zu organisieren. Dazu schlossen wir uns mit zwei weiteren Pärchen zusammen und charterten für die folgenden Tage ein Boot. Es war überraschend sauber und das Essen erstaunlich gut. Eine wohltuende Ab-wechslung zu den vorherigen Tagen. Es gab sogar frisch ge-presste Säfte.

Ganz entspannt brachte uns das Boot, an zahlreichen hüb-schen Inseln vorbei schippernd, zur Insel Rinca. Dort gingen wir mit einem Führer auf Wanderung, um Komodowarane in freier Wildbahn zu suchen. Die teilweise auch als Komododrachen be-zeichneten Tiere wurden bis zu drei Metern lang und es gab sie nur noch in dieser Gegend Indonesiens.

Es dauerte keine zehn Minuten, da hatten wir bereits den ers-ten Waran entdeckt. Wahnsinn, wie groß diese Tiere in natura doch wirklich waren!

Er bewegte sich keinen Millimeter, nur ab und zu schnellte seine gespaltene Zunge hervor. So sah er tatsächlich aus, wie ein Lebewesen aus der Urzeit. Wir hielten respektvoll Abstand. Un-ser Führer fand noch eine Handvoll weitere, nicht minder beein-druckende Exemplare und auch einen noch jungen Waran, der nicht größer war als ein Dackel.

Auf unserem Weg durch den lichten Wald der Insel begegne-ten wir unerwartet einer Speikobra. Ein weiterer Führer hatte die arme Schlange aus ihrem Versteck gejagt, damit er sie seinen Touristen zeigen konnte.

Wieder zurück auf dem Boot ging es mit einem paradiesischen Zwischenstopp zum Schnorcheln weiter zur Insel Kalong. Dort erlebten wir nach einem großartigen Sonnenuntergang, wie in der Dämmerung Tausende Kalong-Flughunde von der Insel abhoben und über unsere Köpfe hinweg zum Jagen ausflogen. Was für ein beeindruckendes Schauspiel!

Es wurde rasch dunkel und wir quatschten noch ein wenig mit Iker und Maider aus Spanien und Minai und Joseph aus England, bis wir es uns schließlich alle auf dem Boden bequem machten. Das Boot wiegte sanft auf dem Wasser. Wir lagen auf dem Rücken und schnupperten die laue Abendluft. Am Himmel waren die Milchstraße und unendlich viele Sterne zu sehen.

„So viele Sterne am Himmel und ein Stern hier unten bei mir", witzelte Micha unerwartet romantisch. Dann küsste er meine Nasenspitze und war eingeschlafen.

Ich lächelte. Erfreut über die wieder eingekehrte Harmonie fiel ich ebenfalls in einen tiefen Schlaf.

Nach der Nacht an Deck fuhren wir am nächsten Tag nach Komodo, um dort weitere Warane zu suchen. Diesmal waren wir erfolglos, weil unser Führer, wie Micha trocken feststellte, „einfach eine Pfeife" war. Lustlos latschte dieser einen ausgetretenen Pfad mit uns ab und zeigte uns am Ende ein paar Warane, die immer bei der Küche an der Anlegestelle herumlungerten. Trotzdem gefiel es uns auf der Insel umher zu wandern. Schnell war der unmotivierte Führer vergessen, als wir darauf am Pink Beach, einem von nur sieben rosa Stränden auf der Welt, ankamen. Auch dort bewunderten wir schnorchelnd die unversehrte Unterwasserwelt.

Zu dieser Zeit fühlten wir erneut intensiv, wie wunderbar es war, sich einfach losgelöst treiben zu lassen. Diese Bootstage hatten etwas Magisches und wir waren froh, all diese Wunder erleben zu dürfen. Und das zu zweit, nachdem wir eine für uns doch recht schwierige Zeit zusammen durchgestanden und letztendlich viel besser als Paar zueinander gefunden hatten.

Traumtauchen

- Carolin -

Voller Vorfreude blickten wir unseren nächsten Tauchausflügen entgegen. Die Unterwasserwelt im Nationalpark Komodo galt als besonders artenreich. Zum wiederholten Mal auf der Reise hatte ich Halsschmerzen und war heiser. Ich machte mir Sorgen, dass ich zu erkältet war, um beim Tauchen den Druckausgleich zu schaffen. Das war glücklicherweise nicht der Fall. Bloß sollte ich in den folgenden vier Tagen so gut wie keinen Ton mehr herausbringen können. Aber unter Wasser brauchte ich ja sowieso nicht zu sprechen.

Abgesehen davon schwelgten wir die nächsten Tage einfach nur in Glückseligkeit. Frühmorgens fuhren wir mit dem Boot hinaus, tauchten, aßen an Bord zu Mittag, tauchten wieder, sonnten uns und tauchten vor der Heimfahrt noch ein drittes Mal.

Die Tauchbedingungen, die Unterwasserlandschaften und die dort lebenden Tiere waren bei jedem Tauchgang unterschiedlich. Manchmal tauchten wir durch ganze Korallenwälder und waren von so vielen Fischen umgeben, dass wir fast nicht die eigene Hand vor Augen sehen konnten. Manchmal machten wir uns, das Gesicht nur 20 Zentimeter über dem Grund, in trübem, grünlichem Wasser auf die Suche nach eher kleinen, schwer auffindbaren Lebewesen, wie Seepferdchen, Seenadeln und fantastisch bunten Nacktkiemern. Dann sahen wir ein anderes Mal bei einem Strömungstauchgang über glattem, unbewachsenem Felsengrund erneut einen riesigen Mantarochen. Wir entdeckten einige Sepien, die innerhalb eines

Wimpernschlags ihr komplettes Aussehen veränderten. Einmal schwebten wir knapp über dem Grund und starrten minutenlang gebannt die unglaublich bunten Mandarinfische an, die zum Schutz zwischen Seeigeln lebten. Ich entdeckte einen Karnevalstintenfisch, der so tat, als sei er eine dieser schwarz-weiß gestreiften Wasserschlangen.

Ein anderes Mal verschluckte ich mich fast vor Lachen über Michas verdutztes Gesicht, als ein winziger Clownfisch, den er gerade aus einem Meter Abstand fotografierte, blitzschnell aus seiner Anemone schoss und Michas Tauchermaske rammte. Die kleinen Kerlchen waren derart resolut und unerschrocken bei der Verteidigung ihres Zuhauses!

Bei einem anderen Tauchgang sah ich mich nach Micha um, der regungslos in der Schwebe hing und etwas anstarrte. Ich folgte seinem Blick. Da sah ich etwas, das in dieser Form auch noch keiner der Tauchführer in all ihren Jahren dort gesehen hatte: es war ein Schwarm von mehreren hundert Kuhnasenrochen, angeführt von einem Schwarzspitzen-Riffhai. Micha und ich sprinteten unter Wasser los und unsere beiden Tauchführer hefteten sich uns sogleich an die Flossen, als sie merkten, wohin wir wollten. Es sah kurzzeitig so aus, als würde uns der Schwarm abhängen. Wir wurden keuchend langsamer. Doch plötzlich und wie auf Kommando drehte er um und kam zurück, direkt in unsere Richtung. Wir erstarrten ehrfurchtsvoll. Ich bekam eine richtige Gänsehaut und zwinkerte die beiden Salzwassertröpfchen in meinen Augen schnell weg. Es war ein unglaublicher Anblick, wie diese gigantische Wand aus sich synchron bewegenden Rochen knapp neben uns vorbeizog. Wir konnten einander unter Wasser jubeln hören. Was für ein einmaliges und ergreifendes Erlebnis!

Der Nationalpark Komodo war definitiv ein unvergesslicher Ort, an den wir unbedingt irgendwann zurückreisen wollten.

I did not hit!

- Michael -

Um von Flores wieder zurück nach Denpasar und wenige Tage später weiter auf die Insel Java zu gelangen, verzichteten wir diesmal auf die lange Fahrt mit der Ekel-Fähre. Stattdessen nahmen wir den deutlich aufwändigeren Weg mit mehreren Bussen und kurzen Fährverbindungen zwischen den Inseln. Aber auch diesmal wurden wir von Krabbelviechern nicht verschont. Eines davon fiel zappelnd aus einer Buslüftung direkt in Caros Oberteil, die sofort aufsprang.

Nach der 45-minütigen Fährüberfahrt von Bali nach Java waren wir gerade von Bord gegangen und liefen im Gänsemarsch munter plaudernd über eine Brücke in Richtung Hafen. Caro hatte langsam ihre Halsschmerzen überstanden und konnte wieder sprechen, auch wenn es noch etwas heiser klang. Auf einmal brach sie mitten im Satz ab. Ich drehte mich um und sah, dass sie rücklings auf ihrem Rucksack am Boden lag – wie eine umkippte Schildkröte. Caro war in ein Schlagloch getreten und hatte mit dem schweren Gepäck das Gleichgewicht verloren. Vor Schreck hatte sie sich dabei auf ihre Lippe gebissen, die nun etwas blutete. Aber ansonsten war zum Glück nichts passiert. Deswegen lachten wir eine Minute später auch schon über den Schildkröten-Vorfall.

Kurz darauf wurden wir von Mitarbeitern der Touristeninformation abgefangen. Als einreisende Touristen sollten wir uns registrieren. Während wir dies taten, zeigte der Beamte entsetzt auf Caros blutende Lippe: „Miss, you are bleeding!" Er erkundigte sich mit gesenkter Stimme bei ihr, ob alles okay sei.

Sie sagte, es sei nichts, sie sei nur hingefallen. Das klang natürlich sehr verdächtig.

Der Beamte sah mich skeptisch an. Ich versuchte lustig zu sein und sagte: „I did not hit!" Dabei machte ich eine unterstreichende Faustschlagbewegung nach vorne.

Leider kam der Scherz nicht so gut an. Der Beamte warf mir nur noch böse Blicke zu und ließ uns gefühlt nur sehr widerwillig wieder gehen.

Schweflige Vulkane und bedeutende Tempel

- Michael -

Auf Java war unser erstes Ziel das Ijen Plateau im Osten der Insel. Nach einer kurzen Nacht mit wenig Schlaf brachen wir um Mitternacht auf zum Vulkan Gunung Ijen. Nach der Anfahrt mit dem Auto ging es zu Fuß einen drei Kilometer langen Pfad bergauf. Der Weg war mühselig, es war kalt und wir waren müde. Wofür also all die Strapazen? Wir wollten die blauen Schwefelfeuer im Inneren des Kraters sehen, die man nur im Dunkel der Nacht betrachten konnte. Außerdem mussten wir vor sechs Uhr wieder aus dem Krater raus sein, da um diese Zeit vielleicht die Schicht des Sicherheitsbeamten beginnen würde, der den Krater bewachte. Vielleicht, weil er manchmal erschien und manchmal nicht. Der Beamte sollte verhindern, dass Touristen die Arbeiter im Krater behinderten.

Um niemanden zu stören, bezahlten wir einen der Arbeiter, damit er uns sicher den 20 Minuten langen Weg in den Krater hineinführte. Das war eine willkommene zusätzliche Einkommensquelle für die schlecht bezahlten Männer. Bei einem Tagesgehalt von weniger als neun Euro mussten diese Arbeiter, größtenteils nur mit Sandalen an den Füßen, zweimal am Tag mit bis zu 90 Kilogramm schweren Körben voller Schwefel dieselbe staubige, steile Strecke den Vulkan auf und ab gehen, die uns mit festem Schuhwerk und ohne Last schon außer Puste gebracht hatte. Und das, nachdem sie beim Abbau des Rohstoffes lange Zeit den ätzenden Dämpfen und brennenden Gasen in der Nähe des über 100 Grad heißen, flüssigen Schwefels ausgesetzt waren. Neben dem Verlust des Geruchs- und Geschmackssinns waren schwere Unfälle beim Abtragen und Transportieren des Schwefels keine Seltenheit.

Je weiter Caro und ich mit unserem Führer in den Krater vordrangen, desto schwefeliger wurde die Luft und desto schwerer fiel das Atmen. Wir banden uns Tücher vor Mund und Nase, um uns etwas vor der ätzenden Luft zu schützen. Schon aus der Ferne konnten wir die blauen Schwefelflammen erkennen. Aus der Nähe waren sie erst richtig eindrucksvoll. Immer wieder züngelten die teilweise meterhohen Flammen durch den Schwefelqualm. Es war eine unwirkliche, lebensfeindliche Umgebung und doch war das Schauspiel faszinierend. Lange konnten wir aufgrund der Dämpfe aber nicht im Krater bleiben.

Als wir wieder oben am Kraterrand angekommen waren, genossen wir erst einmal die frische, sanfte Luft, die in unsere Lungen strömte. Unvorstellbar, wie die Männer diese Arbeit tagtäglich schafften. Wir bedankten und verabschiedeten uns von unserem Führer und liefen ein paar hundert Meter weiter entlang des Randes, um einen guten Aussichtspunkt zu finden. Ganz allein genossen wir eine Stunde später das Farbenspiel des Sonnenaufgangs mit weitem Blick auf die unter uns erwachende Insel.

Auf dem Rückweg kam uns ein Schwefelarbeiter mit einem vollen Korb entgegen. Gegen ein Trinkgeld durfte ich mir den Korb auch einmal probehalber auf die Schultern setzen. Dieser wog „nur" 65 Kilogramm. Ich wäre allerdings nicht in der Lage gewesen, mit diesem unhandlichen Gewicht auf den Schultern unfallfrei den Berg wieder hinunterzugehen.

Beim nächsten Vulkan, dem leicht rauchenden Gunung Bromo, war der Sonnenaufgang ein völlig anderes Erlebnis. Wieder standen wir früh auf. Die Landschaft und die Aussicht auf den Vulkan waren ebenfalls großartig, allerdings durften wir sie mit ein paar hundert Zuschauern teilen. Die Leute schrien, einige begannen sogar laut zu singen und zu grölen. Es ging zu wie auf einem Volksfest.

Nachdem die Sonne aufgegangen war bestiegen wir trotz allem noch wie geplant den Vulkan selbst. Es war eher ein kurzer Spaziergang als eine anstrengende Wanderung und dementsprechend waren wir auch hierbei von einer lautstarken Menschenmasse umgeben.

In der Nähe von Yogyakarta besichtigten wir die UNESCO-Weltkulturerbe-Stätten, den buddhistischen Tempel Borobudur und den hinduistischen Tempel Prambanan. Es begann schon ereignisreich, als auf dem Weg zu den Tempeln ein Moped in unser Auto krachte. Der gestürzte Mopedfahrer sah zunächst aus, als hätte er sich böse verletzt. Nach ein paar Minuten hatte sich die Situation allerdings schon aufgelöst, mit Beulen und Schrammen an Mensch und Maschine, aber ohne Polizei, Krankenwagen oder irgendeinen Austausch von Informationen.

Yogyakarta war das Zentrum der traditionellen javanischen Kultur und zugleich wegen zahlreicher Universitäten auch das Bildungszentrum. Caro und ich nahmen uns ein paar Tage Zeit, um in die Stadt einzutauchen.

Am letzten Abend schauten wir uns noch ein traditionelles Puppenspiel an. Caro fand, dass es mit Abstand das Langweiligste war, was wir auf der ganzen Reise unternommen hatten und wäre fast eingeschlafen, wäre da nicht die schrille, unmelodische Musik gewesen. Ich hingegen fand es interessant, aber zwei Stunden waren mir dann auch etwas zu lang.

Mit dem Zug fuhren wir weiter nach Jakarta. In der Hauptstadt Indonesiens gab es nicht viel, das uns spannend erschien.

Daher entspannten wir dort nur ein wenig vor unserem Weiterflug nach Hongkong.

Im Reich der Mitte

- Michael -

Da waren wir also, im Reich der Mitte. Unser erstes Ziel und Tor zu Festlandchina war Hongkong. Da wir für unsere weitere Reise durch China ein Visum benötigten, beantragten wir es sofort am ersten Tag. Bis zu seiner Fertigstellung sollte es etwas weniger als eine Woche dauern, die wir damit verbrachten, die Stadt kennenzulernen.

Es gab ein paar hübsche Parks, Museen, Tempel und Märkte. Der Ausblick auf die hochmoderne Stadt, die mit ihren Wolkenkratzern von Buchten und grünen Gipfeln umrahmt wurde, war sehr schön. Wir waren angetan von diesem ersten Eindruck von China.

Hongkong war sauber und wirkte aufgeräumt. Die Chinesen dort waren höflich, freundlich, hilfsbereit und darauf bedacht, nicht unangenehm aufzufallen. In den Zentren der Stadt und bei den Touristenattraktionen gab es viele Hongkong-Chinesen, die mindestens ein wenig Englisch sprachen. Es fiel uns also nicht sonderlich schwer, uns zurechtzufinden.

Außerhalb der Zentren und Touristenattraktionen und dort, wo die Übersetzungen der Schriftzeichen, wie zum Beispiel der Straßennamen, aufhörten, wurde es dann schon etwas kniffliger. In solch einer Gegend versuchten wir einmal etwas zu essen zu bestellen. Wir zeigten unauffällig auf den Teller einer anderen Person, die ein Gericht aß, das wir identifizieren konnten. Wir können uns sogar heute noch genau an dieses Curryhähnchen mit Reis erinnern. Einmal in das kalte, halb rohe Hähnchen zu beißen reichte aus, um uns den Appetit komplett zu verderben.

Dies war, ohne zu übertreiben, das ekligste Essen, das uns auf der kompletten Reise vorgesetzt wurde.

Als wir unser Visum für Festlandchina in den Händen hielten, machten wir uns auf nach Shenzhen, dem nächstgelegenen Ort Festlandchinas und Ausgangspunkt vieler Zugverbindungen. Die Einreise in das „echte" China verlief ohne Probleme und wir nahmen den nächsten Zug nach Guilin, ins Landesinnere.

China Süßsauer

- Carolin -

Die Fahrt mit dem Nachtzug war komfortabel. Es gab schmale Liegen, die aber recht bequem waren. Wir waren etwas verwirrt, als uns die Schaffnerin die Tickets abnahm und stattdessen eine Plastikkarte in die Hand drückte. In jedem Land gab es ein anderes System. Später in der Unterkunft erklärte uns die Rezeptionistin, dass die Schaffner so die Kontrolle behielten, wer wann aussteigen musste und die Passagiere dadurch auch rechtzeitig wecken konnten. Kurz vor Guilin bekamen wir also unsere Tickets zurück und da wir es nicht auf Chinesisch verstanden, wurden wir mit Handzeichen zum Ausstieg dirigiert. Micha und ich erfuhren fortan, wie es war, ein Analphabet zu sein. In Festlandchina gab es kaum Leute, mit denen wir uns auf Englisch verständigen konnten. Wir mussten improvisieren. Mit chinesischen Zeichen beschriebene Notizzettel halfen uns dabei, Zugtickets zu organisieren und landestypische Gerichte zu bestellen. Die Notizen erhielten wir meist von den Englisch sprechenden Angestellten unserer Unterkünfte.

An unserem ersten Abend in Guilin machten wir bei einem chinesischen Barbecue im Hostel mit. Wir wurden in der Kunst der Zubereitung von Jiaozi eingeweiht. Jiaozi waren Dim Sum – kleine, meist gedämpfte oder frittierte Gerichte – die Maultaschen ähnelten. Davon kochten wir reichlich. Außerdem gab es verschiedene Fleischspieße, Glasnudeln, Maiskolben, Spinat, Brokkoli und anderes Gemüse. Micha war glücklich über die große Portion und hörte erst mit dem Essen auf, als der Berg leerer Holzspieße auf seinem Teller peinlich hoch geworden war.

Seit Monaten fantasierte er immer häufiger darüber, wie schön es jetzt wäre, ein ordentliches Schnitzel zu essen. Nach dem Barbecue dauerte es immerhin ein paar Tage länger, bis er wieder davon anfing.

Wir fanden die sogenannte Kleinstadt mit ihren 700.000 Einwohnern aber nicht wirklich sehenswert. Es gab einfach zu viel grauen Beton und alles war überfüllt mit Menschen. Die Landschaft in der Gegend um Guilin galt als eine der reizvollsten Chinas und ihretwegen waren wir dorthin gereist. Mit einem Minibus fuhren wir also zu den Reisterrassen von Longji, die die steilen Hänge der dortigen Täler in saftig grüne Treppen verwandelten.

Die schaukelige Anfahrt dauerte mehrere Stunden und bereits nach der Hälfte sehnte ich mir eine Toilette herbei. Später, ich war mittlerweile in einer echten Notlage, hielten wir endlich an einer Tankstelle. Mit schmerzender Blase trippelte ich zum Toilettenhäuschen. Doch drinnen gab es keine Toilettenabteile, nur gefliesten Boden mit einem schmalen Abflussbächlein in der Mitte, über dem hintereinander schon zwei Chinesinnen mit heruntergelassener Hose hockten. Ich war beileibe nicht in der Situation, noch wählerisch zu sein, aber bis dahin hatte ich mich auf keiner Toilette so geekelt wie dort. Denn egal wo und wie dreckig, ich war wenigstens allein gewesen und hatte nicht einen anderen Hintern direkt vor der Nase. Erleichtert und angewidert zugleich stieg ich zurück in den Minibus und die Fahrt ging weiter.

Wir hatten mehrere Stunden Zeit, die Reisterrassen zu Fuß zu erkunden. Das Wetter war gut und Micha und ich erklommen freudig einen Aussichtspunkt nach dem anderen. Wir liefen immer weiter auf schmalen Pfaden, bergauf und bergab.

Irgendwann war es an der Zeit, sich auf den Rückweg zu machen. Wir fragten uns bei den vorbeikommenden Reisbauern mit Händen und Füßen durch. Sie hielten uns zurück, als wir falsch abzweigen wollten und deuteten auf den richtigen anderen Weg. Irgendwann war auf einmal niemand mehr zu sehen.

Der Weg wurde immer zugewachsener und wirkte nicht so, als ob er regelmäßig genutzt würde. Uns war versichert worden, Flipflops seien völlig ausreichend für die Wege in den Reisterrassen. Doch wie wir wussten, waren diese Terrassen auch das perfekte Zuhause für Schlangen. Daher war es ein beunruhigendes Gefühl, die eigenen Füße in dem hohen Gras nicht mehr sehen zu können. Wir ärgerten uns über uns selbst, dass wir der Schuh-Empfehlung so leichtgläubig gefolgt waren. Weil der Weg aber tendenziell in die richtige Richtung führte und umdrehen zu lange gedauert hätte, liefen wir vorsichtig weiter, abwechselnd durch Bambuswäldchen oder mitten durch die Reisfelder. Völlig unvermittelt blieb Micha wie angewurzelt stehen und bedeutete mir mit einer Handbewegung, ebenfalls anzuhalten. Ein paar Meter vor uns glitt eine dicke, schwarze Schlange in Zeitlupe vom Weg. Wir wichen zurück und warteten. Der Pfad war extrem schmal und der Busch, in dem das Tier verschwand, direkt daneben. Aber irgendwann würden wir weitergehen müssen.

„Ist das eine Kobra?", flüsterte ich.

„Keine Ahnung", sagte Micha leise.

Wir warteten eine Weile, tauschten einen Blick und nickten. Dann gingen wir vorsichtig weiter.

Glücklicherweise passierte nichts. Eine halbe Stunde später wurden die Wege breiter und ausgetretener und wir wussten wieder, wo wir waren.

Ein weiterer Tagesausflug führte uns in das umliegende Karstgebirge, wo wir mit einem Boot den Li-Fluss hinunterfahren wollten. Wir freuten uns auf eine entspannte Bootsfahrt. Aber schon am Fluss gab es aufgrund der Masse an Besuchern eine große Rangelei um die besten Plätze auf den Bambusbooten. Als jeder endlich saß, fuhren die Boote mit lauten Motoren los. Die Landschaft mit ihren sich im Fluss spiegelnden steilen Gipfeln war wunderschön, aber die friedliche Atmosphäre der Szenerie ging im Lärm und Benzingestank der vielen Boote unter. Wir unternahmen im Anschluss noch eine weitere Fahrt auf dem Yulong-Fluss mit einem Bambusboot ohne Motor. Aber dabei ersetzte die geschriene Unterhaltung der Steuermänner untereinander den Motorenlärm. Währenddessen rotzte unser Steuermann unaufhörlich ins Wasser – ein, wie wir mittlerweile erlebt hatten, ziemlich verbreitetes Verhalten, das uns die Chinesen zugegebenermaßen nicht unbedingt sympathisch machte.

Beispielsweise auf unserer späteren Zugfahrt nach Shanghai erlebten wir es, wie in unserem Abteil drei ältere Herrschaften eine transparente Plastiktüte während der Fahrt gemeinsam mit grünlichem Rotz füllten, weil es im Zug verboten war, auf den Boden zu spucken. Allerdings pinkelte dann in demselben Zug auch ein Kind – viele Kleinkinder in China trugen statt Windeln nur einen offenen Schlitz an der Hose – unter den amüsierten Augen seiner Eltern im Gang mitten auf den Boden.

Schnitzeltag

- Carolin -

Mit dem Zug erreichten Micha und ich die Millionenstadt Shanghai. Dort gab es wieder vermehrt englische Beschriftungen und wir fanden uns einfacher zurecht. Wir besichtigen unter anderem The Bund, die Promenade am Fluss Huangpu, überquerten den Fluss mit der Fähre und liefen durch den Stadtteil Pudong, in dem auch der 468 Meter hohe Oriental Pearl Tower stand, besuchten die Altstadt und den Yuyuan Garden. Er galt als eines der eindrucksvollsten Beispiele chinesischer Gartenkunst und gefiel uns mit seinen Brücken, Goldfischbecken und kleinen Pagoden sehr. Zu Fuß durchquerten wir den Bezirk French Concession, wo wir uns durch die kolonialen Bauten auf einmal ins alte Frankreich versetzt fühlten und kamen später am modernen, von Wolkenkratzern umgebenen Peoples Square wieder in der Moderne an. Mit heiß gelaufenen Füßen schleppten wir uns am Ende des Tages in ein Restaurant bei unserer Unterkunft, das auf Jiaozi spezialisiert war. Sie schmeckten zwar gut, aber wir bemerkten zu spät, dass wieder einige Fleischfüllungen noch halb roh waren. Seit wir in China waren, wurde uns beiden seltsamerweise häufig übel. An diesem Tag war es Micha, der die Hälfte seiner Portion stehen ließ. Er hielt sich den Magen und seufzte: „Ich hätte lieber ein Schnitzel."

Der nächste Tag war Michas 30. Geburtstag. Ab diesem Tag, so hatte er seit Monaten dramatisch prophezeit, wäre er endgültig ein alter Mann.

Als er noch schlief, schlich ich aus dem Zimmer und besorgte in der Konditorei an der nächsten Straßenecke ein sahniges

Obsttörtchen. Als er aufwachte, hielt ich es ihm freudestrahlend vor die Nase: „Happy Birthday!"

„Oh, wo hast du das denn her?", fragt er erstaunt und lachte halb erfreut, halb gequält, weil ihm immer noch ein wenig schlecht war. Ich stellte ihm noch eine weitere Überraschung in Aussicht.

Wir frühstückten etwas Torte mit Plastiklöffeln und Micha lamentierte über das Alter. Dann machten wir uns auf den Weg zum altertümlichen Wasserdorf Zhujiajiao, etwas außerhalb des Stadtzentrums. Durchzogen von Kanälen, über die zahlreiche Brücken führten, wurde es auch als das „Venedig Shanghais" bezeichnet. Michas Übelkeit hatte sich nach einiger Zeit zum Glück in Hunger verwandelt und irgendwann meinte er, er hätte jetzt Lust auf „richtiges Essen". Ich bugsierte ihn in einen Linienbus. Als wir ausgestiegen waren, es war mittlerweile dunkel geworden, begann Micha zu rätseln, was denn nun käme. Von „Fußmassage?" über „Akupunktur?" bis „Eine Show im Rotlichtmilieu?" hatte er alles durch geraten.

Dann waren wir da und ich machte eine einladende Handbewegung zu dem deutschen Restaurant hinter mir: „Hier gibt es heute All You Can Eat Schnitzel!"

Micha machte große Augen. Dann lagen das erste panierte Schnitzel und Kartoffelsalat vor ihm auf dem Teller und er grinste nur noch von einem Ohr bis zum anderen. Es gab kein Halten mehr. Eines nach dem anderen wurde verputzt. Ich gab nach zweieinhalb Schnitzeln auf und war zum Platzen voll. Die chinesischen Kellner blickten zunehmend irritiert drein und waren schließlich erleichtert, als Micha nach acht Schnitzeln sichtlich zufrieden das Besteck weglegte: „Aaah … jetzt können wir heimrollen."

Auf der Dachterrasse der Unterkunft tranken wir über der beleuchteten Skyline Shanghais zur Feier des Tages noch ein Bier und Micha paffte eine Zigarre, die er extra dafür neun Monate lang um die halbe Welt geschleppt hatte. Von Schnitzeln hörte ich für den Rest der Reise kein Wort mehr.

Die Wall-Fahrt

- Carolin -

Die dreizehnstündige Nachtzugfahrt nach Peking mussten wir im Sitzen schlafen, da in China die Ferienzeit angefangen hatte und Zugtickets für Schlafwagen weit im Voraus ausverkauft waren. Mit uns im Zugabteil saß ein Mongole, der in Peking arbeitete und mit dem wir uns etwas auf Englisch unterhalten konnten. Irgendwann fummelte dieser betont unauffällig an seinem Handy herum. Klick! Er hatte wohl vergessen auf lautlos zu stellen. Schnell drehte er das Handy – das nur auf der Rückseite eine Kamera hatte - und tat so, als hätte er ein Selfie gemacht und nicht ein Foto von Micha, der mir mit hochgezogener Augenbraue einen Blick zuwarf.

Dann kamen vier Chinesen in das Zugabteil. Sie begutachteten uns wie ein Biologe eine seltene Tierart. Der Mongole informierte sie auf Chinesisch mit seinem Insiderwissen über alles, was er von uns erfahren hatte. Dann brach lautes Fachsimpeln aus.

Als ich begann, wie fast jeden Abend die Ereignisse des Tages kurz in meinem Reisetagebuch zu notieren, wurde es plötzlich still und die fünf Asiaten folgten gebannt den Schwüngen meiner Schrift. Micha tippte auf dem Netbook herum. Einer der Chinesen schnappte sich unser Zugticket und reichte es den anderen herum. Dann stand ein anderer Chinese auf und betrachtete kopfüber Michas Bildschirm, sodass dieser außer dessen Hinterkopf nichts mehr sah. Micha und ich tauschten leicht belustigt wieder einen Blick und zuckten mit den Schultern. Andere Länder, andere Sitten!

In Chinas Hauptstadt gab es in jeder Hinsicht viel zu entdecken. Wir sahen uns die Hauptattraktionen an, wie den Himmelsaltar Tiantan, den Sommerpalast, den Tian'anmen-Platz, die Verbotene Stadt und das moderne „Vogelnest" – Pekings Olympiastadion. Wir umrundeten den Nord-See im Beihai-Park und besuchten den Lama-Tempel.

Die Verbotene Stadt gefiel uns mit ihren labyrinthartigen Gängen und künstlerisch verzierten Gebäuden am besten. Wir konnten uns dort, mitten im Herzen Pekings, stundenlang verlieren.

Während wir durch die Stadt liefen, probierten wir uns durch verschiedene regionale Snacks und Speisen. Unsere Favoriten wurden zwei Gerichte, die man auch in chinesischen Restaurants in Deutschland essen konnte, die dort aber meist nicht ganz an das Original herankamen:

Hot Pot und Pekingente. Hot Pot war im Prinzip ein großer Topf auf einer Flamme, der mit kochender Brühe gefüllt und gewöhnlich in der Mitte des Tisches eingelassen war. An einem Buffet konnten wir uns Zutaten aussuchen, um sie im Topf selbst zuzubereiten. Beispielsweise unterschiedliche Sorten Fleisch oder Meeresfrüchte, Spinat, Lotus und anderes Gemüse. Die knusprige Pekingente wurde nach ihrer langen Vorbereitungszeit mit hauchdünnen Pfannkuchen, dunkler Soße und rohen Gemüsestückchen serviert.

Auf eingelegte Schlangen, frittierte Skorpione, Heuschrecken und Spinnen am Spieß oder ähnliche Snacks verzichteten wir. „Man muss ja nicht immer alles ausprobieren", sagten wir im Chor, während wir einen Touristen dabei beobachteten, wie er einen krossen Skorpion hustend herunterwürgte.

Ein weiteres Highlight stand an: die Chinesische Mauer.

Wir wollten zum Abschnitt Jinshanling, einem etwas weiter entfernten, aber weniger überlaufenen Teil der Mauer. Unser erster Versuch, den richtigen Bus zu finden, scheiterte an der Sprachbarriere. Was dann wiederum auch gut war, denn Micha war den ganzen Tag lang erneut übel. Nachdem er den Rest des Tages zusammengekauert und kreidebleich im Bett verbracht hatte, versuchten wir es am folgenden Tag, als es ihm wieder gut ging, noch einmal. Diesmal fanden wir den Bus.

Das Wetter war grandios und der Himmel klar und blau. Das war, wie uns erzählt wurde, zu der Jahreszeit wegen des Smogs ausgesprochen selten der Fall. Bester Laune verzichteten wir dort angekommen auf die Seilbahn und liefen zu Fuß zur Mauer hinauf. Es war erfreulicherweise nur wenig los. Wir spazierten stundenlang die Mauer entlang. So weit man blicken konnte, sah man sie sich durch die hübsche bergige Landschaft schlängeln.

Als es Zeit wurde, zurück zum Bus zu gehen, drehten wir um und nahmen für den Abstieg die Seilbahn. Doch diese stellte sich als viel langsamer als erwartet heraus. In Zeitlupe bewegte sich unsere Gondel abwärts. Als wir fünf Minuten zu spät endlich unten ankamen, war der Bus weg. In China war man gnadenlos pünktlich.

Was jetzt? Es gab alternativ noch eine Verbindung mit öffentlichen Verkehrsmitteln, für die wir aber zuerst eine teure Taxifahrt würden machen müssen. Ich fragte ein paar der anderen Touristen, ob sie nach Peking fuhren und uns eventuell mitnehmen konnten. Nach ein paar Nieten landete ich einen Volltreffer. Die Frau, die sogar Deutsch sprach, war mit ihrer Familie dort. Es gab zwar nur noch einen freien Platz in ihrem Auto, aber vielleicht war es trotzdem möglich, uns beide mitzunehmen. Wir mussten abwarten, bis ihre Familie von der Mauer zurückkam. Während wir warteten, erfuhren wir, dass ihr Mann Journalist und die Familie kürzlich wegen seiner Arbeit nach Peking gezogen war. Micha sprach mit ihr über die bekannten Schwierigkeiten für Journalisten in China, wobei er einen kürzlich erschienenen Artikel im Spiegel Online erwähnte. „Den hat mein Mann geschrieben", sagte die Frau lächelnd.

Als die Familie wieder zusammengefunden hatte, waren alle einverstanden und auf dem freien Sitz in dem riesigen SUV mit Chauffeur hatten wir beide locker Platz. Die Heimfahrt mit dem Spiegel-Auslandskorrespondenten war ausgesprochen interessant. Seine Familie hatte schon in den verschiedensten Ländern gelebt und der Journalist hatte viele spannende Geschichten auf Lager. Zurück in Peking brachte uns der Chauffeur sogar noch bis zu einer U-Bahn-Station.

Es war erstaunlich, wie sich auf unserer Reise immer wieder aus einer zunächst negativen Situation, dank hilfsbereiter Menschen, eine umso positivere ergab.

Fluke eines Pottwals

Hunderte Kuhnasenrochen

Abendlicht auf dem Uluru

Rauchender Gunung Bromo

Jinshanling

Zwei lachende Augen

- Carolin -

Es war immer noch Ferienzeit in China und wir bekamen nur noch Stehplätze für die dreizehnstündige Nachtzugfahrt nach Xi'an. Zusammen mit jeder Menge Chinesen versuchten wir, möglichst bequem auf dem Zugfußboden Platz zu finden. Ich stopfte meine südamerikanische Flugzeugdecke in eine Tüte und benutzte sie als Sitzkissen. Gefühlt im Fünf-Minuten-Takt kam ein Rollwägelchen mit Getränken, Früchten, Snacks oder Tee vorbei und alle mussten aufstehen. Die Nacht verging langsam und ich schlief immer wieder erschöpft an Micha gelehnt ein, um kurz danach erneut aufstehen zu müssen. Am nächsten Morgen waren unsere Augen trocken vor Müdigkeit, als wir endlich in Xi'an ankamen.

Dort sahen wir uns dann als Erstes die Innenstadt an. Ich war immer noch zittrig auf den Beinen wegen der Übelkeitswelle, die diesmal mich die letzten zwei Tage lang erwischt hatte. Also setzte ich mich zum Verschnaufen kurz auf eine Bank, während Micha den Trommelturm umrundete.

Nach ein paar Minuten tippte mich ein dickes Mädchen an und zeigte auf sein Handy, das in einer quietschbunten Hülle mit Hasenohren steckte. Seit wir in Asien waren, waren wir beliebte Fotomotive geworden. Besonders von meiner blassen Haut schienen viele Chinesen begeistert zu sein. Ich nickte und zeigte brav mit dem Mädchen ein Peace-Zeichen in die Handykamera. Dann war das Eis gebrochen und als Micha zurückkam, musste er mich einer Traube aus 30 wild knipsenden Chinesen entreißen.

Schließlich besuchten wir die Hauptattraktion Xi'ans, die Terrakotta-Armee. In Reih und Glied standen dort lebensgroße, hohle Figuren von Soldaten und Reitern aus Ton; ein ganzes Heer als Grabbeigabe für den Kaiser Qín Shǐhuángdì. Der Andrang war groß und der eine oder andere chinesische Ellenbogen landete in unserer Magengegend, als wir versuchten, an den beliebtesten Stellen einen Blick auf die Armee zu werfen.

„Die können echt fies werden!", schimpfte ich und hielt mir den in Mitleidenschaft gezogenen Magen.

„Wird Zeit, dass wir hier rauskommen", brummte Micha.

Ich nickte.

Der letzte Stopp auf unserer Reise durch China war Chengdu. Von dort aus fuhren wir an einem Tag zum Grand Buddha in Leshan, der größten Buddhastatue der Welt aus Stein. Sie war rund 70 Meter hoch und mitten in einen Berg gemeißelt.

An einem anderen Tag besuchten wir eine Panda-Aufzuchtstation, in der wir neben Roten Pandas auch knuddelige Große Pandas jeden Alters sehen konnten. Die pelzigen Tiere waren wirklich liebenswert und es war lustig, sie dabei zu beobachten, wie sie Bambus mampften, umher tollten, sich gegenseitig neckten oder aneinander kuschelten.

Dann war unsere Reise durch China zu Ende. Obwohl es überaus interessant gewesen war, waren wir nicht traurig darüber. Die chinesische Lebensweise war uns wohl einfach zu fremd: Micha und ich vermissten in China hauptsächlich eine Art Herzlichkeit, die wir in allen anderen Ländern erfahren hatten. Außerdem war alles andauernd überfüllt mit Menschen und in vielen Situationen erlebten wir wortwörtlich rücksichtsloses Ellenbogenverhalten. Dazu kam dann noch der Ekel, der uns auf diesem Reiseabschnitt fast durchgängig begleitet hatte.

Ständig wurde gerülpst, gefurzt und gespuckt, sogar beim Essen. Das Essen wiederum war zu unserer Überraschung häufig recht fettig oder ölig und führte dazu, dass uns irgendwann schon allein vom Geruch chinesischen Essens schlecht wurde.

Einer der Hauptgründe, aus denen wir das Reisen liebten, war es, etwas anderes kennenzulernen. Eine fremde Kultur, eine neue Denkweise. Doch trotz aller Neugier auf das Andersartige suchten wir wohl unwillkürlich genauso nach dem, was verband. Und davon fanden wir in China einfach zu wenig. Vielleicht trug die Sprachbarriere auch einen großen Teil zu unserem Eindruck bei. Es war das erste Land auf unserer Reise, mit dem wir nicht richtig warm wurden und es sollte das einzige bleiben. Wir verließen China mit zwei lachenden Augen.

Ein bisschen Tibet

- Michael -

Tibet war das einzige Ziel auf unserer Weltreise, das wir nicht wie geplant bereisen konnten. Einige Monate zuvor hatte die chinesische Regierung die Einreisebestimmungen verschärft. Eine Genehmigung bekam man nur als Gruppe, bestehend aus genau fünf Personen derselben Nationalität, mit derselben Route und demselben Ein- und Ausreisepunkt. Zudem sollte bald der chinesische Nationalkongress tagen. Dies bedeutete in China, dass die Internetbeschränkungen verstärkt, die Zensur intensiviert und Einreisegenehmigungen für Ausländer, die in kritische Gebiete, wie Tibet, reisen wollten, kaum mehr ausgestellt wurden.

Deswegen fiel es uns schwer, drei weitere Deutsche zu finden, um die Anforderung an die Einreisebestimmungen zu erfüllen. Deutsche traf man üblicherweise überall auf der Welt. Obwohl wir mit vielen sprachen, Aushänge in Unterkünften machten und Reiseveranstalter kontaktierten, schafften wir es nur eine weitere Person für unsere Unternehmung zu gewinnen. Irgendwann mussten wir dann schweren Herzens die Entscheidung treffen, Tibet nicht zu bereisen, sondern direkt nach Nepal zu fliegen.

Unser Flug von China nach Nepal sollte ironischerweise in Lhasa, der Hauptstadt Tibets, zwischenlanden. Die Landschaft, die wir, jeder an einer Scheibe klebend, vom Flugzeug aus beobachten durften, war atemberaubend. Gigantische, schneebedeckte Gipfel, blau funkelnde Seen und Täler, die von weißen Yaks gesprenkelt waren, leuchteten in der Höhensonne intensiv.

Es wurmte uns jetzt sogar noch mehr, dass wir nicht in dieses Land würden einreisen können.

Nach der Landung in Lhasa mussten alle Passagiere aus dem Flugzeug aussteigen. Da der Flughafen relativ klein war, kamen wir nah an einem Ausgang vorbei. Nirgends auf der Welt mussten wir unsere Pässe so oft innerhalb von so kurzer Zeit vorzeigen wie bei der Runde durch den Flughafen von Lhasa. Ungefähr 15 Mal innerhalb von 30 Minuten auf einer Strecke von wenigen Metern. Am Ende stiegen wir wieder in dasselbe Flugzeug ein, das uns schlussendlich nach Nepal brachte. Wir fassten den Entschluss, definitiv irgendwann nach Tibet zurückzukommen.

Wieder auf Weltreise

- Michael -

Wir landeten in Kathmandu, der Hauptstadt Nepals. Beim Verlassen des Flughafens wurden Caro und ich nun wieder von der Transportmafia empfangen. Wurden wir nicht abgeholt, gab es praktisch keinen Weg, ihr zu entgehen. Runtergehandelt betrug der Preis für die Taxifahrt zu unserer Unterkunft immer noch das Doppelte des üblichen Betrags. Als wir unser Ziel erreichten, verlangte der Fahrer noch ein extra großes Trinkgeld, weil der Weg doch so weit gewesen sei. Der längere Weg hatte praktischerweise seinem „Komplizen" auf dem Beifahrerplatz die Möglichkeit geboten, uns von den Aktivitäten, Ausflügen und Trekkingtouren vorzuschwärmen, die er natürlich exklusiv anbot. Wir waren mittlerweile routiniert darin unverschämte Forderungen ins Leere laufen zu lassen. Und Abzockern, die uns etwas verkaufen wollten, wurde schnell klar, dass bei uns nichts zu holen war.

Über Kathmandu lag eine dicke Smogglocke. Viele Menschen waren mit Stoffmasken vor dem Gesicht unterwegs, die als „Urban Survival Masks" vermarktet wurden. Die Stadt war staubig, durcheinander und laut. Der Verkehr war chaotisch, häufig fiel der Strom aus.

Im Zentrum, insbesondere auf dem Durbar Square, dem Platz vor dem alten Königspalast Kathmandus mit seinen zahlreichen Tempeln und Pagoden, kamen wir uns vor, wie in einem Indiana-Jones-Film. Der Platz war voller Menschen, deren Wege Kühen kreuzten und Taubenschwärme pickten alles Essbare auf. Endlich fühlten wir uns wieder wie auf einer richtigen Weltreise!

Das Essen schmeckte auch wieder und die Grundstimmung stieg. Auch die Menschen waren herzlich, entgegenkommend und hilfsbereit. Die meisten sprachen sehr gutes Englisch, sodass wir kaum Verständigungsprobleme hatten.

Neben dem Durbar Square gefiel uns besonders der Hindutempel Pashupatinath. Er war eine der wichtigsten Tempelstätten der Hindus und besonders beeindruckend. Zum ersten Mal durften wir eine zeremonielle Hindu-Bestattung miterleben. Der in gelbe Tücher gehüllte Tote wurde zu den Ghats, den direkt am Fluss gelegenen Verbrennungsstätten, getragen. Die Leiche wurde dann auf den vorbereiteten Holzstapel gelegt und von oben mit Stroh bedeckt. Zu einem bestimmten Zeitpunkt schrien alle Trauernden wehklagend auf und weinten. Der älteste Sohn umschritt den Scheiterhaufen fünfmal im Uhrzeigersinn und zündete ihn anschließend an. Die Beine des Verstorbenen, ebenfalls vom Tuch bedeckt, ragten zunächst etwas über den Holzstapel hinaus und wurden dann bei fortschreitender Verbrennung zurückgeklappt. Die Zeremonie hatte etwas Befremdliches für uns. Durch das verwendete Sandelholz roch es zwar merkwürdig süßlich, jedoch nicht abstoßend nach verbrannten Menschen oder Tod, wie wir es befürchtet hatten. Es fanden mehrere Verbrennungen parallel statt, jede dauerte ungefähr drei bis vier Stunden. Drei Tage darauf wurde die Asche des Verstorbenen in den Fluss geschüttet.

Viele Elemente des Hinduismus unterschieden sich von Region zu Region. Über die Bedeutung der in den Fluss verstreuten Asche haben wir zwei Versionen gehört: der Fluss Bagmati, an dem der Tempel Pashupatinath lag, mündete in den heiligsten Fluss des Hinduismus, den Ganges, der die Seele der verbrannten Person reinigte. Nach Version eins hatte diese Person dadurch eine bessere Chance auf eine gute Wiedergeburt. Nach Version zwei wurde diese Person dadurch direkt aus dem Kreislauf der Wiedergeburt befreit. Im Hinduismus musste nach dem Tod die Seele so lange in anderen Körpern wiedergeboren werden, bis sie rein und frei von allen Begierden war.

Verschnaufpause

- Michael -

Himalaya-Panorama, ein malerischer, großer See und Ruhe. Das klang verlockend und somit machten wir uns auf den Weg nach Pokhara. Dort verbrachten wir ein paar entspannte Tage. Caro und ich mieteten ein Boot und ruderten mehrere Stunden auf dem See umher, wir genossen die Berge und bestaunten das Himalaya-Panorama bei Sonnenaufgang. Auch unsere Lungen freuten sich nach Kathmandu, die weitaus klarere Luft zu atmen.

Durch einen Tipp fanden wir ein winziges, eher unscheinbares Restaurant in einer schmalen Gasse. Hätten wir nicht gewusst, wonach wir suchen sollten, wären wir einfach daran vorbeigelaufen. Das Essen war einmalig gut, hervorragende nepalesische Küche. Oft aßen wir zusammen mit den Kindern der Besitzerfamilie, die, obwohl sie noch sehr jung waren, unglaublich gut Englisch sprachen, neugierig waren und uns witzige Fragen stellten. Uns gefiel es dort so gut, dass wir zum Essen meistens dorthin gingen. Zum Bezahlen wurde uns nochmal die Karte gegeben; die Familie vertraute uns soweit, dass wir den Betrag selbst zusammenrechnen durften. Es wurde nicht nochmal nachgeprüft. Dass wir das Wechselgeld trotzdem nachrechneten, war wiederum gut, denn oft wollten sie uns zu viel zurückgeben. Einmal sogar mehr, als wir bezahlt hatten! Wir hofften, dass das Restaurant trotz seiner kleinen Matheschwäche immer noch da sein würde, wenn wir irgendwann wiederkämen.

Per Gemüselaster zum Dach der Welt

- Michael -

Von Pokhara aus fuhren wir nach Naubise. Dort stiegen wir auf einen Gemüselaster um, für die Weiterfahrt hoch hinauf in das Bergdorf Daman. Wir setzten uns mit mehreren Nepalesen auf die freie Ladefläche des Lasters und dieser startete sofort, um die ungefähr 1.300 Höhenmeter auf abenteuerlichen Serpentinenstraßen in Rekordzeit zurückzulegen. Da nur wenig Platz auf der Ladefläche für viel zu viele Passagiere war, stand ich fast die gesamten dreieinhalb Stunden der Fahrt.

Nachdem einige Serpentinen zurückgelegt waren, musste sich der erste Passagier, ein kleiner Junge, übergeben. Bis wir Daman in 2.320 Metern Höhe erreichten, folgten mehrere Nepalesen seinem Beispiel. Unsere Rucksäcke, die sich aber zum Glück in ihren Schutzhüllen befanden, bekamen dabei auch ein paar Spritzer ab.

Die einzige Unterkunft in Daman war spartanisch, ohne fließendes Wasser, aber ansonsten in Ordnung. Wir waren die einzigen Gäste und die Besitzer, bei denen wir ein einfaches Abendessen aus Reis und Bohnen bekamen, lebten einen Kilometer entfernt die Straße hinunter. Das Plumpsklo befand sich außerhalb des Gebäudes in einem Bretterverschlag. Allerdings war es nachts trotz unzähliger Schichten von Klamotten am Leib in Daman so kalt, dass wir uns entschlossen, nur eine Nacht zu bleiben.

Es gab ja auch kaum etwas zu besichtigen in diesem Ort.

Der Grund, warum wir die abenteuerliche Anreise auf uns genommen hatten, war ein, wie es hieß, atemberaubender Blick auf das Himalaya-Panorama. Vor allem bei Sonnenaufgang. Diesen wollten wir am folgenden Morgen erleben.

Noch in der Dunkelheit gingen wir in aller Früh zum nahegelegenen Aussichtsturm. Er war offen, das Tor des Zauns davor allerdings nicht, was es aber eigentlich sein sollte. Einfach drüber klettern wollten wir nicht. Nach kurzer Suche fanden wir einen Trampelpfad, der uns zu einer Lücke im Zaun führte, durch die wir zum Turm gelangten. Wir stiegen hinauf.

Der Morgen war klar. Mit zunehmender Helligkeit erschienen die majestätischen Gipfel aus der Dämmerung und reflektierten die warmen Töne der aufgehenden Sonne. Dieser grandiose Ausblick auf das „Dach der Welt" war die beschwerliche Anreise auf jeden Fall wert gewesen! Als der Sonnenaufgang schon längst vorbei war und die ersten Wölkchen die Sicht zu vernebeln begannen, kam der Wärter, der unten das Tor aufschloss. Etwas erstaunt, uns oben sitzen zu sehen, knöpfte er uns den Eintritt ab und plauderte ein wenig mit uns.

Kurz darauf machten wir uns schon auf den Rückweg nach Kathmandu. Diesmal nicht auf einem Gemüselaster, sondern in einem Bus.

Buddha Air

- Michael -

Für einen weiteren spektakulären Ausblick auf das Dach der Welt buchten wir einen Everest-Rundflug mit der Fluggesellschaft Buddha Air. Die Anreise zum Flughafen hätte uns allerdings fast den Flug gekostet. Obwohl wir am Abend zuvor die Unterkunft über unseren frühen Aufbruch informiert hatten, standen wir früh morgens vor verschlossenen Türen. Beziehungsweise dahinter, wir kamen nicht raus. Eine ganze Zeit später, nachdem wir genug Lärm gemacht hatten, schloss ein verschlafener Rezeptionist endlich ohne Eile auf.

Er hätte sich dabei sogar noch mehr Zeit lassen können, denn das verabredete Taxi war nicht, wie gefühlte hundertmal versichert, zum vereinbarten Zeitpunkt da. Als es dann endlich kam, waren wir schon ziemlich spät dran. Trotzdem oder gerade deswegen wollte der Taxifahrer nochmal über den vereinbarten Preis verhandeln. Der teure Flug war bezahlt und es blieb uns nichts anderes übrig, als auf seine Forderung einzugehen. Den nachdrücklichen Hinweis, dass wir mit Buddha Air den Everest-Rundflug gebucht hatten, ignorierte er und fuhr uns anstatt zum Terminal für Inlandsflüge zum internationalen Terminal.

Zum Glück waren beide nur zehn Minuten zu Fuß voneinander entfernt. Um uns nicht weiter mit dem Taxifahrer herumzuschlagen eilten wir im Laufschritt zum anderen Terminal. Zu diesem Zeitpunkt sollte das Boarding bereits stattfinden. Als wir gehetzt ankamen, waren wir nach nepalesischer Zeitauffassung zum Glück dennoch überpünktlich und warteten sogar noch eine Weile auf unseren Flieger.

Unser Rundflug selbst verlief dann ohne weitere Probleme. Der Pilot erklärte per Durchsage, an welchem verschneiten Achttausender wir gerade vorbeiflogen. Alle Fluggäste blickten wie gebannt aus ihren Fenstern. Abwechselnd durfte jeweils eine Person die Aussicht durch die große Frontscheibe aus dem Cockpit genießen. Alle waren aus dem Häuschen, als schließlich der Everest auftauchte. Sein Anblick bei strahlend blauem Himmel war unvergesslich. Er war nicht nur der höchste Gipfel der Erde, sondern mit seiner pyramidenförmigen Spitze auch ein besonders schöner Berg.

Nepal gefiel uns insgesamt ausgesprochen gut. Für den nächsten Trip nahmen wir uns vor, die Berge bei einer mehrtägigen Wanderung zu erkunden. Es war sicherlich nochmal ein anderes Erlebnis, mit der Anstrengung in den Knochen das Panorama und den Everest stundenlang bewundern zu können.

Auf der K(l)ippe

- Michael -

Es war Feiertagsbeginn in Nepal, als wir auf dem Busbahnhof von Kathmandu versuchten, ein Ticket nach Kakarbhitta an der Grenze zu Indien zu bekommen. Entsprechend voll war der Bahnhof und ausgebucht die Busse. Nachdem wir völlig überteuerte Angebote für Plätze in Minibussen oder Stehplätze im Gang ausgeschlagen hatten, fanden wir einen Schalter, der noch einen Sitz in einem Nachtbus frei hatte. Der zweite Platz sollte im Gang sein, allerdings wurde uns ein Hocker zum Hinsetzen versprochen. Da es keine wirklichen Alternativen gab, kauften wir die Tickets. Vom Hocker war dann im Bus aber keine Spur. Da hinter Caro noch ein Platz frei war, setzte ich mich dorthin in der Hoffnung, dass dieser frei bleiben würde. Das blieb er auch. Glück gehabt – dachten wir.

Die kurvige Strecke führte oft über unbefestigte Straßen bergauf, bergab durch das Himalayagebirge. Der Busfahrer raste diese in solch halsbrecherischem Tempo entlang, dass wir uns schon fragten, ob er es besonders eilig hatte, die nächste Wiedergeburt zu erleben.

Der kleine Bus war extrem eng. Sogar Caro wusste nicht, wohin mit ihren Beinen. Ich musste meine auf den Gang auslagern. Dorthin setzten sich aber auch überall Leute auf den Boden. In der Nacht war an Schlaf nicht zu denken. Im Gang lehnten sich zwei Fahrgäste mit vollem Gewicht gegen meine Füße. Einer fragte, ob er meine Knie als Kopfablage benutzen könne. Nach dem ersten Stopp setzte sich mein Sitznachbar auf Caros Platz, sodass wir beide nebeneinandersitzen konnten. Das machte die

Fahrt um einiges angenehmer für uns beide. Neben Caro hatte zuvor eine Mutter mit zwei Kindern gesessen, die diese quer über ihren eigenen und Caros Schoß platziert hatte. Für Kinder brauchte man keine Fahrkarte und abhängig von der Zahl der mitgebrachten Sprösslinge musste man mehr oder weniger kreativ in deren Unterbringung sein.

Die Nacht war beinah vorbei. Es dämmerte bereits, als unser Fahrer plötzlich das Lenkrad herumriss. Ob er wirklich, wie er später sagte, ausweichen musste oder ob er einfach eingenickt war, erfuhren wir nie. Jedenfalls verlor er die Kontrolle.

Der Bus scherte nach links aus. Wir kamen dem Rand der Straße und der Baumgruppe daneben bedrohlich nahe. Für mich spielte sich das Ganze wie in Zeitlupe ab. Ich sah die Bäume immer näher kommen, nahm das Schlingern des Busses, als er die Straße verließ, kaum wahr. Nur die Schreie der Menschen im Bus waren überaus präsent. Ich hatte meinen Arm um Caro gelegt, die vor Schock keinen Mucks von sich gab. Die Augen fest auf die Bäume gerichtet, hatte ich auf einmal all die am Straßenrand liegenden Busse im Kopf, die wir auf unserer Reise durch Nepal gesehen hatten. Die Menschen schrien lauter, als der Bus unvermittelt begann, nach links zu kippen – auf unsere Seite.

Wenige Meter vor der Baumgruppe und haarscharf, bevor wir unweigerlich komplett umkippen würden kam der Bus in starker Schieflage unerwartet zum Stehen. Ein Aufatmen ging durch die Reihen und instinktiv lehnten sich alle nach rechts, um der Schräge entgegenzuwirken.

Vorsichtig stiegen wir aus, mit dem Schrecken in den Knochen aber unverletzt. Zu unser aller Glück war dies nicht einige Kilometer früher oder später passiert, denn dort hätte es kein

Gras und keine Bäume neben der Straße gegeben, sondern nur den direkten Weg nach unten.

Während uns beiden noch die Knie schlotterten, begannen die Nepalesen kurze Zeit später schon wieder zu scherzen und zu lachen. Als die herbeigeeilten Helfer und einige Passagiere den Bus nicht mit Muskelkraft bewegen konnten, wurde ein Traktor organisiert, der ihn schließlich zurück auf die Straße zog. Da es nur noch 45 Kilometer bis zur Grenze waren, entschieden wir mangels Alternativen, wieder einzusteigen. Der Fahrer startete den Bus, drückte das Gaspedal durch und fuhr keine Spur vorsichtiger weiter.

So kamen wir in der Grenzstadt Kakarbhitta an. Dort fragten wir einen Inder, der mit uns zuletzt den Bus verließ, ob die Grenze noch weit entfernt sei. Er wackelte mit seinem Kopf auf typisch indische Art. Ohne daraus schlau zu werden, gingen wir einfach die Straße weiter und erreichten schließlich die Grenzbrücke zu Indien.

Tea Time

- Michael -

Schnaufend stapften wir mit unseren Rucksäcken die steilen Gassen von Darjeeling hinauf. Die Luft war dünn, aber nach der Anreise waren wir froh, überhaupt atmen zu können. Die letzten Stunden nach „Daseling", wie die Inder den Ort im Vorderhimalaya aussprachen, hatten wir in einem Jeep zurückgelegt. Zuvor hatten wir uns an der Grenze von einem Bus zur Zugstation bringen lassen, wo es zu unserer Überraschung und entgegen unserer Recherche keine Züge mehr nach Darjeeling gab. Hilfsbereite Taxifahrer standen allerdings genügend zur Verfügung. Sie alle verlangten den zwanzigfachen Preis dessen, was schließlich der Jeep kostete, den wir nach etwas Suchen durch Zufall fanden. Die sechs verfügbaren Plätze teilten wir uns mit neun weiteren Personen und unter sinnlosem Dauergehupe heizte der Jeep-Fahrer schließlich die Serpentinenstraße hoch.

Caro und ich waren fix und fertig, als wir endlich bei unserer Unterkunft ankamen, die sich fast am höchsten Punkt Darjeelings befand. Eine warme Dusche, mindestens drei Tage ohne Transportmittel und etwas Ordentliches zu essen, waren alles, was wir uns wünschten. Zumindest Letzteres sollte in Erfüllung gehen. Abends, nach einer ersten Erkundungstour gab es Suppe und süßes tibetisches Brot, das warm und auf Fußballgröße aufgebläht serviert wurde.

„Ein … Wobbel!", sagte Caro erheitert.

Ich pikste ein Loch in meinen Brotball, der seufzend in sich zusammensank.

Zufrieden und satt kehrten wir in unser Zimmer zurück, um zu duschen. Doch die Dusche war kaputt. Also wuschen wir uns, wie später in Indien so oft, jeder mit einem Eimer lauwarmem Wasser. Es wärmte nicht wirklich, da es im Haus so kalt war, dass wir den eigenen Atem sehen konnten. Schlotternd und in so viele Kleidungsschichten wie möglich eingepackt legten wir uns schlafen.

Am folgenden Morgen wachte Caro mit Halsschmerzen auf. Ihre von der Wäsche noch feuchten Haare waren in der Nacht leicht an ihrer Mütze festgefroren. Außerdem hatten wir uns anscheinend an einem der Snacks auf der Anreise leicht den Magen verdorben. Das Wechselbad der Gefühle, das Indien für uns bereithielt, hatte begonnen.

Nach einem Abstecher zur Apotheke liefen wir durch verwinkelte Gassen, an den ersten brennenden Müllhäufchen vorbei, zu zwei buddhistischen Klöstern in tibetanischem Stil, wo uns betende Mönche und farbenfrohen Verzierungen erwarteten. Es war ruhig in Darjeeling. Der Ort verströmte durch seine Höhenlage etwas Erhabenes. Wir setzten uns eine Weile auf ein Bänkchen inmitten einer Teeplantage und blickten auf die Felder, wo fleißig von Hand geerntet wurde. Die Weiterverarbeitung der Blätter schauten wir uns danach in einem Teehaus an.

Nach einer weiteren kalten Nacht standen wir gegen drei Uhr morgens auf, um noch einmal den Sonnenaufgang über dem Hochgebirge zu sehen. Es war ein letztes friedliches Bild, bevor wir ins indische Chaos eintauchen sollten: die mit Tee bepflanzten Hänge, darüber Darjeeling und dahinter, in weiter Ferne, die schneebedeckten Gipfel des Himalaya.

Mutter Ganga

- Carolin -

Von Darjeeling fuhren wir mit ein paar anderen Leuten in einem klapprigen Jeep wieder die Serpentinenstraßen hinunter nach New Jaipur. Micha und ich saßen zusammengequetscht vorne neben dem Fahrer, der zwischen Michas Knien schaltete. In New Jaipur angekommen stiegen wir in einen Zug zur ersten Nachtfahrt in einem Sleeper-Class-Waggon, der dritten und einfachsten Klasse. Die Schlafplätze waren verstaubte Pritschen, die wir uns mit unserem Gepäck teilten.

Jeder im Gang vorbeikommende Inder starrte uns an, denn es gab keine Abtrennung zu den Schlafplätzen. Die Waggons hatten zudem keine Fensterscheiben. Das Rattern der Räder auf den Gleisen war ohrenbetäubend laut und der Fahrtwind trotz der heißen Tage nachts empfindlich kalt.

Ab fünf Uhr morgens liefen die Teeverkäufer „Chai, Chai!" rufend durch die Gänge.

Wir stiegen in Varanasi aus. Noch bevor wir einen Fuß auf den Bahnsteig gesetzt hatten, umzingelten uns bereits mehrere Touristenfänger, die uns überteuerte Transporte andrehen wollten. Micha und ich versuchten sie abzuschütteln, aber wie wir lernen sollten, zeichneten sich viele Inder vor allem durch Hartnäckigkeit aus. Trotz immer vehementer werdender Ablehnungen durch Micha blieben zwei von ihnen völlig unbeeindruckt an uns dran. Ein netter Mann half uns schließlich, ein Sammeltaxi zu einem guten Preis zu organisieren. Er ignorierte die beiden Typen, die bis zuletzt versuchten, ihn durch mehr oder weniger unauffällige Handzeichen zum Schweigen zu bringen.

Wir bedankten uns herzlich bei unserem Helfer, als wir losfuhren.

„Was für ein Kampf!", seufzte Micha.

Schließlich erreichten wir unsere Unterkunft in Varanasi, einen freundlichen Familienbetrieb. Der dickbäuchige Besitzer, der den halben Tag mit freiem Oberkörper herumlief, erklärte uns anhand einer selbst gemalten Karte die Umgebung. Dann lud er uns auf einen von seiner Frau zubereiteten Masala Chai ein. Er war der beste, den wir je trinken sollten. Dabei gab er uns auf dem Dach des kleinen Hotels zwischen Kochtöpfen und trocknender Wäsche wie selbstverständlich eine Philosophie- und Religionsstunde.

Die Unterkunft war nicht weit vom Ganges entfernt. Er war Indiens größter Fluss, der heiligste Fluss der Hindus und gleichzeitig der wohl dreckigste Fluss der Welt. Die morgendliche Bootsfahrt auf dem Ganges war definitiv eines der eindrucksvollsten Erlebnisse auf unserer Weltreise. Um halb sechs Uhr morgens wurden wir mit einem Ruderboot abgeholt. Ein paar Minuten später ging bereits die Sonne rot hinter einem Schleier aus Morgennebel und Stadtsmog auf. Wir fuhren langsam stromaufwärts und konnten das Treiben an den Stufen des Ufers, die bis ins Wasser hinein reichten, beobachten. Leute wuschen sich und ihre Wäsche, separat oder beides auf einmal. Sie tauchten teilweise ganz unter und tranken das schmutzige Flusswasser.

Dann kamen wir zu den Ghats, an denen auch in Varanasi Tote verbrannt wurden. Unser Boot legte dort gegen unseren Willen an. Anders als in Nepal hatte jeder zu verbrennende Tote statt eines sauberen Steinpodests nur eine winzige Stelle in dem mannshoch mit Brennholz, Müll und alter Asche bedeckten

Ghat. Gleich drei in Tücher gewickelte Leichen schmorten auf je einem Holzhaufen, während ein paar dürre Kühe und Ziegen zwischen ihnen nach Essbarem suchten. An jedem Haufen stand ein Mann aus der Kaste der Unberührbaren, der dafür zuständig war, das Feuer am Brennen zu halten. Als eine Leiche beim Wenden von ihrem Haufen herunterfiel, stocherte der Unberührbare wenig pietätvoll so lange mit seinem Stab an ihr herum, bis er sie wieder auf ihren Platz hieven konnte. Die verkohlten Tücher verrutschten und man konnte die weiße Schädeldecke sehen.

Nach dem Verbrennen wurde die Asche dem Fluss mit seinem Dreck, Müll und seinen Chemikalien übergeben. Schwangere Frauen und Kinder mussten nicht verbrannt werden, da ihre Seelen als rein galten. Sie wurden direkt dem Ganges anvertraut. Ich hoffte inständig, dass uns der Anblick einer vorbeitreibenden Kinderleiche erspart bleiben würde.

Ein schmieriger Typ kam an Bord. Er gab sich als zuständig für die Verbrennung armer Leute, deren Angehörige sich kein Feuerholz leisten konnten, aus. Eine Spende von uns dafür wäre angemessen, sagte er betont liebenswürdig. Als keiner im Boot reagierte wurde er zunehmend unfreundlicher, bis er, uns verfluchend, von Bord ging. Der Kerl war zwar ein Betrüger, aber es stimmte, dass solch eine Verbrennung sehr kostspielig war. Wer Geld hatte, leistete sich in der Regel das wohlriechende Sandelholz, das den Gestank von verbranntem Fleisch besser überdeckte.

Nach der Bootsfahrt liefen wir durch die staubigen Straßen Varanasis. Überall gab es viel Verkehr, viel Gehupe und viele frei herumlaufende Tiere. In der Mittagshitze wurde eine Wasserbüffelherde in den Fluss getrieben und ein paar Freiwillige wuschen die massigen Tiere. Affen turnten über die Gebäude. Nur vereinzelt liefen Ziegen herum – blutige Ziegenhäute lagen dafür in einem muslimischen Viertel stapelweise an jeder Ecke.

Müllberge prägten das Bild dieser heiligen Stadt. Kinder spielten in einem riesigen Müllhaufen und kackten aus Mangel an sanitären Einrichtungen auf selbigen. Zwei Meter weiter fraß eine Kuh eine Plastiktüte. Weitere fünf Meter entfernt brannte ein Teil des Müllhaufens und der giftige Qualm wurde von allen in der Umgebung eingeatmet. Selbst die heiligen Tempelanlagen waren voller Müll.

An einem Abend nahmen wir an einer Aarti-Zeremonie am Ganges teil. Aarti war eine Lichterzeremonie und bedeutete wörtlich „Morgenröte" beziehungsweise das Ende der Nacht. Das Schwenken eines Lichts galt dabei als Ausdruck der Verehrung der Götter, mit der Bitte um Erleuchtung. Unbeeindruckt von dem Trubel trabte eine Kuh durch die Menschenmenge und stieß jeden beiseite, der nicht rechtzeitig die Flucht ergriff. Riesige Insektenschwärme verdunkelten das Licht der Straßenlampen, die die Szenerie erhellen sollten.

Am Ende der Zeremonie gab es eine Art Schlusssegen. Dazu wurde uns ein roter Bindi – der für indische Hindus typische Punkt zwischen den Augenbrauen – auf die Stirn gemalt. Danach bekamen wir etwas Wasser auf die Hand, das viele tranken, wir aber, so unauffällig wie möglich, auf den Boden schütteten. Gesegnet hin oder her. Wir wollten lieber nicht ausprobieren, ob unser Immunsystem das verkraften würde. Abschließend bekamen wir eine Art Zuckergranulat auf die noch feuchte Hand. Als ich fertig war und mein Granulat ebenfalls fallen gelassen hatte, drehte ich mich um und sah, wie Micha seines gerade herunterschluckte.

„Oh nein, du hast doch noch etwas von dem Wasser an deiner Hand – vermutlich Ganges-Wasser!", sagte ich alarmiert.

Micha blickte erschrocken drein. Auf dem Rückweg zur Unterkunft rechnete er schon unseren Vorrat an Imodium Akut aus. Dort angekommen fragte Micha sofort den Besitzer, welches Wasser bei den Aarti-Zeremonien verwendet wurde.

„Wasser von Mutter Ganga", antwortete der. Micha machte große Augen und erwartete das Schlimmste.

„Es ist gesäubertes, destilliertes Wasser", fügte er hinzu und lachte.

Der Dämonenkönig

- Carolin -

Die überzogenste Dreistigkeit der ganzen Weltreise erlebten wir, als wir mit einem Holzboot über den Ganges fahren wollten, um das Ramnagar Fort zu besichtigen, das sich direkt am gegenüberliegenden Flussufer befand. Wir warteten am schlammigen Ufer als einzige Nicht-Inder auf die Ankunft des Fährbötchens. Im Hotel hatte man uns verraten, was der normale Preis für die Überfahrt war. Es lagen einige Boote am Ufer. Wir fragten die Bootsleute nach dem Preis für die Überfahrt. Sie verlangten das sage und schreibe Tausendfache des üblichen Preises von uns.

Kein Scherz! Sie logen weiter, dass sich die Balken bogen. Der Ganges führe wenig Wasser, deswegen gäbe es keine öffentliche Fähre, nur die privaten Boote. Wir waren zutiefst empört. Für den Preis hätten wir unzählige Male mit einem Taxi hinfahren können. Irgendwann, nach langem Hin und Her, platzte Micha der Kragen und er fragte provokant, wie gut diese Lügerei denn für ihr Karma sei. Bei Rupien interessierte Karma plötzlich gefühlt nur noch wenig. Je näher ein Boot, das vom anderen Ufer abgelegt hatte, kam, desto niedriger wurde auf einmal der Preis. Es war natürlich doch die öffentliche Fähre, die schließlich an unserem Ufer anlegte, als der Preis der privaten Boote nur noch das Zwanzigfache des üblichen Preises betrug. Aber auch der Fährmann wollte an uns verdienen und verlangte das Zehnfache. Prinzipiell hatten wir kein Problem damit, als Touristen in ärmeren Ländern mehr zu bezahlen. Aber es gab auch eine Toleranzgrenze. Mit zwei anderen Touristen, die mittlerweile dazu gestoßen waren, teilten Micha und ich eines der privaten Boote und bezahlten so letztlich weniger, als die öffentliche Fähre gekostet hätte.

Wir erreichten die andere Seite und besuchten das Fort. Hinterher gingen wir essen. Was vor allen Dingen Micha in Varanasi besonders gut gefiel, waren die Restaurants, die uns der Hotelbesitzer empfohlen hatte. In eines davon wären wir ohne seine Empfehlung nie gegangen, da es nicht so wirkte, als würden wir das Essen dort nicht kurz danach schon wieder bereuen. Die Thalis waren hervorragend. Das war ein Gericht, das meist aus kleinen Portionen Dal, Gemüse und Curry bestand. Dazu gab es Naturjoghurt, Reis und Fladenbrot. Vor allem in Kombination mit Lassis – erfrischenden Joghurtdrinks – einfach himmlisch! Zudem gab es oft unbegrenzt Nachschlag, sehr zur Freude von Micha.

Ab Varanasi begannen wir damit, unsere Wäsche mit der Hand zu waschen, denn wir sollten so gut wie nirgendwo in Indien eine funktionierende Waschmaschine finden können. Es gab zwar Wäschereien, aber dort wurde ebenfalls mit der Hand gewaschen und es war nicht unwahrscheinlich, dass dies dort im Ganges geschah. Auf unserer Bootsfahrt hatten wir oft gesehen, wie nach dem Auswringen des dreckigen Wassers die Wäsche auf einem Stein trockengeschlagen wurde. Wir nahmen die Reinigung unserer Klamotten also selbst in die Hand, was zugegebenermaßen zeitaufwendig und mühselig war. Die Kleidung roch zwar kurz wie frisch gewaschen, wurde aber leider nie richtig sauber und begann nach dem Anziehen schnell wieder zu müffeln.

Während einer unserer Rikschafahrten beobachteten wir, wie Wartungsarbeiten an einer Stromleitung durchgeführt wurden. Wie in Asien üblich, verliefen die Leitungen oberirdisch, kreuz und quer über die Straße und waren an hölzernen T-Masten angebracht. Offenbar gab es eine Sicherungspflicht für die Arbeiter, die oben an den Leitungen hantierten. Das sah dann so aus: der Arbeiter auf dem Strommast hatte ein Seil um die Hüfte gebunden und der Kollege unten auf dem Boden hielt das einfach nur herunterhängende Ende fest in seinen Händen.

Wir waren baff.

Unser Freund Ravi hatte uns in Mexiko den Tipp gegeben: „Man sollte nicht versuchen, Indien zu verstehen."

Zum Abschluss unserer Tage in Varanasi gingen wir zur feierlichen Verbrennung von Ravana, die im Rahmen des hinduistischen Dashahara Festes stattfand.

Eine ungefähr acht Meter große Figur aus Drahtgeflecht und Pappmaché, die den bösen Dämonenkönig darstellte, war dazu aufgebaut worden. Es war brechend voll auf dem Platz um die Figur und Micha schottete mich mit seinen Armen von der schubsenden und drängelnden Menge ab. Kurz bevor es losgehen sollte, wurde das Gedränge so groß, dass wir es nicht mehr aushalten konnten.

Wir zwängten uns durch die Menge weg von dem Platz, als uns eine Gruppe von ungefähr acht jungen Männern entgegenkam. Sie nutzen den Schutz der Masse und begrapschten ziemlich grob alles an mir, was sie erreichen konnten und zerrten an meiner Kleidung. Ich riss mich los und wickelte mein Halstuch etwas verstört wieder um meine Schultern. Micha hatte in dem Gedränge keine Chance einzugreifen und brüllte den Typen wüste Beschimpfungen hinterher.

In Indien sollten wir es noch öfter erleben, dass gerade die jüngeren Männer eine Gelegenheit wie diese schamlos ausnutzten, um sich dann blöd grinsend und feige aus dem Staub zu machen. Seit wir in diesem Land waren, war ich trotz überwiegend großer Hitze immer in langen Hosen und meist langärmelig auf der Straße unterwegs und bedeckte mit meinem Tuch jedes übrige sichtbare Stück Haut.

Kurze Zeit später ging jedenfalls die Figur von Ravana endlich in Flammen auf. Tatsächlich war es keine Verbrennung – das Ganze kam eher einer filmreifen Sprengung gleich und die Leute jubelten.

Kuhmasutra

- Carolin -

Um dem anstrengenden städtischen Chaos für eine Weile zu entfliehen, reisten wir als Nächstes ins ruhigere Khajuraho. Der kleine Ort war bekannt für seine besonders kunstvoll und fein verzierten Tempel, vor allem aber für die erotischen Darstellungen, die eine dominante Rolle in diesen Verzierungen spielten.

Ich fühlte mich seltsam. Dies war der erste Ort auf der Weltreise, den ich schon kannte, denn dort war ich bereits auf einer vorherigen Reise ohne Micha gewesen. Fast elf Monate lang hatten wir bis dahin jeden Tag immer etwas Neues kennengelernt.

In Khajuraho angekommen liefen wir nichts ahnend durch die Straßen des Städtchens. Auf dem Weg kam uns eine magere, völlig harmlos wirkende Kuh entgegen. Als sie auf unserer Höhe war, drehte sie plötzlich ihren Kopf in Richtung Micha und schubste ihn mit ihren golden angemalten Hörnern unvermittelt aus dem Weg. So auf die Seite geschleudert, gab er den Schubser unfreiwillig an mich weiter.

„Au … blöde Kuh!", japste Micha verdattert und musste im nächsten Moment auch schon lachen.

Den indischen Kühen stieg ihr Sonderstatus wohl zu Kopfe.

Die Westgruppe der Tempel Khajurahos war die Hauptsehenswürdigkeit. Mit einem Audioführer liefen wir stundenlang durch die Anlage und bewunderten die steinernen Kunstwerke. Neben Alltäglichem zeigten sie recht explizite Szenen aus dem Kamasutra, Massenorgien und Sex mit Tieren. Durch die über 1.000 Jahre alten Tempelanlagen zu schlendern war spannend und auf kuriose Art auch sehr amüsant.

Nachdem wir alle Tempel in Khajuraho erkundet hatten, engagierten wir einen Fahrer und gelangten innerhalb eines Tages so zum Bandhavgarh-Nationalpark. Dort wollten wir wilde Tiger finden und noch ein wenig die Ruhe in der Natur genießen.

In den folgenden Tagen gingen wir im Jeep auf Pirschfahrt. Der Nationalpark warb damit, die höchste Dichte an Tigern aufzuweisen. Allerdings hatten wir auf unseren fünf Safaris leider weder mit dem Wetter noch den Großkatzen Glück. Es regnete durchgängig und die wasserscheuen Tiere blieben lieber in ihrem Versteck. Wir bekamen lediglich ein paar Lemuren, bläulich schimmernde Antilopen und Rehe zu sehen.

Etwas enttäuscht machten wir uns auf die Weiterreise nach Agra. Mit Bus und Taxi gelangten wir in der Nacht zu einem Bahnhof, auf dem kaum etwas los war. Die wenigen Wartenden glotzten uns wie üblich an und ersannen eine Idee nach der anderen, um uns ein paar Rupien abzuluchsen. Eine einzelne Kuh trottete auf den Bahnsteig und ließ einen Fladen direkt neben ihnen fallen.

„Da scheiß ich drauf!", verbalisierte Micha ihren Gedankengang mit hoher Kuhstimme.

Die Kuh nickte und ich lachte, bis Tränen meine Wangen herunterliefen.

Oase im Großstadtchaos

- Carolin -

Als wir am nächsten Morgen mit dem Zug in Agra ankamen, waren wir überrascht, einen seltsam grauen Himmel zu sehen. Wir fanden schnell heraus, dass dies kein schlechtes Wetter war, sondern starker Smog, der standhaft über der Stadt waberte.

In Agra stand neben einigen anderen Sehenswürdigkeiten natürlich auch ein Besuch des wunderschönen Taj Mahal auf dem Programm. Wir ließen uns einen ganzen Tag Zeit, die Details des marmornen Monuments zu erforschen. Dies war nun bereits das fünfte der neuen sieben Weltwunder, das wir auf unserer Weltreise sehen durften. Zum einen war das Mausoleum märchenhaft schön, zum anderen war es eine Oase der Ruhe mitten im Chaos von Agra.

Die Stadt war voller Touristen, sowohl aus dem Ausland, als auch aus Indien selbst. Mit großer Begeisterung begegneten letztere den Gästen aus der Fremde, suchten das Gespräch und fragten nach einem Foto. Das kannten wir aus den anderen asiatischen Ländern zwar bereits, aber in Agra war das Interesse nochmal deutlich stärker. Alle paar Meter durften Micha und ich mit den Indern für Fotos posieren und einmal drückten sie uns sogar blind vertrauend ein knuffiges Baby in die Arme, um uns mit der gesamten Großfamilie abzulichten.

Unglücklicherweise überkam mich in Agra erneut eine Übelkeitsattacke und ich musste mich beim Besuch des Taj Mahal öfters auf einer Bank ausruhen, während mir Micha mitleidig den Kopf tätschelte. Komisch, dass diese Episoden bei uns beiden nicht langsam vorbei waren.

In Agra gab es gefühlt noch mehr Lärm, Dreck und vor allem Abzockversuche als wir es bisher erlebt hatten. Von falschen Entfernungs- und Richtungsangaben bis hin zu Wucherpreisen wurde alles versucht. Dann gab es auch immer wieder seltsame Zwischenfälle, die uns perplex zurückließen. Als wir einmal auf einer Dachterrasse etwas aßen, sahen wir, wie auf dem Dach gegenüber ein Mann einen anderen mit einer Pistole bedrohte. Mal lachte er und fuchtelte spielerisch mit der Waffe herum, mal schrie er und zielte direkt auf den anderen.

Auch das indische Essen, das wir so lieben gelernt hatten, war in Agra fad und kam zu hohen Preisen in unverschämt winzigen Portionen. Wir bestellten beispielsweise an einem Morgen ein Frühstück, das vier Stück Toast beinhalten sollte. Serviert wurde uns lediglich eine, diagonal in vier Teile geschnittene Scheibe.

Nicht allzu traurig stiegen wir wieder in den Zug, der uns zu unserem nächsten Ziel bringen sollte.

Swayambhunath Stupa in Kathmandu

Durbar Square

Taj Mahal

Per Gemüselaster Richtung Daman

Gekippter Bus

Unterschlupf im Goldenen Tempel

- Carolin -

Der Zug stand wohl bereits eine Weile, als ich die Augen aufschlug. Ein prüfender Blick auf das Gepäck – alles noch da. Ich fragte einen der mich anstarrenden Inder, wo wir gerade hielten.

„Amritsar", sagt der.

Ich zog Micha kräftig am Fuß: „Schnell, wir sind schon längst da."

Wir schnappten in Windeseile unsere Sachen und sprangen aus dem gerade wieder anfahrenden Zug.

In Amritsar sollten wir eine ganz andere und deutlich angenehmere Atmosphäre erleben als in Agra. Das lag vor allem daran, dass der Ort mit seinem Goldenen Tempel das Zentrum der Sikh-Religion war. Der Tempel war das höchste Heiligtum und machte Amritsar somit zum wichtigsten Pilgerort für die Anhänger dieser moderaten, uns überaus sympathischen Religion. Weil sie glaubten, dass jeder Mensch ein Sikh sei, gehörten wir automatisch dazu. Micha und ich nahmen den kostenfreien Bus für Pilger zum Goldenen Tempel. Obwohl wir unter den Letzten in der langen Schlange der Wartenden waren, baten uns die Sikhs freundlich, als Erste einzusteigen und ignorierte unseren Protest. Als der Bus losfuhr begannen die Pilger freudig zu singen.

Am Goldenen Tempel angekommen, gingen wir zur Gemeinschaftsunterkunft, die sich auf dem Tempelgelände befand und ebenso für alle Pilger kostenlos war. Allerdings wurden ausländische Pilger in einem anderen Bereich untergebracht als die indischen. Es war ein großer, stickiger Raum, in dem auf ein paar

Spanplatten dünne Matratzen lagen. Im Vorraum befand sich, zu unserer hellen Begeisterung, eine funktionierende Waschmaschine – die erste und einzige, die wir in Indien sehen sollten. Wir hängten unsere frisch gewaschenen Klamotten quer im Raum zum Trocknen auf und erkundeten die Tempelanlage. Die Nassbereiche dort waren, wie die ganze restliche Anlage, unglaublich sauber und wurden von Freiwilligen durchgängig geputzt. Es wurde geschrubbt, gekehrt, poliert und der Tempel selbst innen sogar mit Milch gewaschen. Sauberkeit nach Dreck und Müll, Ruhe nach „Yes Sir, good price!" und Dauergehupe, freundliche und zurückhaltende Leute nach Glotzen und Grapschen.

Der komplett mit Blattgold belegte Tempel Harmandir Sahib lag auf einer Insel im Heiligen See. Dem Wasser des Sees wurden heilende Kräfte nachgesagt und die Sikhs badeten darin.

Wir gingen zur Essensausgabe und wurden wieder positiv überrascht. In einer Halle setzten wir uns neben die anderen Pilger im Schneidersitz auf den Boden. Freiwillige kamen, brachten Aluteller, Reis, Chapati, Dal, Curry und Wasser. Wir aßen wie immer mit den Händen und halfen dann beim Abräumen. Die Küche versorgte täglich 60.000 Menschen mit diesem kostenlosen und sehr schmackhaften Essen und wirklich jeder war dort willkommen. Rund um die Uhr wurde in Töpfen der Größe von Whirlpools gekocht, daneben ununterbrochen abgespült. Ein beeindruckendes Beispiel für eine auf Freiwilligkeit und Spenden basierende, tolerante Gemeinschaft.

In der Nähe von Amritsar verlief die Grenze zu Pakistan. Wir machten einen Abstecher dorthin, denn ebenda fand jeden Nachmittag eine Grenzzeremonie statt. Ein patriotisches, absurdes Spektakel, das den Konflikt zwischen Indien und Pakistan fast schon karikierte. Die Grenztore wurden kurz geöffnet, Soldaten der beiden Länder vollführten, die andere Seite exakt spiegelnd, eine Marsch-Choreografie, bei der sie die Beine bei jedem Schritt fast bis auf Augenhöhe anhoben, salutierten und herumschrien. Ringsherum tobte auf beiden Seiten eine riesige Meute von Zuschauern. Es herrschte eine großartige Feierstimmung. Fröhliche indische Mädchen tanzen wild zu Bollywood-Musik. Dann, als Höhepunkt, wurden die Tore den verhassten Feinden wieder vor deren Nase zugeschlagen und die Show war vorbei.

Als wir am Abend zurück in der Tempelanlage von Amritsar waren, unterhielten wir uns recht lange mit ein paar jungen Sikhs. Zum ersten Mal in Indien wurde auch ich als Frau in ein Gespräch miteinbezogen. Es ging lange um das Thema Heirat. Aus Liebe oder arrangiert. Sie beneideten uns um die Freiheiten, die wir in unserem Heimatland hatten. Einer der Jungs verriet uns, dass er heimlich eine Freundin in seiner Uni in einer größeren Stadt habe. In seinem Dorf gebe es aber harte Sanktionen, wenn ein Mädchen einen Jungen auch nur ansehen würde. Falls seine Eltern von der heimlichen Freundin erfahren würden … er machte eine sägende Bewegung über seine Finger. Auf die Frage, ob er seinen zukünftigen Kindern erlauben würde, aus Liebe zu heiraten, so wie er es gerne selbst täte, antwortete er mit einem entschiedenen Nein. Er hätte zu viel Angst vor seiner Familie, wenn er diese gesellschaftliche Konvention brechen würde.

Wir lernten Sokirtpal kennen. Wie die meisten Sikhs trug er einen Vollbart und langes Haar, das er unter einem Turban aufgerollt versteckt hatte. Denn eigentlich sollen sich die Männer und Frauen dieser Religion nie die Haare schneiden, erklärte er uns. „Das heißt nicht, dass wir ungepflegte Barbaren sind", betonte er mit erhobenem Zeigefinger. Dann erklärte er uns bereitwillig und stolz alles um seine Religion und den Tempel. Jeder sei gleich, Frauen wie Männer, alle Menschen. Es gebe kein Kastensystem im Sikhismus und damit auch jeder wirklich gleich behandelt würde, denn bestimmte Nachnamen könne man bestimmten Kasten zuordnen, habe jeder Sikh den gleichen Nachnamen. Männer hießen Singh, was so viel wie „Löwe" bedeutete und Frauen Kaur – "Prinzessin".

Nachdem Sokirtpal uns all unsere Fragen beantwortet hatte, gingen wir gemeinsam essen und er lud uns zu unserer Beschämung sogar ein. Es war sicher eines der besten Essen auf der ganzen Reise. Am folgenden Tag revanchierten wir uns und luden Sokirtpal zum Frühstück ein, tranken auf seine Empfehlung hin den besten Lassi überhaupt und machten uns nach dem Abschied etwas wehmütig auf die Weiterreise.

Wir waren während der Zeit in Amritsar so oft positiv überrascht worden, dass wir so manch negatives Ereignis der zurückliegenden Wochen in Indien schon wieder vergessen hatten.

Richtig oder falsch?

- Carolin -

Mit einer Rikscha ging es zum Busbahnhof. Schon als wir durch ein Schlagloch krachten und mir die ausschwingende Eisenstange des Gefährts seitlich dermaßen einen Schlag auf den Schädel versetzte, dass ich tatsächlich einen Bluterguss am Ohr bekam, war irgendwie klar, dass der Frieden wieder vorbei war.

Unser Bus entfernte sich über staubige Straßen von Amritsar. Er sollte uns zu einem weiter entfernten Zugbahnhof bringen. Nur gut ein Drittel der Plätze war belegt. Direkt vor uns saß ein Sikh-Paar. Plötzlich sah ich, wie der Mann ausholte und seiner Frau mit der Faust und voller Gewalt auf den Oberschenkel schlug. Sie unterdrückte einen Aufschrei und zog ihren hellgrünen Sari etwas tiefer über ihr Gesicht. Im ersten Moment war ich sprachlos. War gerade wirklich passiert, was ich da gesehen hatte?

„Der schlägt seine Frau!", raunte ich Micha aufgebracht zu.

„Was – wie?", fragte er entgeistert.

Es passierte länger nichts, dann stampfte der Mann mehrfach auf den nackten Fuß der Frau. Er kaschierte das gut, kaum jemand bekam es mit. Eine ältere Dame weiter vorne warf ab und zu einen missbilligenden Blick nach hinten. Sie hatte mitbekommen, was dort geschah. Eine dünne Träne lief der Misshandelten aus dem Augenwinkel. Ergeben ließ sie es über sich ergehen.

Das Gesicht des Mannes war hassverzerrt. Als er erneut mit der Faust ausholte und zuschlug, brüllte Micha ihn unvermittelt auf Englisch an: „Tolle Leistung, eine wehrlose Frau zu verprügeln! Du bist ein echter Mann!"

Nun hatten sich alle anderen Passagiere im Bus zu uns umgedreht. Sie wollten sehen, warum sich dieser komische Ausländer so aufführte. Langsam drehte sich auch der Typ zu uns um, legte den Arm auf die Rücklehne und gab sich unbeeindruckt.

„Das ist meine Frau", sagte er, als ob das alles erklären würde.

Micha schubste seinen Arm direkt wieder runter, zeigte auf dessen silbernen Sikh-Armreif und brüllte weiter: „Warum trägst du das? Das soll dich daran erinnern, mit deinen Händen niemandem Schaden zuzufügen! NO HARM!"

Die alte Frau vorne im Bus nickte beifällig. Der Mann sagte erst nichts mehr, dann erwiderte er, seine Frau habe etwas mit einem anderen Mann gemacht. Das sei scheißegal, schnauzte ihn Micha an und überschrie seine Ausführungen einfach. Ich schluchzte still, fühlte mich ohnmächtig.

Der Kartenabreißer kam nach hinten, wollte wissen, was der Tumult solle. Der Schläger zischte ihm etwas auf Panjabi zu. Micha forderte, dass er den gewalttätigen Mann woanders hinsetzte, weit weg von seiner Frau. Der Kartenabreißer wies uns zurecht, dass wir uns gefälligst raushalten sollten und ging wieder. Für den Rest der Fahrt behielt der Kerl seine Hände und Füße bei sich. Irgendwann stieg das Paar dann aus.

Wir fühlten uns elend, die Frau ihrem Schicksal zu überlassen. Ob wir es nur noch schlimmer gemacht hatten? Wie verhielten wir uns in einer solchen Situation am besten, in einem fremden Land? Micha grübelte. Hätte er den Typen aus dem Bus werfen, verprügeln oder alles einfach ignorieren sollen?

Absicht oder nicht, der von uns genervte Kartenabreißer hatte uns zu spät Bescheid gesagt und wir verpassten unseren Halt. Zum Glück gab es beim nächsten Halt einen Bus, der direkt zurückfuhr, dann waren wir am Bahnsteig.

Micha besorgte Bananen und Kekse, ich passte derweil auf das Gepäck auf. So saßen wir dann irgendwo im Nirgendwo auf den Zug wartend, tief in düsteren Gedanken und starrten ins Nichts.

Es dauerte nicht lange, da wurde Micha wieder mal von einem Inder in ein Gespräch verwickelt. Mich beachtete wie üblich niemand. Weitere, neugierig lauschende Inder gesellten sich dazu, bis Micha und sein Gesprächspartner von sage und schreibe 17 gaffenden Männern umringt waren, die uns ganz schön dicht auf die Pelle rückten.

Diese Gespräche liefen meist nach dem gleichen Schema ab und sie waren immer gleichermaßen interessant und etwas befremdlich, denn es gab keine Tabus. Es wurde alles abgefragt, ohne dass bei den Antworten richtig zugehört wurde: über Hitler, Michas Gehalt oder über merkwürdige Themen wie die Art, wie in unserem Heimatland Landwirtschaft betrieben wurde. Ach, keine Handarbeit, alles automatisch? Dann das unumgängliche Kopfwackeln und ein abschätziges Schmatzen: „In Indien machen wir das besser."

Letztendlich war es ein Glücksfall, dass der Mann, der auf denselben Zug wie wir wartete, mit uns sprach. Ein ganzes Stück entfernt vom Bahnsteig, rollte irgendwann ein Zug ein.

„Das ist unserer", sagte Michas Gesprächspartner.

Wir schnappten die Rucksäcke. Gemeinsam sprangen wir vom Bahnsteig und über mehrere Gleise hin zum Zug, der in dem Moment, in dem er ausgerollt war, direkt wieder anfuhr. Am erstbesten Einstieg hievten wir uns hoch. Wir waren tatsächlich richtig! Ohne für uns erkennbare Bezeichnung, weit weg vom Bahnsteig und ohne richtigen Halt, hätten wir sicher nicht einmal in Erwägung gezogen, dass dies der Zug war, auf den wir warteten und hätten dies vermutlich noch sehr lange erfolglos getan.

Blaue Stadt, goldene Stadt, rosa Stadt

- Michael -

Jodhpur war die zweitgrößte Stadt des indischen Bundesstaates Rajasthan und wegen der Farbe seiner Häuser bekannt als die „Blaue Stadt". Blau kennzeichnete früher die Zugehörigkeit der Bewohner des Hauses zur Kaste der Brahmanen, der obersten Kaste. Mittlerweile strichen allerdings auch Nicht-Brahmanen ihre Häuser blau, da dies ein effektives Mittel zur Abwehr von Moskitos sein sollte. Die Hauptsehenswürdigkeit Jodhpurs war die riesige, die Stadt überragende Festungsanlage Meherangarh. Von ihr aus hatten wir einen wunderbaren Blick auf das Meer aus blauen Häusern.

Kurz nachdem wir in der Stadt angekommen waren, lief uns ein aufgelöster Franzose über den Weg. „Fucking Country!", rief er völlig außer sich über seine Schulter. Wir waren offenbar nicht die Einzigen, die Indien manchmal auf die Palme brachte.

Von der blauen Stadt aus wollten Caro und ich weiter zur goldenen Stadt Indiens, Jaisalmer. Weil auch in Indien Ferienzeit war und die Züge deshalb hoffnungslos überfüllt waren, blieb uns diesmal als einzige Reiseoption nur eine Busfahrt. Oh nein, schon wieder Bus fahren!

Frühmorgens fanden wir eine Riksha, die uns zum Busbahnhof bringen sollte. An einer Straßenecke, an der lediglich ein einzelner Bus stand, wurden wir heraus gelassen. Wo denn der Busbahnhof sei, fragten wir. Wir stünden davor, war die Antwort. Versuchte man erneut uns übers Ohr zu hauen? Es blieb nicht viel Zeit zu überlegen. Der Busfahrer wollte früher als geplant losfahren und die Leute drängten uns dazu einzusteigen.

Wir ließen uns nicht aus der Ruhe bringen und fragten wiederholt nach, ob dies der auf unseren Tickets vermerkte Bus sei und machten deutlich, dass wir keine Rupie extra bezahlen würden, falls jemandem auf der Fahrt einfiele, dass dem doch nicht so sei. Zu unserer Überraschung kamen wir in Jaisalmer an, fast ohne behelligt worden zu sein. Nur ein Inder im Bus wollte die Gunst der Stunde nutzen und von uns zusätzlich Geld für unser Gepäck verlangen, das im hinteren Teil des Busses verstaut war. Kaum waren wir erschöpft eingenickt, riss er uns immer wieder mit seinen penetranten Forderungen aus dem Schlaf, indem er mit Rupien vor unseren Gesichtern herumfuchtelte.

Am Zielort wartete bereits ein Fahrer auf uns, der unser Gepäck entgegennahm und dem nervigen Inder klarmachte, dass er uns nicht weiter wegen der erfundenen Gepäckgebühr bedrängen solle.

Die Gebäude der Wüstenstadt waren aus gelblichem Sandstein errichtet worden, was Jaisalmer den Namen „Goldene Stadt" verlieh. Zentrum war ein eindrucksvolles Fort, das bewohnt und dessen enge Gassen ständig von Mensch und Kuh verstopft waren. Das geschäftige Treiben zwischen den dicken Mauern verlieh dem Ort etwas Abenteuerliches. Zu Fuß kämpften wir uns durch die Menge zu unserer Unterkunft innerhalb des Forts.

Während unseres Aufenthalts erlebten wir dort die Feierlichkeiten zu Diwali. Das Lichterfest Diwali war eines der bedeutendsten Feste des Hinduismus. Überall in der Stadt brannten nachts Öllampen und Kerzen und die Böden vor den Hauseingängen waren mit Rangolis verziert. Das waren wunderschöne, aus Reismehl, farbigem Sand oder Blütenblättern gemalte Muster. Im Vorfeld wurde uns ein großes Feuerwerk angekündigt.

Immer wieder hörten wir schon tagsüber Böller knallen. Am Abend des letzten Festtages fand dann ein weniger buntes, aber umso lauteres Feuerwerk statt, das mehrere Stunden lang dauerte. Teilweise war es so laut, dass einem die Ohren schmerzten. Kein Vergleich zu den Silvesterböllern bei uns Zuhause! Nichts blieb von den Knallern verschont, die teilweise mit Gips gefüllt waren. Sogar die heiligen Kühe wurden mit ihnen beworfen. Wir entschieden uns, das Feuerwerk vom Dach unserer Unterkunft aus zu beobachten. Da es aber weiterhin fast nur aus Krach bestand, schauten wir nicht besonders lange zu, denn den konnten wir uns auch von unserem Zimmer aus anhören.

Nach den Feierlichkeiten machten wir eine Kameltour in die Wüste Thar, mit Übernachtung im Wüstensand. Bei den zahlreichen Tricks, mit denen wir uns in Indien herumschlagen mussten, waren wir überrascht, ein „intaktes" Kamel vorzufinden, auf dem wir sogar guten Gewissens reiten konnten. Auf einem Kamel zu sitzen machte anfangs Spaß, aber nach wenigen Stunden wurde es anstrengend für Oberschenkel und Hinterteil. Die sandige Wüstenlandschaft war überraschend grün bewachsen. Wir kamen an Dörfern vorbei, deren Häuser aus getrocknetem Kuhmist gebaut worden waren.

Am Ende des Tages waren wir heilfroh, endlich nicht mehr reiten zu müssen. Den Muskelkater sollten wir noch mehrere Tage lang spüren. Das von unseren Führern in der Wüste zubereitete, einfache Essen war sehr gut. Allerdings durften wir beim Kochen nicht so genau zusehen. Geschirr, Besteck und Becher wurden mit Sand gereinigt. Mit dem Messer zum Zubereiten und Wenden der Chapati, einer Art Fladenbrot, wurde auch mal am Fuß herumgespielt und der Nagel gesäubert. Das kannten wir ja schon von unserer Amazonas Regenwald Tour.

Nach dem Essen nahm einer der Führer unseren Kamelen die durchgeschwitzten Decken vom Rücken. Mit ihnen bereitete er uns einen Schlafplatz in einer Sandkuhle. Die Nacht in der Wüste war kühl, aber die vermutlich noch nie gewaschenen Decken hielten uns warm. Das alles machte uns nichts mehr aus. Wir genossen die sternenklare Nacht im Freien und beobachteten amüsiert die dicken Wüstenkäfer, die um uns herum durch den Sand liefen und sich direkt auf den nächsten Artgenossen stürzten, um sich zu paaren. Ab und zu stapfte ein Kamel an unseren Köpfen vorbei.

Entspannt wachten wir am folgenden Morgen auf, als gerade das Frühstück fertig war. Wir aßen, schwangen uns wieder auf die Kamele und machten uns auf den Rückweg.

Aus golden wurde rosa: unsere Reise ging weiter nach Jaipur. Jaipur wurde aufgrund seines rosarot gestrichenen Altstadtviertels die „Rosa Stadt" genannt. Rosa galt als die Farbe der Gastlichkeit. Neben den farbigen Gebäuden gab es in Jaipur einige spannende Sehenswürdigkeiten, wie den Palast der Winde, das Jantar Mantar mit der weltgrößten Sonnenuhr und drei verschiedene Forts.

Die indischen Männer waren in Jaipur nochmal eine ganze Ecke unverschämter und respektloser zu Caro als anderswo. Und das, obwohl ich immer direkt neben ihr war. Sie beschimpften Caro aus dem Nichts auf das Übelste, baggerten sie schamlos an oder drohten sogar mit Schlimmerem. Ich hielt mittlerweile nicht mehr im Geringsten an mich, brülle die Übeltäter an und warf einmal sogar unseren Reiseführer nach einem besonders dreisten Kerl.

Wir organisierten unsere Weiterfahrt nach Udaipur. Da nach wie vor noch Ferienzeit war und viele Züge ausgebucht waren, fanden wir uns einen Tag vor der Abreise am sogenannten Tatkal-Schalter wieder. Für viele Züge in Indien gab es ein Kontingent an Tickets, die man erst kurz vor der Abfahrt, meist 24 Stunden vorher, kaufen konnte. Die Schlangen vor diesen Verkaufsstellen waren in der Ferienzeit entsprechend lang. In Jaipur gab es allerdings einen zusätzlichen Schalter nur für Frauen, Senioren, Behinderte, Soldaten und Touristen. An diesem Tag standen dort nur indische Männer an, die offensichtlich nicht zu einer der aufgezählten Gruppen gehörten. Ein uniformierter Aufpasser führte uns deswegen direkt an die Spitze der Schlange – wenn man das Menschenknäuel als solche bezeichnen konnte. Natürlich zum Missfallen der Anstehenden. Einige versuchten uns daher wegzuschieben oder drückten ihre Buchungszettel, die man für einen Ticketkauf ausfüllen musste, vor uns in den Schlitz des Schalters.

Von einem besonders penetranten Inder hatte die Ticketverkäuferin irgendwann genug. Trotz mehrfacher Hinweise sich woanders anzustellen ließ er nicht davon ab, die Hand in den Schlitz zu stecken, um seinen Buchungszettel als nächsten abzugeben. Die Verkäuferin nahm schließlich den Zettel, zerknüllte ihn, öffnete das Schiebefenster und warf ihn dem Mann vor die Brust. Von einer Frau gedemütigt zu werden war zu viel für ihn. Mit einer entsprechenden Miene und unter dem Grinsen der anderen Wartenden machte sich der Mann schnell aus dem Staub. Genauso schnell ging dann das Drücken und Schieben weiter. Trotzdem kamen wir bald an unsere Tickets und konnten den Trubel des Bahnhofs hinter uns lassen.

Octopussy

- Michael -

Die Züge in Indien waren trotz der großen Distanzen und der vielen Reisenden zu unserem Erstaunen in der Regel pünktlich. Nur unsere Abreise aus Jaipur verspätete sich diesmal um eine Stunde.

Uns erwartete die mit Abstand schönste Stadt, die wir in Indien besuchen sollten. Udaipur war ein relativ kleiner Ort mit ungefähr 300.000 Einwohnern und ungewöhnlich sauber. Vielleicht war das eine Nachwirkung der Dreharbeiten zum James-Bond-Film „Octopussy", die dort stattgefunden hatten. Jedenfalls wurde eben dieser Film jeden Abend in nahezu allen Cafés und Restaurants gezeigt. Natürlich schauten auch wir uns den Film auf dem Dach unserer Unterkunft bei einer improvisierten Freiluftdarstellung an. Der Röhrenfernseher flimmerte und der Videorekorder blieb zweimal hängen. Trotzdem war es ein witziges Erlebnis, die Orte, die wir zuvor besichtigt hatten, in dem Film wiederzufinden.

Udaipurs Stadtbild wurde geprägt von mehreren Seen, dem großen und eindrucksvollen Maharaja-Palast am Pichhola-See und dem Lake Palace Hotel, das mitten in eben diesem See gelegen war. Auch die lokale Küche verwöhnte uns mit einigen Leckereien, die aus der ohnehin schon sehr guten indischen Küche herausstachen.

Caro und ich machten dort einen Kochkurs, weil wir in der Lage sein wollten unsere Lieblingsgerichte nachzukochen. Es machte uns viel Spaß und wir lernten einiges über die Zubereitung nordindischer Speisen, aber auch über die indische Kultur.

Der Kurs wurde von einer Inderin durchgeführt, die der Kaste der Brahmanen angehörte. Das war ungewöhnlich, denn die Menschen dieser Kaste erbrachten üblicherweise keine Dienstleistungen. Der Ehemann unserer Kochlehrerin war verstorben, als sie 31 Jahre alt gewesen war; danach hatte ihre Schwiegerfamilie ihr das Leben nicht leicht gemacht. Nach der Hochzeit zog die Ehefrau in Indien üblicherweise zu der Familie des Ehemanns. Als Witwe wurde sie zwar weiterhin in dieser Familie geduldet, musste von diesem Zeitpunkt an aber für Essen und Miete bezahlen. Da sie lediglich Hausfrau war und kein Geld besaß, stand sie vor einem großen Problem. Sie begann heimlich damit, die Wäsche von Hotelgästen zu waschen, was einem Mitglied der obersten Kaste eben nicht erlaubt war. Durch einen Zufall brachte sie ein Tourist, dem sie zuvor ein Essen zubereitet hatte, auf die Idee, einen Kochkurs zu veranstalten. Dies wurde zum Erfolg. Sie lernte durch den Kontakt mit Touristen Englisch und auf Grundlage ihrer Kochkünste wurde sogar ein Hochglanzkochbuch erstellt. Diese taffe Frau erzählte uns viele interessante und erschreckende Dinge über das Leben in Indien als Frau.

Mit vollen Mägen und genug Reiseproviant aus übrig gebliebenem Essen für die anstehende, letzte Zugfahrt in Indien, machten wir uns auf den Weg nach Delhi.

Himmel und Hölle

- Michael -

Nach jedem Höhepunkt folgte in Indien fast zwangsläufig wieder ein Tiefpunkt. Um es vorwegzunehmen: Delhi war der unerfreulichste Ort, den Caro und ich in unserem Leben je bereist hatten und toppte damit sogar noch die schlechten Erlebnisse in Jaipur. Abgesehen davon, dass die Stadt laut war und stank, begegneten uns dort leider zahlreiche unfreundliche und respektlose Leute. Delhi war überfüllt von Menschen, die sich auch untereinander das Leben schwer machten.

So erlebten wir beispielsweise, wie ein Mann, dessen Bein verletzt war und der deswegen einen Stock als Gehhilfe nutzen musste, rücksichtslos beim Verlassen einer Metro von schneller Aussteigenden auf den Boden geworfen wurde und nur mit Mühe und ohne irgendeine Hilfe zu erhalten wieder aufstehen konnte.

Die Sehenswürdigkeiten im Zentrum Delhis hatten wir schnell abgehakt und konzentrierten uns auf diejenigen, die etwas abseits der Stadt lagen.

Als ich an einem Tag allein unterwegs war, da es Caro erneut nicht besonders gut ging und sie Delhis Umgebung bereits kannte, kam ich unerwartet an einer christlichen Kirche vorbei. Ich war neugierig, wie sie wohl in Indien aussehen würde, ging hinein und setzte mich in eine der leeren Bänke. Es fand kein Gottesdienst statt und dementsprechend wenig Leute waren dort. Da saß ich nun in einer Kirche, mitten in einer Stadt, in der Chaos, Dreck und Rücksichtslosigkeit vorherrschten und genoss die Ruhe, die mich umgab. Der Besuch dieser Kirche war für mich eines der entspanntesten Erlebnisse seit Wochen. Ich war selbst überrascht, wie viel innere Ruhe und Frieden ich an diesem Ort fand.

Viele Länder auf der Welt wurden in Reiseführern als Land der Extreme beschrieben. Das einzige Land, auf welches diese Beschreibung unseren Erlebnissen nach wirklich zutraf, war Indien. Wir hatten dort äußerst liebenswerte und freundliche Menschen kennengelernt – aber auch viele, die nur darauf aus waren, uns zu betrügen oder zu beleidigen. Wunderschöne Landschaften und beeindruckende kulturelle Errungenschaften standen im Kontrast zu rücksichtsloser Umweltverschmutzung und verwahrlosten und zugemüllten Lebensräumen.

„In Indien erlebt ihr eure besten und schlechtesten Momente meist direkt hintereinander", hatte uns damals unser indischer Freund Ravi gesagt. Erst als wir dann selbst in Indien waren, begriffen wir, was genau er damit gemeint hatte.

Oft hatten sich aus negativen Situationen positive Erlebnisse ergeben. Hilfsbereite Menschen waren uns zur Seite gestanden und hatten uns Einblicke in ihr Leben und das echte Leben in Indien gegeben. Caro und ich hatten viel in diesem Land erlebt und dabei auch einiges über uns selbst gelernt. Besonders angeeignet hatten wir es uns „Nein" zu sagen, ohne dabei ein schlechtes Gewissen zu bekommen. Denn ohne ein bestimmtes „Nein" kamen wir dort nicht weit.

Indien war faszinierend und gleichzeitig auch das bei Weitem anstrengendste Land auf der Reise. Mehr als in anderen Ländern spielte sich das wirkliche Leben abseits von Sehenswürdigkeiten und Hotels ab. Indien wirklich zu erleben bedeutete auch, sich auf all die Beschwerlichkeiten einzulassen.

Dorf im Pflaumenhain

- Michael -

Caro und ich waren froh, als wir am Flughafen von Delhi end-lich in den Flieger steigen konnten. Es war Nacht, als wir in Bangkok ankamen. Auf der Taxifahrt zu unserer Unterkunft fühlten wir uns wieder wie in einer anderen Welt. Der Verkehr in dieser Großstadt schien im Vergleich zu Indien so ruhig und geordnet.

Weit weg von der berüchtigten Khaosan Road, auf der sich die meisten Touristen tummelten, wurden wir in einer dunklen Gasse raus gelassen, zu der sich der Taxifahrer erst durchfragen musste. Zwei alternativ anmutende Finnen ließen uns in das Ge-bäude und kümmerten sich dann nicht weiter um uns. Eine handtellergroße Spinne saß an der Wand. Wir schwitzten in der feuchtwarmen Hitze. Komischer Eindruck, wo waren wir denn da gelandet? Irgendwann erschien Joy, die knuffige Besitzerin der Unterkunft und zeigte uns unser Zimmer.

Am nächsten Tag, nach einer angenehm klimatisierten Nacht und einer Dusche mit endlich wieder warmem Wasser, sah alles schon viel freundlicher aus. Seit Langem konnten wir unsere Klamotten wieder maschinell waschen. Als Joy den Waschma-schinendeckel öffnete und das dreckige Wasser sah, riss sie die Augen auf: „Dirty India!" Sie ließ es ablaufen und startete die Maschine erneut. Erst nach dem dritten Waschgang waren un-sere Kleidungsstücke wieder sauber.

Bangkok, was wörtlich übersetzt „Dorf im Pflaumenhain" be-deutete, wurde unter Thailändern auch Krungthep genannt. Das wurde meist mit „Stadt der Engel" übersetzt. Caro war ein paar Jahren zuvor bereits in Thailand gewesen und kannte die Stadt. Doch damals war es ihre erste Reise nach Asien gewesen und sie hatte, direkt aus Deutschland kommend, andere Maßstäbe. Ihre Erinnerung passte absolut nicht zu den neuen Eindrücken. Damals hatte sie den Verkehr in der Großstadt als extrem chaotisch empfunden, die Leute in den Wellblechhütten zwischen den Hochhäusern als extrem arm und alles als extrem schmutzig. Jetzt lernte sie Bangkok anders kennen.

Nach Indien war Thailand ein angenehmes Kontrastprogramm: Es war ruhig, ordentlich und sauber, die Leute überwiegend freundlich und unaufdringlich. Nicht umsonst wurde Thailand auch das „Land des Lächelns" genannt. Der Spaß am Reisen und Entdecken, der gegen Ende unserer Zeit in Indien etwas nachgelassen hatte, flammte wieder auf.

Wir besuchten altehrwürdige, bunt verzierte Tempel und Paläste mit goldenen Buddhastatuen und bummelten über die unterschiedlichsten Märkte. Auf einem Blumenmarkt kauften wir für das Lichterfest Loi Krathong ein Gesteck, ebenfalls Krathong genannt. Es bestand aus einem Brotlaib, der mit Blumen und Räucherstäbchen dekoriert war. Nachts, bei Vollmond, wurden die Krathongs auf den Fluss Chao Phraya gesetzt, als Geschenk für die Flussgottheit. Dort trieben sie in die Dunkelheit davon, bis sie irgendwann sanken oder einer der im Wasser schwimmenden Thais sie herausfischte und erneut verkaufte oder einfach nur das an ihnen befestigte Geld einsteckte.

Etwas außerhalb von Bangkok besuchten wir einen schwimmenden Markt, eine für Thailand mittlerweile recht bekannte Attraktion. An und auf einem Netz aus schmalen Kanälen wurden Snacks und Souvenirs verkauft. Spannend war auch der Maeklong Railway Market, ein Markt direkt auf einer

Bahntrasse. Die feilgebotenen Waren lagen auf dem Boden bis auf ein paar Zentimeter an die Schienen heran, die wir erst gar nicht bemerkten, als wir durch den Markt schlenderten. Viermal täglich klappten die Marktleute in Windeseile ihre Schirme zurück, drückten sich und die aufgeregten Touristen an die Seite und bildeten so eine Gasse, um den heranfahrenden Zug passieren zu lassen.

Die thailändische Küche war eine ebenso willkommene Abwechslung mit neuen Geschmackserlebnissen. Auf einem Markt in der Nähe unserer Unterkunft aßen wir oft auf winzigen Plastikstühlen eine Leckerei nach der anderen.

An einem Tag fuhren wir zum Nationalpark Khao Yai, dem ältesten Nationalpark Thailands, einem Weltnaturerbe mit dichtem Wald und zahlreichen Seen und Wasserfällen. Der öffentliche Minivan brachte uns bis an den Eingang, ab dort mussten wir per Anhalter versuchen, zu den sehenswerten Orten im Park zu gelangen, denn zu Fuß wäre es zu weit gewesen. Das funktionierte erstaunlich leicht.

Fast jedes Mal, wenn wir an der Straße den Daumen raushielten, nahm uns bereits das erste Auto mit. Eine dieser Mitfahrgelegenheiten war ein kleiner Bus mit einer Horde fröhlicher thailändischer Krankenschwestern, die offenbar total begeistert von mir waren. Kichernd und tuschelnd beäugten sie mich neugierig. Wir verständigten uns mühsam auf Englisch, was zur allgemeinen Heiterkeit beitrug. Am Ende der Fahrt schossen die Krankenschwestern ausgiebig Erinnerungsfotos mit mir. Sie warfen sich dabei so richtig in Pose und an mich ran, sodass ich mich fragte, was sie später wohl mit den Fotos anfangen würden. Caro versuchte die ganze Zeit krampfhaft ihr Grinsen zu verbergen.

Als wir uns schließlich losreißen konnten, wanderten wir durch ein Waldgebiet. Der überwucherte Weg war ursprünglich gut ausgebaut gewesen, aber es wirkte nicht so, als ob dort noch oft Leute entlanglaufen würden. Wir waren allein und es war ganz still, als auf einmal etwas Großes links von uns krachend und splitternd durchs Unterholz losrannte. Ich erkannte einen Reptilienkörper, der so groß war wie ich und zuckte zusammen. Es war ein etwa zwei Meter großer Waran. Nachdem er den anfänglichen Schock durch ungebetene Gäste überwunden hatte, kreuzte er in aller Seelenruhe unseren Weg.

Von Punkt zu Punkt gelangten wir weiter auf Ladeflächen und freien Sitzen freundlicher Thais. Wir liefen zu Wasserfällen, Seen und durch grüne Landschaften aus mannshohem Gras. Erschöpft von dem langen Tag kamen wir an einer Stelle aus dem Unterholz auf die Hauptstraße und fanden prompt eine Mitfahrgelegenheit in Richtung Parkausgang.

Die nächsten zwei Tagesausflüge machte ich ohne Caro zur Tempelstadt Ayutthaya und zur Brücke am Kwai. Da Caro beides schon kannte, nutzte sie die Gelegenheit, um sich derweil um Weihnachtsgeschenke und ihre Jobbewerbungen zu kümmern. Langsam rückte das Ende unserer Reise in unangenehme Nähe.

Neben Traditionellem hatte Bangkok auch viel Modernes zu bieten: eine schillernde Skyline, eine moderne, saubere Metro und riesige Einkaufszentren. Hinter jedem zweiten Souvenirstand saß der Besitzer in sein Tablet vertieft und in der Metro tippten die meisten Thais auf den neuesten Smartphones herum.

Mahut für einen Tag

- Carolin -

Mit einem Bus reisten Micha und ich weiter zur „Rose des Nordens", wie Chiang Mai wegen seiner landschaftlichen Schönheit auch genannt wurde. Chiang Mai galt als das kulturelle Zentrum Nordthailands.

Nachdem wir unsere Unterkunft, eine einfache, aber gemütliche Holzhütte, bezogen hatten, fuhren wir hinauf zum Tempel Wat Phra That Doi Suthep, dem Wahrzeichen Chiang Mais, der auf einem Berg im Grünen thronte. Er war prachtvoll mit Gold und bunten Farben verziert. In der Luft lagen das leise Klimpern der Gebetsglöckchen und der typische Geruch von Räucherstäbchen. Als wir in der Dämmerung den Berg wieder hinunterkurvten, atmete ich den lauen Fahrtwind ein. Das würde ich vermissen, dachte ich. Unvorstellbar, dass wir bald schon zurück sein würden. Kein exotisches Essen mehr, dachte ich weiter, als wir an einem Straßenstand unser Abendessen aus einer Schüssel aßen. Nicht mehr jeden Tag etwas Neues.

Am Tag darauf schauten wir uns noch einige weitere Tempel in Chiang Mai an und liefen lange durch die ruhigen Straßen, bis wir einen Computerladen fanden, in dem wir unsere e-Visa für Kambodscha ausdrucken konnten. Zumindest würden solche Odysseen bald auch ein Ende haben, versuchte ich mich wenig erfolgreich zu trösten.

Am Abend ließen wir zu Ehren des Geburtstags des Königs mit vielen anderen Menschen eine Khoom Loy, eine riesige Papierlaterne, die durch eine Flamme am unteren Ende Auftrieb bekam, in die Luft aufsteigen.

Es sah toll aus, wie unzählige Laternen gemeinsam in die schwarze Nacht entschwebten.

Micha und ich wollten bei einem Mahut- beziehungsweise Elefantenführertraining mitmachen. Wir informierten uns gründlich, um sicher zu sein, einen tierfreundlichen Anbieter gefunden zu haben. Schon lange freuten wir uns auf die Gelegenheit, die riesigen Tiere hautnah erleben zu dürfen. Nachdem wir vor Ort Wickelhosen angezogen hatten, wurden wir zu den Elefanten gebracht. Wir holten Futter und legten es den Tieren in ihr beachtliches Maul. Dabei wurde manchmal der eigene Arm ein wenig mit eingesaugt.

„Elefantenspucke!", kicherte ich, als ich meinen klebrigen Arm mit einem Ploppen aus dem Maul der Elefantenkuh befreit hatte.

Anfangs fühlte ich mich in Flipflops etwas ungeschützt neben ihren massigen Stampfern. Doch wir gewöhnten uns schnell aneinander. Die geduldige Riesin schnüffelte mit ihrem Rüssel an mir und blies warme Luft in meinen Nacken. Es kitzelte. Schnell fasste ich Zutrauen.

Dann lernten wir einige Befehle auf Thai, die für uns beim Aufsteigen und Reiten auf den Dickhäutern hilfreich sein sollten. Wir kletterten barfuß auf die riesigen Tiere, die bei „Yok Kha!" das Vorderbein so anwinkelten, dass wir darüber auf ihren ledrigen Rücken klettern konnten. Die borstigen Elefantenhaare piksten uns in den Hintern. Als Micha und ich zusammen auf einem Tier einen gemächlichen Ausritt antraten, ließ sich unser Elefant eher weniger von den neu gelernten Befehlen beeindrucken. Er verleibte sich lieber gierig alles Grünzeug in Rüsselreichweite ein. Micha streichelte ihn verständnisvoll und sagte wieder einmal: „Ich habe auch immer Hunger."

Wir kamen zu einem Flüsschen, ließen die Elefanten sich ins Bachbett legen und machten uns mit Bürsten daran, sie abzuschrubben. Sie spritzten mit den Rüsseln freudige Fontänen. Klatschnass ging es weiter in einen See, in dem wir zusammen mit den Elefanten badeten. Alle paar Schritte machten sie „Aquagymnastik" und gingen in die Knie. Dabei tauchten sie vollständig unter. Mal guckten unsere Köpfe gerade noch so aus dem Wasser, mal gingen wir mit ihnen unter. Ein wunderschöner Tag!

Wieder in Chiang Mai gönnten wir uns nach einem Jahr Rucksackschleppen die Thaimassage, die wir uns bereits seit vielen Monaten herbeigesehnt hatten. Wir gingen dazu auf Empfehlung in einen von Blinden geführten Salon. Micha und ich waren gespannt, was uns erwartete und scherzten natürlich auch über das Klischee der Massage mit Happy Ending. Als wir eintraten, wurden wir getrennt, denn Männer und Frauen wurden in verschiedenen Räumen durchgeknetet. Schon nach wenigen Minuten auf der dünnen Matte war klar, dass dies keine entspannende Massage werden würde, wie wir sie uns vorgestellt hatten. Die Masseure bearbeiteten unsere Arme, Beine und Rücken mit ordentlichem Druck. Teilweise stützten sie sich mit dem ganzen Körpergewicht auf die Druckpunkte. Es war schmerzhaft, aber ich merkte, dass sie wussten, was sie taten. Nach einer Stunde verließen wir den Salon leicht hinkend wieder.

„Ich glaube, mein Masseur mochte mich nicht", sagte Micha, als er vorsichtig die Salontür schloss. Ich zeigte auf mein rechtes Bein, an dem sich ein paar Blutergüsse gebildet hatten. Micha stellte nüchtern fest: „Deine Masseurin dich anscheinend auch nicht!"

Da wir durch den Kochkurs in Indien sozusagen auf den Geschmack gekommen waren, besuchten wir zum Abschluss in Chiang Mai wieder einen Kochkurs. Dabei lernten wir das Zubereiten typisch thailändischer Vorspeisen, Suppen, Nudelgerichte, Currys und Nachspeisen. Am vollständigen Verzehr all unserer Köstlichkeiten scheiterten wir aber kläglich. Vielleicht lag das an den Übelkeitsattacken, die uns seit China immer noch in unregelmäßigen Abständen heimsuchten, vielleicht aber auch an der schieren Menge an Essen, die für ein Familienfest inklusive Hauselefanten gereicht hätte.

Mister D

- Carolin -

Wir fuhren mit einem Nachtbus nach Bangkok zurück. Als wir in aller Herrgottsfrühe an einem Busterminal ankamen, fragte Micha die zuständige Dame an Bord, ob dies die Station sei, um in den Bus zur kambodschanischen Grenze umzusteigen und nannte den Thai-Namen der Station. Sie sagte „Next Stopp". Das wiederholte sich noch zwei Mal, bis sie uns schließlich dazu aufforderte, auszusteigen. Der Bus stand mitten auf einem Highway und ein Busbahnhof war weit und breit nicht zu sehen. Das sei der letzte Halt. Wir protestierten, weil wir in Chiang Mai ein Ticket zur Busstation gekauft hatten und der Bus dort schon bald abfahren würde. Gänzlich unerwartet rastete die Frau sofort aus und brüllte los. Wir seien, wo wir verdammt noch mal hinwollten, „Fuck you!". Aber nach Indien beeindruckte uns nichts mehr so leicht. Wir verließen den Bus einfach nicht und wiederholten stoisch, dass das nicht der vereinbarte Ort sei. Irgendwann gab sie zu, dass wir bereits fünf Kilometer von dem Terminal entfernt waren, an dem wir nie gehalten hatten. Der Bus würde aber nicht unseretwegen umdrehen, er müsse weiter. Schließlich, nach weiterer Diskussion, rief die Dame ein Taxi von der Straße und drückte dem Fahrer widerwillig genug Geld in die Hand, damit er uns zum richtigen Busterminal brachte.

Einige Stunden später waren Micha und ich an der kambodschanischen Grenze angekommen. Wir liefen mit Sack und Pack vorbei an der wie üblich dort wartenden Transportmafia, die uns ihre freundliche Hilfe für den angeblich noch weiten Weg bis zur Grenze anbot. Nach zehn Minuten Fußmarsch waren wir am Grenzübergang, an dem bereits lange Schlangen warteten. Unsere teureren e-Visa verschafften uns gegenüber vor Ort beantragten Visa keine Zeitersparnis. Hunderte Touristen und Grenzgänger warteten mit uns in brütender Hitze vor drei gemächlich arbeitenden Abfertigungsschaltern. Schweiß tropfte. Es dauerte eine gefühlte Ewigkeit, bis wir fertig waren und unsere restliche Anreise nach Siem Reap mit Shuttlebus, Minivan und Tuk Tuk fortsetzen konnten.

In Indien hatten wir Sam aus Malaysia kennengelernt, der uns eine Unterkunft in Siem Reap empfohlen hatte. Diese hatte das größte Doppelbett auf der ganzen Reise und wenn wir aus dem Fenster blickten, sahen wir ein paar Dutzend Alligatoren. Das Hobby des Nachbarn erklärte uns der Rezeptionist.

In Siem Reap besuchten Micha und ich ein paar hübsche Tempel und einen Markt. Doch der eigentliche Grund, weswegen wir dort waren, lag außerhalb des Ortes: die Region Angkor mit ihren Tempelanlagen, deren größte und wohl bekannteste Angkor Wat war.

Am ersten Tag mieteten wir uns für je einen Dollar zwei Fahrräder und erkundeten mit ihnen das weitläufige Gebiet. Vollbepackt mit Essen und Wasserflaschen ging es los. Zuerst hielten wir natürlich bei Angkor Wat. Wir schlenderten zu Fuß gemütlich durch die Anlage.

Danach radelten wir durch den in goldenes Licht getauchten Wald und stiegen immer wieder bei den interessantesten Ruinen ab. In der Abenddämmerung legten wir auf dem Rückweg einen Sprint hin, weil es so viel zu entdecken gab und wir in den weitläufigen Anlagen die Zeit vergessen hatten. Trotzdem schafften wir es erst nach Einbruch der Dunkelheit zurück zur Unterkunft.

Die nächsten beiden Tage nahmen wir uns dann aber ein Tuk Tuk, um die weiter entfernten Tempel zu besichtigen und um uns nicht wieder auf dem Rückweg abhetzen zu müssen. Die Anlagen waren sehr unterschiedlich in ihrer Größe, ihrem Aufbau und ihren Verzierungen. Mal ähnelten sie einer Pyramide, mal bestanden sie aus Stupas – typische, meist runde buddhistische Bauwerke, die Buddha und seine Lehren symbolisierten –, Treppen oder Innenhöfen. Andere hatten riesige Säulen mit metergroßen Steinköpfen darauf, Kammern und enge Gänge.

Ta Prohm, ein von dicken Baumwurzeln überwucherter Tempel und Drehort des Films „Tomb Raider" gefiel uns besonders gut. Im Griff dieser über viele Jahre gewachsenen, dschungelartigen Vegetation spürten wir das Alter des Ortes deutlicher als bei den fein säuberlich freigelegten Tempeln.

Unser Tuk-Tuk-Fahrer nannte sich „Mister D". Er war ein schmächtiges, immer fröhliches Kerlchen mit einer Micky-Maus-Stimme, die selbst für eine Frau hoch gewesen wäre. Er lachte eigentlich den ganzen Tag und wir mit ihm, weil es gar nicht anders ging. Die Khmer empfanden wir allgemein als ein unglaublich freundliches Volk, bei dem Lachen und Höflichkeit eine große Rolle spielten. Neben vielen Erklärungen zu den Tempeln und der Geschichte zeigte uns Mister D, wie die Leute dort Bonbons aus Zuckerpalmen herstellten und spendierte uns zu Mittag eine große, frisch geerntete Melone, während er selbst knusprig frittierten Frosch aß.

Die letzten Schritte

- Michael -

Nach diesem kurzen Abstecher nach Kambodscha ging es wieder zurück nach Thailand, diesmal Richtung Süden, in die Provinz Phuket.

Es war erschreckend, wie schnell die Zeit verrann. Unsere letzten Schritte als Weltreisende. Und so gut wir ihn zu vermeiden versuchten, kamen wir nicht immer am Massentourismus vorbei. Wir fuhren zum Khao Phing Kan, dem sogenannten James-Bond-Felsen, bevor wir uns weiter auf nach Ko Phi Phi machten. Es musste dort paradiesisch gewesen sein, bevor alles zugebaut wurde und prollige Touristen die Idylle störten. Wir besuchten einige unbewohnte Inseln, die aber auch von so vielen Touristenbooten angefahren wurden, dass ihre Schönheit durch die Massen verloren ging.

Die Unterwasserwelt Thailands, besonders die der Similan-Inseln, die als eines der attraktivsten Tauchreviere der Welt galten, war traurig. Beim Schnorcheln sahen wir, wie ein paar Fische zwischen den toten Überresten der ehemals bunten Riffe dahindümpelten. Für andere Touristen, die die Aussagen der Tour-Verkäufer wie ein Papagei wiedergaben, war es „amazing" und wie in einem Aquarium! Wir beschlossen, von einem ausgedehnten Tauchvorhaben Abstand zu nehmen und organisierten lediglich einen Tages-Tauchtrip.

Die letzten beiden Tauchgänge auf unserer Weltreise! Ein kleines Motorboot brachte uns mit zwei anderen Tauchern und Führern zum abgelegenen Richelieu Rock. Der Felsen, von dem wir nur eine winzige Spitze aus dem Wasser ragen sahen, galt als Tauchplatz von Weltrang. Unter Wasser verbreitete er sich schnell und an seinen Wänden hausten allerhand Korallen, Fische und andere Tiere. Es war tatsächlich wunderschön dort, obwohl es nicht an das Traumtauchen in Indonesien herankam. Wir kicherten still, als zwei sich paarende Sepien von drei Voyeur-Sepien umkreist wurden. Erwischt! Da halfen ihnen ihre ausgeklügelten Tarnmechanismen auch nichts.

Nach dem letzten Tauchgang lobte unser Führer Caros Tauchfertigkeiten. Sie war stolz auf ihre gewonnene Selbstsicherheit unter Wasser. Mittlerweile war sie die Ruhe selbst, austarieren war zum Kinderspiel geworden und sie verbrauchte meist nur die Hälfte ihrer Sauerstoffflasche. Ich war froh darüber, dass sie mein Tauchbuddy war. So hatten wir unter Wasser in den vergangenen Monaten gemeinsam gleich noch eine zweite Welt kennengelernt.

Dann war er da, der letzte Tag. Wehmütig warfen wir die altgedienten, löchrigen Klamotten in die Mülltonne. Sie machten Platz in den Rucksäcken für Weihnachtsgeschenke. Wir gingen noch einmal essen. In Flipflops saßen wir auf Plastikstühlen und genossen unser Pad Thai, während über uns ein Ventilator die stickige Luft umrührte. Danach schlenderten wir über einen Markt und kauften allerhand exotische Früchte für Zuhause, duschten noch einmal unter freiem Himmel und schliefen auf der unbequemen Matratze. Es war herrlich.

Am nächsten Morgen schulterten wir unsere ungewohnt leichten Rucksäcke und machten uns mit dem Tuk Tuk auf den Weg zum Flughafen.

Nachtlager in der Wüste Thar

Als Mahut bei den Elefanten

Goldener Tempel in Amritsar

Angkor Wat

Zurück in Deutschland

Richtungswechsel

- Michael -

Die ersten Weltreisewochen in Mexiko waren gefühlt noch gar nicht so lange her. Caro und ich blickten zurück. Wir konnten uns an nahezu jeden einzelnen Tag erinnern. Was wir unternommen, was wir gegessen, wo wir geschlafen und wen wir kennengelernt hatten. Ein Jahr voller neuer Eindrücke, Erlebnisse, Geschmäcker und Gerüche. Aber auch ein Jahr mit vielen Strapazen, unendlichen Wartestunden, häufigem Hunger. Nie haben wir mehr gefroren und geschwitzt als während dieser Reise. Hochs und Tiefs lagen so oft dicht beieinander. Es war das bisher lebendigste Jahr in unserem Leben. Wir hatten unseren Traum gelebt!

Nun mussten wir uns damit abfinden, dass das es vorbei war. Es ging zurück nach Hause. Zurück – eine komische Richtung, nachdem es die ganze Zeit nur vorwärts gegangen war. Wir freuten uns auf Familie und Freunde, denn wir hatten sie ehrlich vermisst. Es würde aber auch nicht einfach werden, die kennengelernte Freiheit wieder aufzugeben. Das war das Problem am Reisen: entweder man war am Ende froh heimzufliegen oder man hatte sich mit Fernweh infiziert und wurde es nie wieder los. In den Wochen zuvor hatten wir ernsthaft darüber nachgedacht, einfach weiterzureisen. Allerdings hatten wir auch versprochen, an Weihnachten wieder in Deutschland zu sein und versprochen war versprochen.

Schnell waren wir eingecheckt, passierten die Sicherheitskontrolle und warteten mit traurigen Mienen auf den Abflug. Über Hongkong ging es Richtung Deutschland. Ein Servierwagen hielt neben uns. Wir hatten noch einmal die Wahl: „Chicken or Pasta?"

Heimkehr

- Carolin -

Am 24. Dezember gegen sechs Uhr morgens landeten Micha und ich wieder im unverändert kalten, grauen Frankfurt. Wir fragten eine Dame vom Flughafenpersonal, ob sie ein finales Foto von uns schießen könne und erklärten: „Das sind die letzten Minuten unserer einjährigen Reise um die Welt!"

Es kratzte sie nicht wirklich.

Nun hieß es für uns, nach exakt 365 Tagen, an denen wir fast jede Minute miteinander verbracht hatten, Abschied voneinander zu nehmen. Wir fuhren wieder jeweils zu unseren Familien, um mit ihnen das Weihnachtsfest zu feiern.

Als Erstes stieg Micha in seinen Zug und ich blieb auf der Plattform zurück. Es war schwer zu beschreiben, wie traurig, einsam und leer sich dieser Moment für uns beide anfühlte. Jetzt waren die Weltreise und das bisher außergewöhnlichste Jahr unseres Lebens endgültig vorbei.

Micha erzählte mir später von seiner Heimkehr. Die zwei Stunden Zugfahrt waren schnell vorbei gewesen und seine Eltern hatten ihn am Heimatbahnhof begrüßt. Über die zwölf Monate der Reise hatte sich sein Gewicht um gute 15 Kilogramm reduziert. Michas Eltern waren sichtlich schockiert über seine abgemagerte Gestalt gewesen. Auch seine Schwester, die ihn erst später sah, hatte sich erschrocken und das Schlimmste vermutet.

Aber nach wenigen Wochen mit Mutters guter Küche und hartem Training näherte er sich sukzessive wieder seiner früheren Statur.

Nicht lange, nachdem Micha eingestiegen war, kam auch mein Zug. Die Fahrt sollte nur gute drei Stunden dauern; diese vergingen aber überaus langsam. Ich fühlte mich jeden Augenblick anders. Mal voller Vorfreude, mal voller Bedauern. Der ältere Mann gegenüber musterte mich lange Zeit verstohlen. Irgendwann verwickelte er mich in ein Gespräch über Weihnachten und tagesaktuelle Themen in Deutschland. Nachdem offenkundig geworden war, dass ich keine Ahnung davon hatte, sagte er, stirnrunzelnd auf meine Wanderstiefel blickend: „Sagen Sie, woher kommen Sie gerade? Waren Sie im Urlaub?"

Ich versuchte ein Lächeln: „So ähnlich."

Das Wiedersehen mit meiner Familie und später mit meinen Freunden und Bekannten war leiser als erwartet. Die Situation erinnerte mich jedes Mal an ein Rudel, das einen Neuling beäugte, um zu sehen, ob er zur gleichen Tierart gehörte. Auch mir wurde gesagt, ich sei „klapperdürr" geworden. Klapperdürr fand ich mich nicht. Eher wirkten alle bekannten Gesichter einige Wochen lang seltsam aufgedunsen auf mich.

Auf einmal war alles wieder da: frisch gebügelte Wäsche, schnelles Internet, ewig warme Duschen, Essen ohne Ende und ein bequemes Bett, in dem keine hundert Fremden zuvor geschlafen hatten. Ein Smartphone, das Verirren, Langeweile und Ratlosigkeit verhinderte. Eine Zimmertür, die Privatsphäre ermöglichte. Treffen mit den Freunden, Fotoabende mit der Familie.

Ein Arzt fand den Grund unserer Übelkeitsepisoden der letzten Monate: Amöben! Das musste das eklige Hühnchen in Hong Kong gewesen sein, mutmaßten wir. Nach einer Packung Antibiotikum waren wir dieses unfreiwillige Mitbringsel glücklicherweise schnell wieder los.

Micha nahm wie geplant sein vorheriges Arbeitsverhältnis wieder auf und fand eine neue Wohnung. Ich zog zunächst wieder bei meinen Eltern ein und fand entgegen allen pessimistischen Prognosen in kürzester Zeit einen Job. Zwei oder drei Monate später war der Alltag wieder eingekehrt.

Rückblick und noch mehr verrückte Ideen

- Carolin & Michael -

„Und, wie war's?", war immer eine der ersten Fragen nach unserer Rückkehr. Was antwortet man darauf nach einem solchen Jahr? Heute könnten wir mit einem Augenzwinkern sagen: „Wir haben da mal etwas zusammengeschrieben." Damals war es nicht einfach eine Antwort zu finden, die all den Erlebnissen nur ansatzweise gerecht geworden wäre. Unabhängig davon, in welcher Ausführlichkeit wir diese Frage beantworteten, das Interesse ließ gemeinhin schnell nach. Im Alltag blickten alle nach vorne oder zurück auf gemeinsam Erlebtes. Da niemand diesen Weg mit uns gegangen war, gab es auch keine direkte Verbindung dazu und er war deswegen kaum mehr ein Thema in Gesprächen. Ein unerwarteter Gegensatz war das Gefühl, dass für alle anderen unsere Reise vorbei war, während wir hingegen noch eine lange Zeit brauchten, um unsere Eindrücke zu verarbeiten. Die Arbeit an diesem Buch half uns dabei.

Es war weitaus unkomplizierter als gedacht, ein Jahr lang um den Globus zu reisen und nur mit dem auszukommen, was in einen Rucksack passte. Es wurde schnell normal, wir vermissten nichts. Schwitzen, Frieren, Hunger, Krankwerden, Rucksackschleppen, Streit, kalte Duschen … all dies gehörte einfach dazu und war ein geringer Preis für die wertvollen Erfahrungen, die wir auf unserem Weg sammeln durften. Es ist unmöglich zu beschreiben, wie frei wir uns in diesem Jahr fühlten. Eine Weltreise ist ein Abenteuer, das es mit sich bringt, auf einiges an Sicherheit und Komfort zu verzichten und sich dem Ungewissen und manchmal sogar seinen Ängsten zu stellen. Reisen macht einem auch die eigenen unschönen Seiten deutlich. Aber Reisen ist auch unfassbar bereichernd und belohnt mit Selbstbewusstsein, Wissen und Erkenntnissen, die kein Buch der Welt lehren könnte.

Auf der Weltreise lernten wir einander auf intensive Art kennen. Es gab unterwegs nichts, das wir voreinander verstecken konnten. All die erlebten Situationen offenbarten uns gegenseitig jede unserer Seiten, die guten und die weniger guten. Sämtliche Masken waren gefallen.

Das Jahr auf Reisen war wohl einer der größten Tests, denen man eine Beziehung unterziehen konnte. Aber es hatte uns stärker zusammengeschweißt, als wir zunächst realisierten. Durch die zahlreichen Herausforderungen wurden wir ein echtes Team und reiften als Paar immens.

Wir hatten uns verändert. Aufgeladen mit diesen neuen Eindrücken, Erkenntnissen und Gefühlen trafen wir mit voller Wucht auf einen Alltag, in dem sich erstaunlicherweise kaum etwas verändert hatte. Es war, als wäre überhaupt kein Tag seit unserer Abreise vergangen. Dies war ein weiterer unerwarteter Gegensatz, mit dem wir erst einmal klarkommen mussten. Es war nicht einfach, den neuen Blick auf das Leben im Alltag nicht wieder zu verlieren. Gleichzeitig mussten wir uns anpassen, um Zuhause wieder richtig anzukommen. Dabei fielen wir innerlich erst einmal in ein Loch. Was uns dort heraus half war die Aussicht auf unsere nächste Reise.

Denn reisemüde waren wir nicht. Ganz im Gegenteil. Je mehr wir von der Welt sahen, umso bewusster wurde uns, wie viel mehr es da draußen noch zu entdecken geben musste. In den folgenden Jahren nutzten wir jeden freien Tag, um wieder loszuziehen. Wir konnten es jedes Mal kaum erwarten, wieder die

Rucksäcke zu packen und aufzubrechen. Wie wir es uns vorgenommen hatten, reisten wir irgendwann auch nach Tibet und es war wundervoll.

Gut sechs gemeinsame Jahre, 19 besuchte Länder und 83 Tauchgänge später standen wir eines sonnigen Morgens barfuß auf warmem, weißem Sand. Es war ein einsamer Strand, wie man ihn sich nicht schöner hätte vorstellen können. Das Meer war türkis und die Bucht umrahmt von Granitfelsen und üppiger Vegetation. Dort versprachen wir einander, für immer Lebenspartner, Reisegefährten und Tauchbuddies zu bleiben. Wir heirateten nur zu zweit und es war das Leichteste der Welt, Ja zueinander zu sagen nach allem, was wir zusammen erlebt hatten. Unser gemeinsamer Weg geht also hoffentlich noch lange weiter. Weltreise Teil Zwei wird es geben. Es fehlt nur noch der erste Schritt.

Danke

- Carolin & Michael -

Thank you. Gracias. Obrigado. Merci. Termia. Xièxiè. Dhan'yavāda. Dhanyavaad. Khxbkhun. Saum Arkoun. Danke. An all die wundervollen Menschen da draußen, die uns einen Teil ihrer Welt gezeigt haben und damit Teil unserer Geschichte geworden sind.

Vielen Dank auch an unsere Familie und Freunde, die unsere Reisen gespannt mitverfolgen und sich immer freuen, wenn wir wohlbehalten wieder Zuhause sind.

Insbesondere danken möchten wir unseren Eltern. Uns und demnach auch dieses Buch gäbe es nicht ohne euch. Danke für eure Liebe und Unterstützung.